Zwischen Reformeifer und Ernüchterung

Daniela Ahrens (Hrsg.)

Zwischen Reformeifer und Ernüchterung

Übergänge in beruflichen Lebensläufen

Springer VS

Herausgeber
Dr. Daniela Ahrens
Universität Bremen
Deutschland

ISBN 978-3-658-01295-3 ISBN 978-3-658-01296-0 (eBook)
DOI 10.1007/978-3-658-01296-0

Die Deutsche Nationalbibliothek verzeichnet diese Publikation in der Deutschen Natio-nalbibliografie; detaillierte bibliografische Daten sind im Internet über http://dnb.d-nb.de abrufbar.

Springer VS
© Springer Fachmedien Wiesbaden 2014

Lektorat: Dr. Cori Mackrodt, Daniel Hawig

Gedruckt auf säurefreiem und chlorfrei gebleichtem Papier

Springer VS ist eine Marke von Springer DE. Springer DE ist Teil der Fachverlagsgruppe Springer Science+Business Media.
www.springer-vs.de

Inhalt

Zwischen Reformeifer und Ernüchterung: Übergänge in beruflichen Lebensläufen

Daniela Ahrens

„Das Hauptergebnis von Reformen [könnte]
im Bedarf für weitere Reformen bestehen."
(Luhmann 2000, S. 340)

Abstract

Der Beitrag führt in die Thematik des Readers ein. Ebenso wie der Reformeifer nach wie vor ungebrochen ist, wächst die Unzufriedenheit hinsichtlich des Übergangssystems. Aus der Organisationsforschung wissen wir, dass ein wesentliches Resultat von Reformen die Erzeugung eines Bedarfs für weitere Reformen ist, was dazu führt, dass bisherige Reformen als unbefriedigend wahrgenommen werden und gleichzeitig die Ansprüche an zukünftige Reformen wachsen. Angesichts der Vielzahl realisierter Reformen lässt sich daher kaum sagen, dass das Übergangssystem reformresistent ist. Der Beitrag diskutiert, dass nicht die Realisierung von Reformen das Problem ist, dass Scheiternsrisiken weniger im Gegenstandsbereich liegen, als vielmehr reformimmanent sind. Der Beitrag schließt mit der These, dass die Debatte um das Übergangssystem nach Jahrzehnten der Reformierung eine reflexive Wende durchlaufen hat, und die Nebenfolgen vergangener Reformen sowie die Kritik am Übergangssystem in die Betrachtung rücken.

1. Das Übergangssystem als Maßnahmen- und Reformdschungel

Hintergrund dieses Readers ist die Tagung „Zwischen Reformeifer und Ernüchterung: Übergänge in beruflichen Lebensläufen", die im Oktober 2012 vom Institut Technik & Bildung der Universität Bremen organisiert wurde. Die Tagung konzentrierte sich auf den Übergang von der allgemeinbildenden Schule in die berufliche Ausbildung, da die Erwerbsarbeit nach wie vor als das zentrale Nadelöhr für die individuelle Lebensführung und die gesellschaftliche Positionierung des Einzelnen fungiert. Das so genannte Zwei-Schwellen-Modell, das in den 1970er Jahren formuliert wurde und aufs Engste mit dem Konstrukt der so ge-

nannten Normalbiographie verknüpft ist, offenbart heute zwar seinen industrie-
gesellschaftlichen Bias angesichts verlängerter Übergänge, instabiler Beschäftigungsverhältnisse und des Postulats des lebenslangen Lernens, dennoch ist der
Zeitpunkt und die Art des Eintritts in die Arbeitswelt wegweisend für berufliche
Lebensläufe und Karriereoptionen. Anlass der Tagung war die Widersprüchlichkeit, die die Diskussion um das Übergangssystem prägt. So können wir hinsichtlich der Frage der Reformierung des Übergangssystems auf eine über drei Jahrzehnte dauernde Geschichte zurückblicken. Gibt man das Stichwort „Reform des
Übergangssystems" bei Google ein, erhält man rund 6000 Treffer.

Wir erleben gegenwärtig die Gleichzeitigkeit des Ungleichzeitigen: Ebenso wie der Reformeifer nach wie vor ungebrochen ist, wächst die Unzufriedenheit hinsichtlich des Übergangssystems. Aus der Organisationsforschung wissen
wir, dass ein wesentliches Resultat von Reformen die Erzeugung eines Bedarfs
für weitere Reformen ist, was dazu führt, dass bisherige Reformen als unbefriedigend wahrgenommen werden und gleichzeitig die Ansprüche an zukünftige
Reformen wachsen (Luhmann 2002, S. 166; Corsi und Esposito 2005, S. 1). Kritische Stimmen richten sich insbesondere an die mangelnde Effektivität, die Intransparenz und die zu hohen Kosten. Der Nationale Bildungsbericht 2010 (Autorengruppe Bildungsberichterstattung 2010, S. 317) bezifferte die Ausgaben für
das Übergangssystem mit 4,3 Milliarden Euro. Damit wird für das Übergangssystem wesentlich mehr ausgegeben als für das gesamte Schulberufssystem (2,8
Milliarden Euro) (Sell 2011). Längst hat sich die Dschungelmetapher im Zusammenhang mit der Kritik am Übergangssystem etabliert, um die unübersichtliche
Programm- und Förderlandschaft zu veranschaulichen, der es – so ihre Kritiker –
immer weniger gelingt, für die Jugendlichen Übergänge zwischen der allgemeinbildenden Schule und dem Ausbildungssystem zu ermöglichen bzw. zu fördern. Das
Übergangssystem steht nach wie vor unter Reform- und Modernisierungsdruck.

Hinsichtlich der mannigfaltigen Programme, Ansätze und Projekte zur Verbesserung der Übergangsproblematik Jugendlicher an der sogenannten „ersten
Schwelle" erscheint Reformismus fast schon als eine Tradition (Corsi 2005, S.
84), in der das Übergangssystem eine „normative Kraft des Faktischen"[1] entfal
tet. Als temporäres Unterstützungsangebot für Jugendliche mit besonderem Förderbedarf geplant, entwickelte sich das Übergangssystem in den vergangenen drei

---

1   Der Begriff stammt ursprünglich von dem Rechtsgelehrten Georg Jellinek, der ihn in seinem
    1885 verfassten Werk „Die Erklärung der Menschen- und Bürgerrechte" verwendet, um deutlich
    zu machen, dass (politische) Macht in der Regel auch eine normative Macht nach sich zieht.
    Die Normativität des Übergangssystems wird insbesondere für jene Jugendliche erfahrbar,
    die bei ihrer Ausbildungssuche erfolglos bleiben und sich in die vielfältigen institutionellen
    Übergangsangebote einfädeln (lassen) müssen.

Jahrzehnten zu einer selbstverständlichen Bildungssequenz für immer mehr Jugendliche auf dem Weg in eine berufliche Ausbildung. Die Reformen und Programme erinnern an die so genannte „Concorde-Falle". Mit dem Verweis auf die „Concorde-Falle" werden Entwicklungen angesprochen, deren Scheiternsrisiko hoch ist, aber die entstandene Eigendynamik ein Umsteuern immer unwahrscheinlicher werden lässt.

> „Die Kosten der Concorde, des von Briten und Franzosen gemeinsam entwickelten Überschallflugzeugs, stiegen im Lauf der Entwicklung steil an. Schon als erst ein kleiner Teil der ursprünglich geplanten Entwicklungskosten verbraucht waren, stellte sich heraus, dass dieses Unternehmen niemals einen Gewinn abwerfen würde. Trotzdem wurden die englische und französische Regierung immer mehr hineingezogen in das Projekt, das am Ende ein Vielfaches der ursprünglich geplanten Summe kostete. Es wäre billiger gewesen, das Unternehmen mit dem Festziehen der letzten Schraube zu beenden, denn seither hat die Concorde immer nur Verluste gemacht. Aber das Flugzeug war ein Prestigeobjekt geworden und gilt immer noch als etwas, auf das Engländer und Franzosen stolz sein können" (Mérö 2004, S. 20, zit. n. Reichenbach 2008, S. 55)[2].

Nun geht es bei den Reformansätzen des Übergangssystems nicht primär um Prestige oder Verlustrechnungen, es sei denn, man subsumiert die Versorgung Jugendlicher mit Ausbildungsplätzen hierunter, was durchaus ein gewisse Plausibilität hat und vielfach als Legitimationshintergrund für Reformen fungiert. Auch lässt sich kein Stolz ausmachen, aber beim Übergangssystem lässt sich eine gewisse Alternativlosigkeit und Eigengesetzlichkeit, ein „weiter-so" ungeachtet der Kritik beobachten.

Emblematisch in diesem Zusammenhang auch der Titel „Vom Modellprogramm zur Daueraufgabe", den das Bundesinstitut für Berufsbildung für seine Dokumentation anlässlich 25 Jahre Benachteiligtenförderung wählte (BIBB 2005). Das so genannte Übergangsproblem auf dem Weg in eine berufliche Ausbildung ist mittlerweile gesellschaftliche Normalität. Eine andere wichtige Etappe der Normalisierung des Übergangssystems markierte der Nationalen Bildungsbericht, der 2006 erstmals das Übergangssystem als dritte Säule neben der betrieblichen und vollzeitschulischen Berufsausbildung auswies. Zum beruflichen Übergangssystem zählen nach der Definition des Nationalen Bildungsberichts 2006 all jene

> „(Aus-)Bildungsangebote, die unterhalb einer qualifizierten Berufsausbildung liegen bzw. zu keinem anerkannten Ausbildungsabschluss führen, sondern auf eine Verbesserung der individuellen Kompetenzen von Jugendlichen zur Aufnahme einer Ausbildung oder Beschäftigung zielen und zum Teil das Nachholen eines allgemein bildenden Schulabschlusses ermöglichen" (Konsortium Bildungsberichterstattung 2006, S. 79).

---

2   Nach dem tragischen Absturz der Concorde in Paris im Jahr 2002 wurde der Mythos eines zivilen Überschall-Fliegers im Frühjahr 2003 endgültig beerdigt.

Als eine Maßnahmen- und Bildungsgangform hatte das Übergangssystem zunächst nur eine marginale Bedeutung und umfasste bei seiner Entstehung Anfang der 1970er Jahre im Wesentlichen das schulische Berufsgrundbildungsjahr (BGJ) und das schulische Berufsvorbereitungsjahr (BVJ), die eine berufliche Grundbildung vermitteln sollten und aus heutiger Sicht dem Übergangssystem zugerechnet werden können. Die Kultusministerkonferenz bezog sich bei der Verabschiedung der Rahmenvereinbarung für das Berufsgrundbildungsjahr auf den strukturellen Wandel in der Berufs- und Arbeitswelt. Im Zeitraum von 1967 bis 1975 stieg die Jugendarbeitslosigkeit um über 600 Prozent und bildete im Jahr 1975 mit 17,1 Prozent den größten Anteil an den Arbeitslosen (Brändle 2012, S. 88). In seiner ursprünglichen Konzeption zielte das BGJ darauf ab, das erste Ausbildungsjahr der dualen Berufsausbildung durch eine vollzeitschulische, breit angelegte berufliche Grundbildung in einem von dreizehn definierten Berufsfeldern zu ersetzen. Dieser Anspruch scheiterte jedoch an der mangelnden betrieblichen Akzeptanz.

Mittlerweile gehören zu den Bildungsgängen des Übergangssystems: Berufsfachschulen, die keinen Berufsabschluss vermitteln, berufsvorbereitende Maßnahmen der Bundesagentur für Arbeit, Berufsgrundbildungsjahr (BGJ), schulisches Berufsvorbereitungsjahr (BVJ) sowie Klassen für Berufsschüler ohne Ausbildungsvertrag (Konsortium Bildungsberichterstattung 2006, S. 80). Im BGJ befinden sich in erster Linie Jugendliche mit Hauptschulabschluss, die keinen Ausbildungsplatz gefunden haben und deren Übergangschancen durch die Vermittlung einer breiten beruflichen Grundbildung verbessert werden sollen. Zudem können Jugendliche zum Teil im BGJ ihren mittleren Schulabschluss nachholen. Die konkrete Ausgestaltung des BGJ variiert jedoch stark innerhalb der jeweiligen Bundesländer. Hervorzuheben ist, dass die Anrechnung des BGJ auf die Dauer der Ausbildung nur noch durch einen gemeinsamen Antrag des Auszubildenden und des Ausbildungsbetriebs möglich ist. Bis zum Jahr 2005 war dies noch durch eine verbindliche Rechtsverordnung auf Bundesebene vorgeschrieben.

Das im Jahr 1980 vom damaligen Bundesministerium für Bildung und Wissenschaft initiierte Benachteiligtenprogramm kann als Start der Benachteiligtenförderung betrachtet werden. Das Programm war Bestandteil der Bildungsreformen der 1970er Jahre und dem bildungspolitischen Ziel „Berufsausbildung für alle". Als sozialpädagogisch orientierte Berufsausbildung von Jugendlichen mit besonderem Förderbedarf begann das Programm mit rund 600 Ausbildungsplätzen in außerbetrieblichen Einrichtungen und wurde 1982 um die ausbildungsbegleitenden Hilfen ergänzt, um dadurch Betriebe zu einer Teilnahme zu motivieren. Bereits 1996 verzeichnete man über 70.000 Neuzugänge in diesem Förderangebot, und die Zahl stieg auf rund 100.000 (BIBB 2005, S. 11). Nachdem die Kultusministerkonferenz im Jahr 1993 beschloss, Berufsorientierung als verbindlichen Bestandteil der Sekundarstufe I zu integrieren, rückte das allgemeinbildende Schulsystem als weiterer zuständiger Akteur in die Verantwortung bei der Bewältigung der Übergangsproblematik. Im Zeitraum von 2001 bis 2006 wurde das vom Bundesministerium für Bildung und Forschung initiierte Programm „Kompetenzen fördern – Berufliche Qualifizierung für Zielgruppen mit besonderem Förderbedarf" (BQF) durchgeführt. Die Förderschwerpunkte lagen auf der Entwicklung regionaler Kooperationsnetze zwischen Betrieben, Agenturen für Arbeit, Schulen und beruflichen Bildungsträgern sowie auf der Hinwendung zu individuellen Förderangeboten anstelle von standardisierten Maßnahmen.

Die in den 1990er und zu Beginn des 21. Jahrhunderts initiierten Programme und Projekte führten zu einer Ausdifferenzierung des Übergangssystems und eines entsprechenden Markts an Bildungsträgern. Zahlreiche freie Bildungsträger stehen heute in einem Wettbewerb untereinander, um die von der Bundesagentur für Arbeit geförderten Maßnahmen zur Berufsausbildungsvorbereitung durchführen zu können. Das im Auftrag des Bundesministeriums für Bildung und Forschung erstellte „Gutachten zur Systematisierung der Fördersysteme, -instrumente und -maßnahmen in der beruflichen Benachteiligtenförderung" zählte auf Bundes- und Landesebene 193 Programme (BMBF 2009, S. 25), wovon alleine fünf Programme in Nordrhein-Westfalen starteten – Projekte auf europäischer Ebene wurden nicht berücksichtigt und würden die Zahl erheblich nach oben treiben. Mitte der 1990er Jahre wurden beispielsweise in Hamburg zehn verschiedene Formen des schulischen Berufsvorbereitungsjahrs implementiert. In anderen Ländern wurde das Berufseinstiegsjahr (BEJ) eingeführt. Die von den Kultusministern der Länder in Auftrag gegebene Expertise zu den Kooperationsstrukturen in der Benachteiligtenförderung zieht das aus heutiger Sicht wenig überraschende ernüchternde Fazit:

„Trotz Versuchen, die Einzelinitiativen zu Programmen zu bündeln und die Landschaft der Benachteiligtenförderung zu strukturieren, lässt die Übersichtlichkeit der Förderstrukturen immer noch zu wünschen übrig. So haben wir an keiner Stelle einen umfassenden, schnellen Zugang über die Maßnahmen finden können" (BLK 2006, S. 87).

Das Übergangssystem erfuhr im Zeitraum zwischen Mitte der 1990er Jahre und 2006 einen kontinuierlichen Zuwachs und eine nahezu unkontrollierte, fortschreitende Ausdifferenzierung. Die drei dominierenden Bildungsangebote im Übergangssystem sind: die berufsvorbereitenden Bildungsmaßnahmen der Bundesagentur für Arbeit (BvB), die Berufsvorbereitungs- und Berufsgrundbildungsjahre (BVJ/BGJ) der Bundesländer sowie deren teilqualifizierende Bildungsgänge an Berufsfachschulen und Angebote für Schüler ohne Ausbildungsvertrag sowie

die im Rahmen des Ausbildungspakts eingeführten betrieblichen Einstiegsqualifizierungen für Jugendliche (Autorengruppe BIBB und Bertelsmann-Stiftung
2011, S. 6). Der Anteil der Schüler und Schülerinnen im Berufsgrundbildungsjahr ist im Zeitraum von 1992 bis 2007 um 47 und im Berufsvorbereitungsjahr
um 67 Prozent gestiegen (Beicht 2009, S. 1f). Im Jahr 2002 wurden erstmals weniger als 600.000 Ausbildungsplatzangebote gezählt. Im Zeitraum zwischen 1992
und 2004 nahmen die Eintritte in berufsvorbereitende Maßnahmen der Bundesagentur für Arbeit um 170 Prozent zu (Busemeyer 2009, S. 29)[3]. Zwar lässt sich
seit 2007 ein Rückgang der Teilnehmer im Übergangssystems aufgrund der sinkenden Schulabsolventenzahlen verzeichnen, aber im Jahr 2011 waren dennoch
knapp 50 Prozent der bei der Bundesagentur für Arbeit gemeldeten ausbildungsreifen Bewerber/-innen erfolglos bei der Ausbildungsplatzsuche (BIBB 2012, S.
63). Die Berufsbildungsberichte 2012 und 2013 verzeichnen für die Jahre 2011
und 2012 knapp 300.000 Jugendliche im Übergangssystem (BMBF 2012, S. 28;
BMBF 2013, S. 80)[4]. So ist auch in dem vergleichsweise entspannten Ausbildungsmarkt 2012 die Zahl unversorgter Bewerber um rund 38 Prozent gestiegen (Anhang zur BIBB – Pressemitteilung Nr. 10/2013 vom 14.03.2013).

Wenn von Reformen die Rede ist, spalten sich in der Regel die Meinungen über
deren Notwendigkeit in Befürworter und Kritiker. Anders sieht dies bei Reformen
des Übergangs von der allgemein bildenden Schule in die berufliche Ausbildung
aus. Die Einsicht in die Notwendigkeit einer Reformierung des sogenannten Übergangssystems ist ebenso unbestritten wie die Reformmotive. Reformansprüche
und -anstrengungen adressieren jedoch immer verschiedene Zielsetzungen. Die
jeweiligen Programme und Initiativen treten als „Pakete" auf, die in sich deutliche Widersprüche bergen können. So lässt sich beispielsweise die Reduzierung
der Kosten bei gleichzeitiger Verbesserung sozialpädagogischer Förderung kaum
in Einklang bringen. Die systemtheoretisch orientierte Reformforschung liefert in
diesem Zusammenhang eine Erklärung, warum eine Reformrealisierung immer
auch ein Scheiternsrisiko birgt. Folgt man systemtheoretischen Überlegungen, begegnet uns die Gesellschaft als ein in soziale Teilsysteme ausdifferenziertes System, wobei die Gesellschaft selbst „unerreichbar" bleibt (Baecker 2005, S. 64). Reformen benötigen daher Adressaten für ihre Umsetzung. Als Ort der Umsetzung

---

3   1998 wurde die Benachteiligtenförderung in das Sozialgesetzbuch III aufgenommen. Seitdem
     liegt die Zuständigkeit bei der Bundesagentur für Arbeit.
4   Im Jahr 2007 war die Zahl der Neuzugänge im Übergangssystem zwar erstmals seit 2000
     rückläufig, hatte aber mit rund einem Drittel (34 Prozent) immer noch einen hohen Anteil und
     lag über dem Wert Mitte der 1990er Jahre (Autorengruppe Bildungsberichterstattung 2010, S.
     96).

fungiert die Organisationsebene (Baecker 2005, S. 61; Corsi 2005, S. 88)[5]. In den jeweiligen Organisationen werden die Reformziele „heruntergebrochen" bzw. in Entscheidungsplanungen übersetzt: „Alles muss durch den ‚Engpass' der formalen Organisation fließen" (Corsi 2005, S. 88). In diesem organisationalen Engpass werden die Reformziele konkretisiert, an die organisationale Handlungslogik und deren Interessen angepasst, ausgerichtet und in Entscheidungen umgesetzt. Zum Tragen kommen dabei die jeweiligen Entscheidungsprämissen und organisatorischen Variablen wie etwa Personal, Formen der Kontrolle sowie Bewertungsprozesse, Kompetenzdifferenzierung und finanzielle Ressourcen. Die Folge ist, dass bestimmte Reformziele aufgewertet, andere hingegen vernachlässigt werden. In den Organisationen vollzieht sich somit ein operatives Dekonstruieren von Reformabsichten, was zwar gleichermaßen zu einer Konkretisierung aber auch auf Kosten anderer Reformabsichten geht.

> „Keine Schule sieht sich selbst als bloße Didaktik, Selektion, Personal und innere Differenzierung von Lehrstoff oder als flache Hierarchie. Keine Verwaltung würde sich selbst nur als Bürokratie verstehen" (ebd., S. 89).

Die gesellschaftliche Ausdifferenzierung sowie die jeweiligen teilsystemspezifischen Handlungslogiken widersetzen sich einer umfassenden Steuerung. Förderale Eigenwilligkeiten bei der Ausgestaltung des Übergangsbereichs tun ihr Übriges, dass die verschiedenen Maßnahmen in ihren Zielstellungen erheblich variieren. Zum Ausdruck kommt dies unter anderem auch in den verschiedenen Funktionsbezeichnungen wie Jugendberufshelfer, Berufseinstiegsbegleiter, Jobpate, Ausbildungsmentor, Berufslotse oder Lernbegleiter. Die Verantwortlichkeiten verstreuen sich auf die Bundes-, Landes- oder Kommunalebene. Auf der Steuerungsebene stoßen Reforminitiativen so schnell an ihre Grenzen angesichts der unterschiedlichen Zuständigkeiten und partikularen Interessen der privaten Bildungsträger, der Berufsschulen, der Arbeitsagentur und der Jugendberufshilfe, um nur einige zu nennen. Damit verbunden sind unterschiedliche rechtliche Regelungen (insbes. Schulgesetzgebung der Länder, SGB II u. III, BBiG). Angesichts dieses Zuständigkeitswirrwarrs ist es daher kaum überraschend, dass das Übergangssystem von Kritikern als „Maßnahmendschungel" bezeichnet wird und sich selbst die Reformen zur Verbesserung des Übergangssystems kaum noch überblicken lassen. Im Anschluss an Reichenbach lassen sich die verschiedenen Programme und Ansätze einerseits als Indikator für die begrenzte Steuerbarkeit des Übergangssystems begreifen (Reichenbach 2008, S. 57). Andererseits wer-

---

5   Eine einschlägige Reformforschung existiert nicht. Der Beitrag greift daher auf Ansätze aus der Organisations- und Systemtheorie zurück.

den durch die jeweilige Gewichtung der Reformziele weitere Reformen notwendig, um wieder einen Ausgleich herzustellen, woraufhin wieder Reformbedarf entsteht. Aus der Perspektive der Reformen lässt sich sagen, dass Reformen von Problemen profitieren (Brunsson 2005, S. 10), dass die begrenzte (kommunikative) Reichweite der Reformen im Übergangssystem immer wieder neuen Reformbedarf nach sich zieht.

Dass die Rede vom Übergangs„system" irreführend ist, ist sener Sandwich-Position zwischen allgemeinbildendem Schulsystem, beruflicher Bildung und Arbeitsmarkt geschuldet. Es handelt sich nicht um ein strukturiertes Gefüge von Bildungsangeboten. Im Übergangssystem lassen sich daher viele Änderungen beobachten, ohne dass sich strukturell Wesentliches geändert hat. Dieser „Reformdschungel" war Anlass für die im Jahr 2010 durchgeführte Expertenmonitor-Befragung des Bundesinstituts für Berufsbildung und der Bertelsmann Stiftung. Befragt wurden Berufsbildungsfachleute - Personen aus Betrieben, überbetrieblichen Bildungsstätten, Vertreter der Sozialpartner sowie Fachleute aus Schulen, aus der Forschung sowie aus der Verwaltung. Zusätzlich umfasste der Befragtenkreis Jugendliche im ersten Ausbildungsjahr, Jugendliche, die an berufsvorbereitenden Maßnahmen teilnahmen sowie weitere Jugendliche, die sich nicht eindeutig zuordnen konnten (Autorengruppe BIBB und Bertelsmann-Stiftung 2011). Zur Bewertung lagen 18 Reformvorschläge vor, die aus vergangenen Programmen und Initiativen abgeleitet wurden, wobei die Autoren selbst einräumen, dass auch diese Vorschläge „genauso vielfältig und teilweise widersprüchlich [sind] wie die Diskussionsstränge zur Reform des Übergangsgeschehens" (Autorengruppe BIBB und Bertelsmann-Stiftung 2011, S. 4) und die empirischen Kenntnisse über das Übergangssystem nach wie vor „lückenhaft" sind (ebd., S. 5). Das Ergebnis der Befragung zeichnet ein ambivalentes Bild: Die Notwendigkeit des Übergangssystems ist bei den befragten Experten und Jugendlichen ebenso unbestritten, wie dessen Reformierungsbedarf.

Schließlich ist eine Ernüchterung auch hinsichtlich der Arbeitsmarktreformen der Jahre 2002 bis 2004 eingetreten. Im Jahr 2004 wurde das Neue Fachkonzept der Berufsvorbereitung eingeführt. Die bis dahin vorherrschende Lehrgangsstruktur wurde durch ein Maßnahmenkonzept ersetzt, das den individuellen Ansprüchen der Jugendlichen durch Kompetenzfeststellung, Fallmanagement und einer flexiblen Förderstruktur besser gerecht werden sollte. Ein wesentlicher Reformanspruch der neuen Förderstruktur bestand im Abbau der bisherigen Maßnahmenvielfalt, d. h. der Eindämmung von „Maßnahmenkarrieren", die dadurch entstanden, dass Jugendliche aufgrund der Versorgungslogik der Arbeitsagentur von einem Lehrgang auf den nächsten verwiesen wurden (Heisler 2008)[6]. Eine kohärente Förderstruktur konnte sich auch nach den Arbeitsmarktreformen nicht etablieren – im Gegenteil: nach wie vor kennzeichnet sich das Übergangssystem durch verschiedene Angebotsformate, Zielsetzungen, Zugangsvoraussetzungen und regionale Besonderheiten in der Umsetzung. Dazu kommt, dass durch die neue Förderstruktur der Bundesagentur für Arbeit die Teilnehmerschaft in den verschiedenen Maßnahmen deutlich heterogener und die maximale Förderdauer auf zehn Monate verkürzt wurde. Während in den 1990er Jahren noch jeder Jugendliche, der in einem Beratungsgespräch bei der Bundesagentur für Arbeit sein Interesse für eine Ausbildungsstelle bekundete, als „Bewerber um einen Ausbildungsplatz" in der Statistik auftauchte, wird im Anschluss an die Hartz-Reformen zwischen „Ratsuchenden" – ausbildungsplatzinteressierte Jugendliche, denen durch die Bundesagentur für Arbeit noch keine hinreichende Ausbildungsreife attestiert wird - und „Ausbildungsplatzbewerbern" unterschieden (Busemeyer 2006, S. 159). Diese Art des Sortierens wird jedoch von den Arbeitsagenturen selbst unterlaufen, denn Jahr für Jahr münden noch über 100.000 Jugendliche in berufsvorbereitende Maßnahmen der Arbeitsagenturen oder andere teilqualifizierende Bildungsangebote des Übergangssystems, um dort jene Ausbildungsreife zu erhalten, die ihnen zuvor bescheinigt wurde (Dobischat et al. 2012, S. 54). Ob Jugendliche, die keine Ausbildungsstelle gefunden haben, im Übergangssystem landen, fällt dabei regional sehr unterschiedlich aus. Während in den ostdeutschen Bundesländern die außerbetriebliche Berufsausbildung ausgebaut wurde – bis zu einem Drittel der Ausbildungsplätze im dualen System wurde öffentlich gefördert – werden Jugendliche in den westdeutschen Ländern eher im Übergangssystem „geparkt" (ebd.).

Auch die wissenschaftliche Auseinandersetzung mit dem Übergangssystem gleicht einem Puzzle verschiedener Disziplinen, ohne dass sich ein Gesamtbild zeichnen lässt. Hier stoßen sozialpädagogische Ansätze auf berufspädagogische Überlegungen. Dazu kommen Ansätze aus der (Jugend-)Soziologie und aus der Ungleichheitsforschung, um nur die wesentlichen zu nennen. Für die Berufspädagogik stellte Bojanowski 2006 ernüchternd fest, dass das Übergangssystem und die damit verbundene Benachteiligtenförderung zwar seit den 1990er Jahren relativ unbemerkt zu einer „entscheidenden Sozialisations- und Bildungs-

---

6   Bis 2004 zählten neben den Förderlehrgänge für Menschen mit Behinderungen im Bereich der Berufsvorbereitung die sogenannten Grundbildungslehrgänge (G-Lehrgänge), die Lehrgänge zur Verbesserung beruflicher Bildungs- und Eingliederungschancen (BBE-Lehrgänge) und die tip-Lehrgänge (testen-informieren-probieren) zum Maßnahmenkatalog der Bundesagentur für Arbeit. Die verschiedenen Maßnahmen waren von unterschiedlicher Laufzeit, und reichten von 2 Monaten bis maximal 36 Monate (Heisler 2008, S. 2f.).

instanz" (Bojanowski 2006, S. 344) für immer mehr Jugendliche geworden ist, ohne dass sich jedoch im Zuge dieser Entwicklung nachhaltige berufspädagogische Konzepte entwickelt hätten. Mit der Novellierung des Berufsbildungsgesetzes (BBIG) wurde die Berufsausbildungsvorbereitung zwar zum 1. Januar 2003 integraler Bestandteil der Berufsbildung[7], doch ist Bohlinger in ihrer kritischen Rückschau hinsichtlich der Entwicklung der Benachteiligtenförderung zuzustimmen, dass berufspädagogische Ansätze in erster Linie darum bemüht sind, eine „Anpassung der Betroffenen an das gegebene System" (Bohlinger 2004, S. 240) zu leisten. Gerade in der Berufs- und Wirtschaftspädagogik liegt der Fokus auf einer (problemlosen) Integration durch den Beruf. Doch angesichts der wachsenden Heterogenität des Adressatenkreises beruflicher Bildung und dem Wandel der Qualifikationsanforderungen verläuft diese immer weniger problem- und reibungslos. Seitens der Berufspädagogik wird die Übergangsproblematik vor dem Hintergrund des Bezugssystems der dualen Ausbildung betrachtet. Obgleich Bildung ebenso wie Arbeit als zentrale Dimensionen sozialer Ungleichheit fungieren – und gerade beim Überschreiten der Grenze zwischen Erziehung und Arbeit Ungleichheiten sichtbar werden –, mutet es zumindest erstaunlich an, dass der Stellenwert des Übergangssystems in der Berufspädagogik eher in einer „notwendigen Zuwendungspflicht" (Bohlinger 2004, S. 240) und nicht in der Ausarbeitung eines eigenständigen Theoriefelds liegt. Um die Übergangsthematik stärker in der Berufsbildungsforschung zu verankern, wurde seitens der Berufs- und Wirtschaftspädagogik im Jahr 2009 ein Memorandum „Zur Professionalität des pädagogischen Personals in der Integrationsförderung aus berufsbildungswissenschaftlicher Sicht" (DGfE 2009) verfasst. Impulse für das Memorandum resultierten insbesondere aus den Aktivitäten der Benachteiligtenförderung. Die Autorengruppe warnt vor einer Verfestigung und Verstetigung der gegenwärtigen Strukturen im Übergangssystem angesichts des Missverhältnisses zwischen ökonomischem Aufwand und Erreichung der drei berufspädagogischen Zieldimensionen individuelle Regulationsfähigkeit, gesellschaftliche Teilhabe und Chancengleichheit sowie Sicherung der Humanressourcen. Durch Programme erreichte Teilerfolge wie etwa die Qualifizierung des pädagogischen Personals reichen, so die Autoren, nicht aus. Sie fordern eine „grundständige Reform" (ebd., S. 12), die die Verbesserung der ökonomischen und politisch-rechtlichen Rahmenbedingungen berücksichtigt. Ziel müsse eine bessere Ausgestaltung der Wechselbeziehungen zwischen dem Übergangssystem, dem dualen System, dem Schulberufssys-

---

7   Im Zuge der sogenannten Hartz-Reformen wurden im Jahr 2003 die berufsvorbereitenden Maßnahmen als Berufsausbildungsvorbereitung in das Berufsbildungsgesetz integriert (Art. 9, „Zweites Gesetz für moderne Dienstleistungen am Arbeitsmarkt" vom 30.12.2002) (Busemeyer 2009, S. 158).

tem und dem Erwerbssystem zugunsten einer neuen Systemumwelt in Form eines „Lern-Arbeits-Systems" (ebd., S. 14) sein. Neben einer stärkeren horizontalen und vertikalen Kooperation der verschiedenen Akteure und Zuständigkeitsebenen (Bund, Länder, Kommunen) wird eine „stärkere Heranziehung der Betriebe für die pädagogische Arbeit im ‚Übergangssystem'" (ebd., S. 13) gefordert. Spätestens an dieser Stelle stellt sich die Frage nach den Erfolgsaussichten einer solchen „umfassenden Reform", denn bereits in den 1970er Jahren konstatierte Claus Offe (1975), dass Reformideen weniger am Protest der Wirtschaft scheitern, sondern an der Abhängigkeit der Politik von der Ausbildungsbereitschaft der Betriebe. Offe konzentrierte sich in seiner Studie auf politisch-administrative Methoden bei der Steuerung des Berufsbildungssystems. Seine These hat auch heute noch Gültigkeit, denn durch die enge Kopplung zwischen Arbeitsmarkt und beruflicher Ausbildung dehnen sich konjunkturelle Schwankungen und strukturelle Verschiebungen auf die Ausbildung aus. Die Stärke der dualen Ausbildung – der Betrieb als Lernort – entpuppt sich gleichzeitig als ihre Schwäche: Betriebe fungieren durch ihre Rekrutierungspraktiken sowie ihre Ausbildungsbereitschaft als das entscheidende Nadelöhr für Jugendliche.

In der empirischen Forschung führen insbesondere außeruniversitäre Einrichtungen auftragsorientierte Praxisforschung im Übergangsbereich durch. Im Vordergrund stehen hier pragmatische Lösungen zur Förderung benachteiligter Jugendlicher und der Professionalisierung des Bildungspersonals. Dabei handelt es sich vielfach um Gestaltungs- und Evaluationsprojekte, die sich weniger an einer wissenschaftlichen Systematisierung orientieren, sondern an der Realisierung und Überprüfung einer „guten Praxis". Diese zwar vielfach sehr fruchtbaren Untersuchungen vermögen es aber kaum, strukturelle Selektionsmechanismen aufzudecken. Büchter konstatiert eine Unausgewogenheit empirischer Forschung:

> „Die unter Ergebnisdruck stehenden Auftragsforscher sind dem Dilemma ausgesetzt, dass sie möglichst schnell greifbare Anknüpfungspunkte für ihre Arbeit finden müssen. Dass sie hierbei an vermeintliche individuelle Defizite der Jugendlichen und einer noch nicht ausreichenden Professionalität des Personals ansetzen, um ihre Förderkonzeptionen durchzusetzen, reproduziert jedoch (ungewollt) die sozialstrukturell bedingte Ungleichheit" (Büchter 2011, S. 191).

So informativ sogenannte „Best-Practice"-Projekte und Instrumente auch sein können, lassen sich erfolgreich erprobte Instrumente und Methoden aufgrund des föderalen Systems in Deutschland nicht ohne weiteres bundesweit umsetzen. Damit bleiben viele Programme und Instrumente nach der finanziellen Unterstützung folgenlos.

Überforderungen an die Reformansätze?

Wer sind diese ausbildungslosen Jugendlichen, an denen sich die Reformen letztlich orientieren? In der Geschichte des Übergangssystems ist es bei der Beschreibung der Jugendlichen immer wieder zu semantischen Veränderungen gekommen. Mit der Einführung des Modellprogramms zur Benachteiligtenförderung durch das ehemalige Bundesministerium für Bildung und Wissenschaft löste der Benachteiligtenbegriff Begriffe wie „Ungelernte", „Jungarbeiter" oder „Randgruppen" ab und erfuhr im Jahr 1980 seine Verbreitung und wissenschaftliche Verwendung[8]. Als benachteiligte Jugendliche gelten Jugendliche ohne Schulabschluss, Schulverweigerer, Jugendliche mit Jobs in ungelernten Tätigkeiten, Ausbildungsabbrecher sowie Jugendliche in schulischen und außerschulischen berufsbildungsvorbereitenden Maßnahmen. Im Jahr 1998 wurde die gesetzliche Zuständigkeit der Benachteiligtenförderung vom Arbeitsförderungsgesetz und dem Kinder- und Jugendhilfegesetz in das Sozialgesetzbuch III überführt. In §50 BBiG (Berufsbildungsgesetz) stimmt die Beschreibung des Personenkreises der Berufsausbildungsvorbereitung mit der Bestimmung im SGB III der Benachteiligtenausbildung überein: lernbeeinträchtigte und sozial benachteiligte Personen. Mittlerweile ist auch der Begriff „Benachteiligte" aufgrund seiner pädagogischen Unbestimmtheit und Unschärfe unter Verdacht geraten. An seine Stelle konzentriert sich die Diskussion heute auf ‚Risikojugendliche' oder ‚Bildungsverlierer'. Bis heute ist es nicht gelungen, eine konsensfähige, allgemeingültige Begriffsdefinition benachteiligter Jugendlicher zu formulieren, gleichwohl ihre Existenz unbestritten ist. Dazu kommt, dass es keineswegs eindeutig ist, ob jemand mit einer „Benachteiligung" bereits belastet ist, wenn er sich als Schulabsolvent um einen Ausbildungsplatz bemüht, oder ob die Benachteiligung dadurch hervorgebracht wird, dass ihm das Überschreiten der Schwelle verwehrt wird[9]. In der Politik orientiert sich der Begriff der Benachteiligung in erster Linie an der Vermittelbarkeit betroffener Jugendlicher in eine Ausbildungsstelle – und damit an der Aufnahmefähigkeit des Ausbildungsmarkts. Als benachteiligt gelten jene, die aus konjunkturellen oder individuellen Gründen keinen Ausbildungsplatz gefunden haben, und durch die Etikettierung als „benachteiligt" Leistungen von der Bundesagen-

---

8   Als Jungarbeiter galten jene Personen, die ohne Ausbildung einer Arbeit nachgingen. In den 1950er Jahren lag der Anteil der Jungarbeiter noch bei einem Viertel der Erwerbstätigen (Bojanowski et al. 2004).

9   Eine Analyse von Übergangsmustern im Rahmen des Sofortprogramms gegen Jugendarbeitslosigkeit (JUMP) zeigte zudem, dass die Zuordnung Jugendlicher zu einzelnen Maßnahmen vielfach beliebig ausfällt und Sackgassen hervorruft. So besuchten Jugendliche beispielsweise bis zu fünf Mal hintereinander die Maßnahme „Nachholen des Hauptschulabschlusses" (Kohlrausch 2012, S. 602).

tur für Arbeit empfangen: „Angesichts einer durch den betrieblichen Lehrstellenmangel in Frage gestellten ‚Normalität' des Dualen Systems ist für eine stetig größer werdende Teilgruppe von jungen Menschen eine Berufsausbildung nur noch dadurch zu sichern, dass ihnen das verwaltungsrechtliche wichtige Etikett von ‚Benachteiligten' zugeschrieben wird" (Ulrich 1998, S. 372). Empirisch evident ist, dass längst nicht nur sozial- sondern auch marktbenachteiligte Jugendliche aufgrund des knappen regionalen Lehrstellenangebots im Übergangssystem „landen" (ebd.). Unabhängig von den unterschiedlichen Zuschreibungen hat sich die Ungelerntenquote bei den 20-29jährigen in den vergangenen 15 Jahren mit 14,6 Prozent - dies sind 1,44 Mio. Personen - kaum verändert (Euler 2012, S. 322). Aufschlussreich in diesem Zusammenhang ist auch der Anteil der Jugendarbeitslosigkeit im Vergleich zur allgemeinen Arbeitslosigkeit. Zwar ist die duale Ausbildung im internationalen Vergleich immer noch ein wichtiges Erfolgskriterium für die geringe Jugendarbeitslosigkeit, aber inzwischen schneiden Länder mit einem höheren Anteil schulischer Berufsausbildung (Dänemark, Niederlande, Österreich) hier besser ab (Busemeyer 2009, S. 31).

Konnte das Erwerbssystem bis in die 1960er Jahre noch hinreichend An- und Ungelernte (sogenannte Jungarbeiter) integrieren, ist dies mit dem Übergang von der Industrie- zur Wissensgesellschaft immer schwieriger geworden. Den Reformbemühungen zur Verbesserung des Übergangs in eine berufliche Ausbildung liegen drei Beobachtungen zugrunde (Baethge 2008): Erstens die steigenden Anforderungen in der Berufsausbildung, die dazu führen, dass Jugendliche mit einem niedrigen oder ohne Schulabschluss immer weniger Chancen auf einen Ausbildungsplatz haben. Zweitens die soziale Zusammensetzung der Jugendlichen, und hier insbesondere der steigende Anteil von Jugendlichen mit Migrationshintergrund und drittens die mangelnde Effizienz des Übergangssystems. Dabei legitimieren sich die Reformbemühungen über zwei Erklärungsmuster, die im Folgenden kritisch hinterfragt werden.

Als ein vorherrschendes Erklärungsmuster für das Mismatch zwischen Angebot und Nachfrage dient erstens die Verdrängungsthese, wonach es für gering Qualifizierte immer schwieriger wird, in eine berufliche Ausbildung zu münden. Während in den 1950er und 1960er Jahren noch rund 40 Prozent der Erwerbstätigen ohne abgeschlossene Berufsausbildung waren, führt der Abbau von Einfacharbeitsplätzen sowie die steigenden qualifikatorischen Anforderungen in der Arbeitswelt zur Verdrängung niedrig Qualifizierter auf dem Arbeitsmarkt (Solga 2006). Der strukturelle Wandel auf der Angebotsseite erzeugt eine veränderte Nachfrage nach höherwertigen Bildungsabschlüssen. Dieser leistungs- und zertifikatsorientierte Selektionsprozess verdrängt Jugendliche ohne bzw. mit einem niedrigen Schulabschluss vom Ausbildungsmarkt. Verschärfend kommt hinzu, dass sich der Ausbildungsplatzabbau insbesondere in den Ausbildungsberufen vollzieht, die in erster Linie von Hauptschulabsolventen nachgefragt werden, und damit in Berufen mit geringen Einkommens- und Karriereperspektiven. Wir erleben heute die Situation, dass ein Großteil der Realschulabsolventen und rund ein Viertel der Gymnasiasten eine Berufsausbildung anstreben. Während im Jahr 1970 der Anteil der Hauptschulabsolventen in der alten Bundesrepublik noch bei 79 Prozent lag, war er bis 2006 auf 37 Prozent gesunken. Im Schuljahr 2010/2011 besuchten über ein Drittel der Jugendlichen ein Gymnasium, der Anteil der Realschule lag bei 26 Prozent und der der Hauptschule bei 16 Prozent (Statistisches Bundesamt 2012, S. 12). Der Anteil der Schülerschaft an Gymnasien ist in den letzten zehn Jahren um rund vier Prozent gestiegen. Ohne einen Schulabschluss beendeten im Abgangsjahr 2010 rund 53.100 Schüler ihre Schullaufbahn (Statistisches Bundesamt 2012, S. 34). Dies sind 7 Prozent des Altersjahrganges. Zum Vergleich: Im Jahr 1970 verließen noch über zwei Drittel (68 Prozent) der Schulabgänger die Schule ohne Abschluss oder mit einem Hauptschulabschluss (Kleinert und Jacob 2012, S. 215). Im Jahr 1992 hatte noch jeder dritter Auszubildender einen Hauptschulabschluss.

Die Folge ist ein enormer Verdrängungswettbewerb zu Lasten der verbliebenen Hauptschüler. Die Wertigkeit ihres Schulabschlusses hat sich grundlegend gewandelt: Drei Fünftel der Hauptschulabsolventen und sogar rund ein Viertel der Realschulabsolventen landen zunächst im Übergangssystem (Baethge et al. 2007). Die Zahl der Jugendlichen, die in eine berufsvorbereitende Maßnahme der Bundesagentur für Arbeit einmündeten, ist im Zeitraum von 1992 bis 2007 um 111 Prozent (von 70.400 auf 148.819) gestiegen (Beicht 2009, S. 1f). Damit einher geht eine deutliche Zunahme der so genannten Altbewerber: Eine Bewerberbefragung des Bundesinstituts für Berufsbildung (BIBB) und der Bundesagentur für Arbeit (BA) ergab für das Jahr 2007, dass bei jedem zweiten Bewerber die Erstbewerbung zwei Jahre oder noch länger zurücklag (ebd.).

Die Verdrängungsthese legitimiert sich über das meritokratische Selbstverständnis, wonach alle Jugendlichen prinzipiell die Chance haben, einen höherwertigen Schulabschluss zu erwerben. Das meritokratische Prinzip verspricht allen – ungeachtet ihres Geschlechts und ihrer Herkunft – sich einen angemessenen Platz in der Arbeitswelt erarbeiten zu können. Dieser meritokratische Allokationsmodus dient als Rechtfertigung und Legitimation des Zusammenhangs zwischen individueller Bildungsbeteiligung und -leistung. Das expandierende Übergangssystem sowie die strukturelle Ausbildungslosigkeit junger Erwachsener entlarven den meritokratischen Gedanken jedoch als eine „normative Selbstdefinition" (Solga 2005, S. 23) für die Erklärung sozialer Ungleichheiten. Dass Bildungsverläufe in Deutschland vielfach nicht dem meritokratischen Leistungsprinzip folgen, sondern maßgeblich von sozialen und institutionellen Filtern beeinflusst werden, wird vielfach unterschätzt. Zum Tragen kommen hier die nichtintendierten Folgen der Bildungsreformen der 1960er und 1970er Jahre. Die in den 1970er Jahren im Zuge der Bildungsexpansion geschaffenen neuen Bildungsmöglichkeiten wurden insbesondere von den höheren Schichten genutzt. Die Bildungsreformen im Kontext der Bildungsexpansion in den 1960er Jahren führten zu einem längeren Verbleib in den Bildungsinstitutionen, gestiegener Bildungsbeteiligung und einer Zunahme höherer Bildungsabschlüsse. Angestoßen durch Pichts Klage eines „Bildungsnotstands" (1964) und vor dem Hintergrund des „Sputnik-Schocks" im Jahre 1957 galt Bildung als zentrale Determinante für wirtschaftliche und individuelle Produktivität. Durch den Ausbau von Bildungseinrichtungen sollten durch die Bildungsinvestitionen der wissenschaftlich-technische Fortschritt, das wirtschaftliche Wachstum und die individuellen Lebensbedingungen verbessert werden. Die Reformdiskussion im Kontext der Bildungsexpansion sendete deutliche Signale hinsichtlich der Notwendigkeit höherer Bildung. Oberstes Ziel der Bildungsreformen der 1960er Jahre war der Abbau von Chancenungerechtigkeit. Es galt, Bildungszugänge so zu gestalten, dass die soziale Herkunft sowie sozialstrukturelle Merkmale der Schüler keinen nachteiligen Einfluss auf die Bildungsbiographie haben (Becker 2006). Eine nichtintendierte Folge der Bildungsreform war das soziale „creaming out" (Solga und Wagner 2001, S. 109), die soziale Entmischung der Hauptschule, in deren Folge die Hauptschule zur „Restschule" für sozial benachteiligte Schüler wurde. Die Erwartung bzw. das Reformziel der Bildungsexpansion der 1970er und 1980er Jahre, Bildungskarrieren von klassen- und schichtabhängigen Kriterien zu entkoppeln, konnte nur eingeschränkt erreicht werden. Im Jahr 1971 haben Pierre Bourdieu und Jean-Claude Passeron hinsichtlich der Bildungsexpansion daher von der „Illusion der Chancengleichheit" gesprochen. Rückblickend lässt sich resümieren, dass die Bildungsexpansion zwar zu deutlichen Niveaueffekten, aber hinsichtlich des Zusammenhangs von sozialer Herkunft und Schulbesuch nur geringe Struktureffekte hatte (Becker 2006, S. 29). Dies haben jüngst erst die Übergangsstudie des BIBB und das Übergangspanel des DJI bestätigt. Beide Studien zeigen zwar, dass die Chancen der Jugendlichen, in eine Ausbildung zu münden, durch eine Teilnahme an berufsvorbereitenden Maßnahmen steigen, aber je mehr Schwellen und Übergänge zu bewältigen sind, desto größer ist die Gefahr der Ausbildungsplatzlosigkeit. Anders gesagt: Der Übergang in eine Ausbildung verlängert sich nicht nur für viele Jugendliche, vielmehr trägt das Übergangssystem selbst zu weiterer Benachteiligung bei. Danach folgt die Einmündung in eine duale Ausbildung insbesondere hinsichtlich des Geschlechts und der sozialen Herkunft und eben nicht dem meritokratischen Allokationsmodus[10]. Durch das mehrgliedrige Schulsystem werden bereits mit der jeweiligen Schulform Karriereoptionen weitgehend festgelegt. Institutionelle und soziale Selektionsprozesse betreffen dabei insbesondere das Niveau der Vorbildung und den Migrationshintergrund.

Ein zweites Erklärungsmuster richtet sich an die Nachfrageseite. Danach besitzen immer weniger Jugendliche die notwendige Ausbildungsreife, um die an sie gestellten sozialen und fachlichen Anforderungen in der betrieblichen Ausbildung bewältigen zu können. Den Jugendlichen werden eine mangelnde Ausbildungsreife, illusionäre Berufsvorstellungen oder unzureichende soziale Kompetenzen unterstellt. Obwohl der Begriff der Ausbildungsreife angesichts seiner Unschärfe einer wissenschaftlichen Operationalisierung nicht standhält, hält er sich hartnäckig als Unterscheidungsmerkmal in der (berufs-)bildungspolitischen Debatte um Reformen zum Übergangssystem und dient vielfach als Legitimationsfolie für ungelöste Probleme des Übergangssystems.

> „Ausbildungsfähigkeit ist keine pädagogische, sondern letztlich eine politische Kategorie, hinter der sich sozialstrukturelle, vor allem wohl ökonomische Rationalitäten verbergen – kaum jedenfalls (oder besser: nur bedingt) eine Frage der Leistung und Lernfähigkeit wie Lernbereitschaft junger Menschen" (Winkler 2008, S. 70).

So fehlt beispielsweise bislang eine empirische Unterfütterung für die These, dass Ausbildungsstellenbewerber, die in Testsituationen den Dreisatz nicht beherrschen, den Anforderungen einer Berufsausbildung nicht gewachsen sind (Eberhard und Ulrich 2010, S. 139). Im Auftrag der Hans Böckler Stiftung erstellten die Autoren Dobischat, Kühnlein und Schurgatz (2012) eine Expertise zum Konstrukt Ausbildungsreife. Unter Berücksichtigung von Studien der Berufsbildungsforschung, der Jugendsoziologie und der psychologischen Intelligenzforschung kommen die Autoren zu dem Ergebnis, dass der Begriff „Ausbildungsreife" als Spielball unterschiedlicher Interessen fungiert, wenn es darum geht, Reformen im Übergangssystem zu initiieren.

> „Durch die Kritik an der ‚Ausbildungsreife' vieler Jugendlicher werden Strukturprobleme des Ausbildungssystems pädagogisiert und interessenpolitisch zur Legitimation des Status Quo auf dem Lehrstellenmarkt eingesetzt. So variiert das Konstrukt Ausbildungsreife je nach Berufsfeld und Branche. Gleichzeitig werden damit bildungspolitisch fragwürdige staatliche Intervention und Institutionen wie das berufliche Übergangssystem legitimiert. Aus diesem Grund ist eine Trennung von Jugendlichen nach dem Kriterium ‚Ausbildungsreife' (...) als bildungs- und sozialpolitisch skandalös zu bewerten (Dobischat et al. 2012, S. 4).

---

10   Vergleiche auch den Beitrag von Birgit Reißig in diesem Band.

Ungeachtet der Kritik an dem Konstrukt Ausbildungsreife, dient es etwa bei der jüngsten Reforminitiative „Übergänge mit System" der Bertelsmann-Stiftung (2010), an der sich bis zum Jahr 2011 neben der Bundesagentur für Arbeit bereits neun Bundesländer beteiligten, als ein zentrales Unterscheidungsprinzip. Anspruch dieser Initiative ist es, den vielfach beklagten Maßnahmendschungel zu systematisieren und zu reduzieren[11]. Hierzu wird der Übergangsbereich zwischen Schule und Arbeitswelt anhand der Unterscheidung zwischen ausbildungsreifen und nicht ausbildungsreifen Jugendlichen durch zwei Pfade bzw. „Grundtypen" systematisiert. Diese Grundtypen orientieren sich an den Ordnungsgrundlagen der dualen Ausbildung: Ausbildungsreife aber nicht vermittelte Jugendliche sollen Ausbildungsinhalte vermittelt werden, während noch nicht ausbildungsreifen Jugendlichen neben einer individuellen Förderung eine verbindliche Perspektive eines Ausbildungsabschlusses aufgezeigt werden soll. Der wissenschaftlich unscharfe Begriff der Ausbildungsreife fungiert bei dieser Reforminitiative als Selektionskriterium. Hier begegnet einem das „tradierte Dilemma der berufsbildungspolitischen Diskussion" (Sell 2011, S. 294): Im Spannungsfeld einer ‚reinen' Betriebsorientierung im Sinne eines gewachsenen dualen Systems versus einer ‚Verschulung' der Berufsausbildung als Alternative hierzu wird der vollzeitschulischen und außerbetrieblichen Berufsausbildung nur eine subsidiäre Bedeutung, eine „Rest-Auffangfunktionalität" (ebd., S. 296) zugeschrieben.

Zwei folgenreiche Aspekte sind in diesem Zusammenhang hervorzuheben: Erstens die defizitäre Bestimmung der Ausbildungsreife, die sich beispielsweise in der Definition des „Nationalen Pakts für Ausbildung und Fachkräftenachwuchs in Deutschland" zeigt. Danach bestimmt sich Ausbildungsreife über zu geringe schulische Basiskenntnisse, unzureichende Lernmotivation, und die fehlende Fähigkeit von Jugendlichen, „ihre eigenen Bedürfnisse und berufsbedeutsamen Fähigkeiten, Fertigkeiten und Kenntnisse (zu kennen) und diese mit wesentlichen Aspekten und Anforderungen von Berufen in Beziehung setzen (zu können)" (Solga et al. 2012, S. 1). Aus dem Blick geraten dabei vielfach die Jugendlichen selbst bzw. tauchen in der Debatte in erster Linie in der Form eines „Jugendproblem-Diskurses" (Griese und Mansel 2003, S. 11) auf. Dass bei der Ausbildungsplatzsuche askriptive Merkmale wie Geschlecht, ethnischer und sozialer Hintergrund diskriminierend wirken, wird durch die Debatte um Ausbildungsreife überlagert. Obgleich Jugendliche mit Migrationshintergrund vielfach über unzureichende schulische Leistungen und ein niedrigeres soziales Kapital verfügen, reicht dies als Erklärungsmuster nicht aus. Die Autoren des BIBB kommen in ihrer Übergangsstudie vielmehr zu dem Ergebnis, dass „ein Migrations-

---

11   Eine erste Bilanz dieser Reforminitiative zieht Stomporowski für Hamburg in seinem Beitrag.

hintergrund bereits für sich allein genommen bei der Lehrstellensuche von Nachteil ist" (Beicht et al. 2008, S. 5). Noch immer verlassen ausländische Jugendliche mehr als doppelt so häufig die Schule ohne Abschluss wie deutsche Jugendliche und auch in der Berufsbildung sind sie deutlich unterrepräsentiert[12]. Die Folge ist zweitens die individuelle Zuschreibung der Ausbildungslosigkeit. Die subjektorientierte Übergangsforschung hat in ihren Untersuchungen die Gefahren der negativen Selbstetikettierung sowie von „Abkühlungsprozessen" (Solga 2006, S. 131) herausgearbeitet, die durch Misserfolge und Erfahrungen des Scheiterns bei der Ausbildungsplatzsuche entstehen. Mit der Individualisierung der Übergangsprobleme schwinden nicht nur Bildungsaspirationen und Lernmotivation, vielmehr gerät der Arbeitsmarkt als Ursachenzuschreibung in den Hintergrund. Mit der Unterstreichung der Selbstverantwortung der Jugendlichen lässt sich gleichsam das Scheitern von Reformansätzen nicht mehr bildungspolitisch adressieren.

Aus diesen dominanten Erklärungsmustern – Verdrängungsthese und mangelnde Ausbildungsreife – speisen sich, grob formuliert, die Funktionen und die Reformansätze des Übergangssystems. Dabei lassen sich drei zentrale Funktionen unterscheiden (Beicht 2009, S. 13): Erstens sollen Jugendliche zur Ausbildungsreife geführt werden, die zweite Funktion liegt im Nachholen des Hauptschul- oder eines höherwertigen Schulabschlusses und drittens fungiert das Übergangssystem als Überbrückung bis zum Einstieg in eine berufliche Ausbildung. Diese Funktionen legitimieren sich über die vorherrschenden Erklärungsmuster der Verdrängungsthese und der mangelnden Ausbildungsreife, die sich aber bei näherer Betrachtung nur bedingt als Legitimationsfolie eignen.

2. Neue Qualität in der Debatte um Reformen des Übergangssystems

Im Nationalen Bildungsbericht 2008 bildete die Übergangsproblematik im Anschluss an den Sekundarbereich I das Schwerpunktthema. Ernüchternd hier die Feststellung der Autoren, dass die Vielfalt der Übergangsmöglichkeiten und -angebote sich einer übersichtlichen Darstellung entzieht und Reformansätze daher nur eine begrenzte Wirksamkeit entfalten können:

> „Trotz vielfältiger Reformbemühungen, die jeweils die Teilsysteme betrafen, selten jedoch übergreifenden Charakter aufwiesen, ist die institutionelle Trennung nie aufgehoben worden" (Autorengruppe Bildungsberichterstattung 2008, S. 153).

---

12   Vergleiche auch den Beitrag von Krekel und Dionisus in diesem Band.

Angesprochen sind damit die Ausstrahlungseffekte des Bildungs-Schismas, dieser „besonderen institutionellen Segmentierung von Allgemein- und Berufsbildung, die es in dieser Form nur in Deutschland gibt" (Baethge 2006, S. 4). Die institutionelle Trennung zwischen höherer Allgemeinbildung und Berufsbildung fungiert quasi als Achillesferse des deutschen Bildungssystems und erschwert umfassende Reformen. Wenn der Übergang zwischen Schule und Ausbildung nicht nur einen immer höheren Regelungsbedarf benötigt, sondern sich zu einem „Gewirr an Schleich- und Trampelpfaden, aber auch Warteschleifen" (Jungmann 2004, S. 175) ausdifferenziert, ist dies ein Beleg auch für die mangelnde Durchlässigkeit der verschiedenen Bildungssysteme. Die Abschottung zwischen den verschiedenen Institutionen und Organisationen des Ausbildungssystems und des Übergangssystems wird nur punktuell durch Förderprogramme und Projekte aufgebrochen. Rückblickend werden die Ausstrahlungseffekte des Bildungs-Schismas sowie die damit einhergehende gegenseitige Abschottung zwischen schulischer und beruflicher Bildung kritisiert: „Eine grundlegende Reform, die das institutionelle Schisma zwischen höherer Allgemein- und Berufsbildung aufgehoben hätte, hat es nie gegeben" (Baethge 2006, S. 19). Baethge sieht in den institutionellen Ordnungen sowie den damit einhergehenden jeweiligen Partikularinteressen wesentliche Reformbarrieren, so dass Reformen auf die jeweiligen Bildungssysteme begrenzt bleiben. Aus systemtheoretischer Perspektive lässt sich sagen, dass „die Reform und ihr Scheitern nur die beiden Seiten einer strukturellen Selbsterkundung der Gesellschaft im Hinblick auf die Ausdifferenzierung und Reichweite der Kommunikation von Entscheidungen [sind]" (Baecker 2005, S. 71). Auf Veränderungen in der Arbeitswelt, auf neue betriebliche Anforderungen reagiert beispielsweise die Berufsbildung durch die Modernisierung von Ausbildungsordnungen, oder der Neuschaffung von Berufsbildern. Während das Bildungssystem sich an der Formung des Lebenslaufs orientiert und damit ihre Leistungen an die Person adressiert und nicht daran, die Wirtschaft zufrieden zu stellen, geht es der Wirtschaft in erster Linie um die Förderung betrieblicher Interessen, um Ertragssteigerung und Rentabilität. Adressaten sind hier die Betriebe. Man kann sagen, dass zwischen den sozialen Teilsystemen – Schule, Ausbildung, Arbeit –„Schwellen der legitimen Indifferenz" (Tyrell 1978, S. 183) bestehen. Das Übergangssystem steht zwischen diesen sich grundlegend voneinander unterscheidenden Teilsystemen und kann diese nicht aufheben.

Nach dem Planungs- und Steuerungsoptimismus der 1980er Jahre lässt sich gegenwärtig eine neue Qualität in der Diskussion um das Übergangssystem verzeichnen. Die Vielzahl an Programmen und Initiativen signalisieren gleichermaßen ein wachsendes Problembewusstsein und eine Unsicherheit im systematischen

Zugriff des Übergangsbereichs. Sie zeigen, dass viel nicht unbedingt viel hilft. Die vielfach empirisch belegte Kritik am Übergangssystem – Unübersichtlichkeit, mangelnde Effizienz, zu hohe Kosten, Stigmatisierung von ausbildungsplatzlosen Jugendlichen – wird selbst zum Gegenstand der Reformen. Die Debatte um das Übergangssystem hat nach Jahrzehnten der Reformierung eine reflexive Wende durchlaufen. In den Vordergrund rücken die Nebenfolgen vergangener Reformen sowie die strukturellen Rahmenbedingungen (Nickolaus 2012). So wäre es mit dem heute vorhandenen Wissen undenkbar, ein Benachteiligtenprogramm zu starten - wie es 1980 geschah - ohne die Beteiligung der allgemeinbildenden oder berufsbildenden Schulen. Gerade durch das Nichterreichen vorangegangener Reformen rücken Fragen der Anschlussfähigkeit als neue Reformansprüche in den Vordergrund. Dazu kommt, dass sich die Funktionen verlagern: Mehr und mehr Jugendliche absolvieren im Übergangssystem einen allgemein bildenden Schulabschluss. Die Heterogenität und Unübersichtlichkeit des Übergangssystems verhindert jedoch eine umfassende Evaluation, so dass im Nationalen Bildungsbericht 2010 beklagt wird, „dass über die Gründe für die Bewegungen im Übergangssystem genauso wenig Transparenz besteht wie über seine genauen Wirkungen" (Autorengruppe Bildungsberichterstattung 2010, S. 98). Seit dem ersten Berufsbildungsbericht im Jahr 1977 wird zwar alljährlich zum Frühjahr vom Bundesinstitut für Berufsbildung in Bonn der aktuelle Berufsbildungsbericht veröffentlicht, der weit mehr als einen Überblick über die aktuellen Entwicklungen in der Berufsbildung liefert. Er bietet unter anderem Detailwissen über die Ausbildungsbereitschaft der Betriebe, des Bildungsverhaltens der Jugendlichen und des Verhältnisses von Angebot und Nachfrage nach Ausbildungsplätzen. Trotz dieses jährlich aktualisierten Detailwissens mangelt es an einer umfassenden Statistik, und zwar insbesondere hinsichtlich von Bildungsverläufen. So liegen keine Daten vor, die über den Verbleib oder den Wechsel zwischen unterschiedlichen Berufsvorbereitungsformen oder verschiedener Ausbildungsbereiche informieren.

Die durch die Verrechtlichung des Übergangssystems stärkere Vergesellschaftung hat bislang nicht dazu geführt, Übergänge als ein „gesellschaftliches Verhältnis" (Huisinga 2011, S. 156) in den Blick zu rücken. Da es sich längst nicht mehr um ein temporäres Konstrukt handelt, sondern um eine auf Dauer gestellte Normalität, wäre eine stärkere gesellschaftliche, sozialstrukturelle Einbettung lohnenswert. So wirft der Reformdschungel auch ein Bild auf das Theoriedefizit, dass die Übergangsforschung begleitet. Bereits im Jahr 1988 forderte Heinz ein stärkeres Inbeziehungsetzen sozialstruktureller Entwicklungen und individueller Lebenslaufgestaltung:

„Ohne einen theoretischen Bezugsrahmen, der auf das Wechselverhältnis zwischen sozialen Strukturen und deren Veränderungen einerseits und der Reproduktion und Modifikation sozialer Verhältnisse durch die Handlungsstrategien der Subjekte im Kontext ihrer Biographien zentriert ist, wird die Übergangsforschung weiterhin in quantitativen Umfragen oder Paneluntersuchungen oder qualitative Fallstudien über Berufsfindungsverläufe oder Problemgruppen auseinanderfallen" (Heinz 1988, S. 14 f., zit. nach Huisinga 2011, S. 155).

Die Wechselbeziehungen zwischen strukturellen und individuellen Bedingungen und Möglichkeiten stärker in den Blick zu rücken, wird auch von Buchmann und Huisinga (2013) für die Berufspädagogik vorgeschlagen. Sie empfehlen ein Forschungsprogramm „Subjektentwicklung und Inklusion im Übergangssystem". Voraussetzung hierfür sei ein „disziplinäres Selbstverständnis der Berufsbildungsforscherinnen und -forscher" (ebd., S. 153). Anspruch der Berufspädagogik müsse es sein, die gesellschafts- und ungleichheitstheoretischen Implikationen der Übergangsproblematik herauszuarbeiten.

In vormodernen Gesellschaften verband man mit „*Re*formatio" die Notwendigkeit, in einen vorherigen, als „ursprünglich" verstandenen und durch Gottes Schöpfung entstandenen Zustand zurückzukehren. Überträgt man diesen Gedanken auf Reformansätze im Übergangssystem, so drängt sich der Gedanke auf, dass Reformen mehr oder weniger explizit darum bemüht sind, dass Übergangssystem obsolet werden zu lassen bzw. nach wie vor der Vorstellung anhängen, dass ein direkter Weg von der allgemeinbildenden Schule in die berufliche Ausbildung der „eigentlich" richtige und auch machbare Weg sei. Die normative Leitfigur der Normalbiographie wirkt hier unterschwellig mit. Zwar bestätigen empirische Untersuchungen, dass das Erwerbssystem nach wie vor als Struktur- und (normativer) Taktgeber des Lebenslaufs fungiert und Zuspitzungen wie der von Richard Sennett in die Diskussion gebrachte Typus des „flexiblen Menschen" eher theoretische Diskussionen über die Konsequenzen der wissenszentrierten Gesellschaft provozieren, gleichwohl lässt sich aber sagen, dass in den letzten sechs Jahren eine „sprunghafte Diskontinuierung des individuellen Arbeitslebens" (Bolder et al. 2010, S. 9) zu beobachten ist. Längst hat sich das ‚Übergangssystem' zu einem „festen, auch quantitativ relevanten Bestandteil des Bildungssystems" (Bolder et al. 2012, S. 12) entwickelt. „Übergänge" adressieren gleichermaßen institutionelle und strukturelle Umgebungsbedingungen als auch individuelle Lebensverläufe. Dies sowie die Herausforderungen, die sich durch die Wissensgesellschaft sowie die europäische Bildungspolitik abzeichnen, böten die Chance, für eine grundlegende Reform, in der ein Perspektivenwechsel stattfindet. Die Geschichte des Übergangssystems zeigt, dass nicht die Realisierung von Reformen das Problem ist. Schwierigkeiten entstehen eher dadurch, dass neue „alte" Probleme generiert werden, dass das Anspruchsniveau an Reformen steigt und dass neue Fragen hervorgerufen werden. Hilfreich scheint daher ein Betrachtungswechsel zu den Bedingungen, die dazu führen, dass Reformen des Übergangssystems zur Routine werden.

Zu den einzelnen Beiträgen

Die Beiträge in diesem Band greifen auf je unterschiedliche Weise die vielfach belegte Kritik am Übergangssystem auf und diskutieren weiterführende theoretische und empirische Ansätze. In Reaktion auf die Intransparenz des Übergangsbereichs diskutieren *Elisabeth Krekel* und *Regina Dionisius* (Bundesinstitut für Berufsbildung, Bonn) die Aussagekraft der „integrierten Ausbildungsberichterstattung" (iABE), die bislang getrennt geführte Statistiken zusammenfasst und somit erstmals eine simultane Betrachtung der Sektoren des Ausbildungsgeschehens ermöglicht. Hoffnungen, wonach sich das Übergangssystem durch die demographische Entwicklung von selbst erledigen wird, werden von den Autorinnen als unrealistisch verworfen. Durch die iABE wird es möglich, die drei Funktionen des Übergangssystems – Verbesserung der Ausbildungsreife, Qualifizierungsfunktion, Warteschleife – in ihrer Gewichtung zu erkennen. Danach kann der Anteil der Jugendlichen, die eine Warteschleife durchlaufen, auf rund ein Viertel geschätzt werden, während insbesondere männliche Jugendliche mit Migrationshintergrund in das Übergangssystem münden, um ihre Ausbildungsreife zu verbessern. Die iABE liefert eine wichtige Voraussetzung für die zukünftige Gestaltung der Angebote im Übergangssystem.

Die Wichtigkeit von Längsschnittdaten wird von *Birgit Reißig* (Deutsches Jugendinstitut Halle) betont. Um Reformstrategien erfolgreich umzusetzen, sei es dringend erforderlich, Übergangsverläufe in ihrer Ausdifferenzierung zu analysieren. Anknüpfend an das 2004 begonnene Übergangspanel des DJI fragt *Reißig* nach den weichen Faktoren, die die Übergangsprozesse prägen. In einer qualitativen Zusatzstudie mit einem Teil der Befragten aus dem Übergangspanel identifiziert die Autorin drei zentrale Faktoren: Motivation, Gatekeeper und Bewältigungsstrategien Jugendlicher. Je nachdem wie diese Faktoren Einfluss auf den Übergangsprozess nehmen, lässt sich eine Entgrenzung und Verlängerung von Übergangswegen beobachten.

Ob und inwiefern Reformen auf struktureller Ebene die Jugendlichen erreichen, ist nicht nur in hohem Maße davon abhängig, ob die Lernprozesse an die bildungsbiographischen Erfahrungen der Jugendlichen anschlussfähig sind, sondern auch von den lebensweltlichen Sozialisationserfahrungen der Jugendlichen. Über welche biographischen Kompetenzen Jugendliche am Übergang Schule-Beruf verfügen und inwiefern biographische Erfahrungen über Erfolg oder Misserfolg pädagogischer Förderangebote entscheiden, diskutiert *Jutta Ecarius* (Universität Köln). Noch so ambitionierte pädagogische Förderangebote bergen ein hohes Scheiternsrisiko, wenn es ihnen nicht gelingt, an die biographischen Lernprozesse anzuschließen. Durch die Bezugnahme auf sich wandelnde Generationenordnungen und jugendliche Identitätsentwürfe eröffnet *Ecarius* einen theoretischen und empirischen Zugang zu einem bislang vernachlässigten Aspekt in der Übergangsforschung. Die Thesen werden mit empirischen Befunden aus dem DFG-Projekt „Sozial benachteiligte Jugendliche in pädagogischen Maßnahmen am Übergang Schule-Beruf. Sozialisationserfahrungen, biographische Fähigkeiten und Kompetenzen und Nachhaltigkeit von schulpädagogischen Maßnahmen" unterfüttert.

Inwieweit das pädagogische Konzept der Werkschule neue Impulse bei der Förderung sogenannter Risikojugendlicher liefern kann, wird von *Michael Gessler* und *Kristina Kühn* (Universität Bremen) diskutiert. Im Jahr 2009 startete in Bremen die Werkschule und die Autoren haben den neuen Bildungsgang von Beginn an für drei Jahre empirisch begleitet. Auch wenn zu diesem Zeitpunkt noch nicht gesagt werden kann, ob durch die Werkschule eine institutionelle Stigmatisierung oder aber eine institutionelle Ermöglichung für schwierige Jugendliche erfolgt, so liefern die Ergebnisse der Untersuchung eindeutige Belege dafür, dass durch ein verändertes Lehr-, Lernkonzept - praxisorientiertes Lernen, projektorientierte Unterrichtsorganisation, Teamarbeit bei den Lehrkräften - Lernbereitschaft und -motivation bei den Jugendlichen gefördert wird und Schüler, die an ihrer alten Schule sozial nicht mehr zurechtgekommen sind, nun wieder Lernbereitschaft und mit dieser Bereitschaft ihre sozialen Kompetenzen entwickeln.

Eine weitere Reforminitiative, das „Hamburger Ausbildungsmodell", diskutiert der Beitrag von *Stephan Stomporowski* (Universität Hamburg). Das „Hamburger Ausbildungsmodell" ist in die Reforminitiative „Übergänge mit System" der Bertelsmann-Stiftung eingebettet und 2009 gestartet. Nach vier Jahren lassen sich, so *Stomporowskis* Fazit, deutliche Verbesserungen im Übergangssystem in Hamburg verzeichnen, und zwar insbesondere hinsichtlich des Abbaus von Sackgassen und Perspektivlosigkeit. Eine wesentliche Rolle bei der strukturellen Umgestaltung des Übergangssystems spielen dabei Kooperationen, die in *Stomporowskis* Betrachtung des Hamburger Modells erfolgreich verlaufen und zu einer inhaltlichen Neuausrichtung der Bildungseinrichtungen führen. Skeptischer gegenüber solchen strukturellen Umgestaltungen ist *Dieter Münk* (Universität Duisburg-Essen). Angesichts der unterschiedlichen Zielvorstellungen zwischen Bildungs-, Wirtschafts- und Sozialpolitik reiche es nicht aus, allein über die berufliche Integration darauf zu hoffen, dass die Übergangsprobleme verschwinden.

Durch den Bias auf eine Integration in eine betriebliche Ausbildung erscheinen, so die These von Münk, andere Funktionen des Übergangsbereichs als defizitär. Die mangelnde Reformierbarkeit des Übergangssystems steht im Mittelpunkt des Beitrages von *Arnulf Bojanowski* (Universität Hannover). Für *Bojanowski* hat die Krisenhaftigkeit des Übergangsbereichs eine Eigenlogik entfaltet, die sich zunehmend einer Reformierbarkeit und Steuerung widersetzt und sich stattdessen zu einem neuen Dispositiv der Macht entwickelt. Inwiefern sich durch das Übergangssystem neue Praktiken und Technologien des Selbst im Sinne Foucaults entwickeln, ist bislang noch offen. *Bojanowski* sensibilisiert für diese Fragen und verweist auf die Gefahr einer entberuflichten Sozialisation für Jugendliche.

Welche Realitäten im (berufs-)bildungspolitischen Diskurs erzeugt werden, die – ungeachtet ihrer empirischen Evidenz - ihre Wirksamkeit in berufsbiographischen Entscheidungen entfalten, steht im Mittelpunkt des Beitrages von *Axel Bolder*. Dabei geht es um die Frage, ob die „Gewissheiten" der Diskurse letztlich neue Institutionen und Strukturen schaffen, die sich auf die Handlungsentwürfe und berufsbiographischen Entscheidungen der Jugendlichen auswirken. In kritischer Auseinandersetzung mit den Erosionsthesen – Erosion des Berufs, Erosion der Normalerwerbsbiographie – zeigt Bolder, wie jenseits empirischer Evidenzen, durch die wissenschaftliche Rezeption „Gewissheiten" hervorgebracht werden, die auf der individuellen Ebene reale Konsequenzen zeitigen.

Dass die kommunale Ebene eine entscheidende Rolle bei der Bewältigung der Übergangsproblematk und Umsetzung von Reformen spielt, veranschaulicht *Wilfried Kruse*. Die im Dezember 2006 gegründete Weinheimer Initiative „Lokale Verantwortung für Bildung und Ausbildung" stößt mit dem Konzept der „Kommunalen Koordinierung" neue Kooperationen und Akteurskonstellationen an, die auf kommunaler Ebene strukturelle Wirksamkeit entfalten, gleichwohl auf personelle und finanzielle Ressourcen angewiesen sind.

Insgesamt greifen die Beiträge die bisherige Ernüchterung der Übergangsreformen auf und liefern theoretische sowie empirische Impulse für zukünftige Ansätze.

Literatur

Allmendinger, J. & Helbig, M. (2008). Zur Notwendigkeit von Bildungsreformen. *WSI Mitteilungen 7*, 394-400.

Allmendinger, J., Ebner, C., Nikolai, R. (2010). Bildung in Europa 2010 – Ziele erreicht oder verfehlt? *WSI Mitteilungen 4*, 171-179.

Autorengruppe Bildungsberichterstattung (2010). *Bildung in Deutschland 2010. Ein indikatorengestützter Bericht mit einer Analyse zu Perspektiven des Bildungswesens im demographischen Wandel.* Bielefeld: Bertelsmann Verlag.

Autorengruppe BIBB & Bertelsmann-Stiftung (2011). *Reform des Übergangs von der Schule in die Berufsausbildung. Aktuelle Vorschläge im Urteil von Berufsbildungsexperten und Jugendlichen.* Bonn. http://www.bibb.de/dokumente/pdf/a21_ergebnisbericht_expertenmonitor_2010_preprint.pdf. Zugegriffen: 26.03.2013.

Baecker, D. (2005). Die Reform der Gesellschaft. In G. Corsi, E. Esposito (Hrsg.), *Reform und Innovation in einer unstabilen Gesellschaft.* (S. 61-79). Stuttgart: Lucius & Lucius.

Baethge, M. (2006). *Das deutsche Bildungs-Schisma: Welche Probleme ein vorindustriuelles Bildungssystem in einer nachindustriellen Gesellschaft hat.* SOFI-Mitteilungen 134. www.sofi.uni-goettingen.de/fileadmin/SOFI-Mitteilungen/Nr._34/Baethge.pdfhttp://www.sofi.uni-goettingen.de/fileadmin/SOFI-Mitteilungen/Nr._34/Baethge.pdf. Zugegriffen: 25.03.2013.

Baethge, M. (2008). Das Übergangssystem: Struktur – Probleme – Gestaltungsperspektive. In D. Münk, J. Rützel & C. Schmidt (Hrsg.), *Labyrinth Übergangssystem. Forschungserträge und Entwicklungsperspektiven der Benachteiligtenförderung zwischen Schule, Ausbildung, Arbeit und Beruf* (S. 53-68). Bonn: Pahl-Rugenstein.

Becker, R. (2006). Dauerhafte Bildungsungleichheiten als unerwartete Folgen der Bildungsexpansion? In A. Hadjar & R. Becker (Hrsg.), *Die Bildungsexpansion. Erwartete und unerwartete Folgen* (S. 27-61). Wiesbaden: VS Verlag für Sozialwissenschaften.

Becker, R. (2007). Lassen sich aus den Ergebnissen von PISA Reformperspektiven für die Bildungssysteme ableiten? *Schweizerische Zeitschrift für Bildungswissenschaften 29*, 13-31.

Beicht, U. (2009). Verbesserung der Ausbildungschancen oder sinnlose Warteschleife? Zur Bedeutung und Wirksamkeit von Bildungsgängen am Übergang Schule – Berufsausbildung. *BIBB Report 11*, Bonn.

Bertelsmann Stiftung (Hrsg.) (2009). *Berufsausbildung 2015 – Ein neues Leitbild.* Gütersloh.

Bohlinger, S. (2004). Der Benachteiligtenbegriff in der beruflichen Bildung. *Zeitschrift für Berufs- und Wirtschaftspädagogik 2*, 230-241.

Bojanowski, A. Eckardt, P. & Ratschinski, G. (2004). *Forschung in der Benachteiligtenförderung. Sondierungen in einer unübersichtlichen Landschaft.* http://www.bwpat.de/ausgabe6/bojanowski_eckardt_ratschinski_bwpat6.pdf. Zugegriffen: 20.03.2013.

Bojanowski, A. (2006). Ergebnisse und Desiderata zur Förderung Benachteiligter in der Berufspädagogik. In *Zeitschrift für Betriebs- und Wirtschaftspädagogik 3*, 341-359.

Bolder, A. et al. (2010). Die Fragen der neuen Lebensläufe und die Antworten der Erwachsenenbildung. In Dies. (Hrsg.), *Neue Lebenslaufregimes – neue Konzepte der Bildung Erwachsener?* (S. 9-24). Wiesbaden: VS Verlag.

Bolder, A. et al. (2012). Beruflichkeit – Ein Kampf der Einzelnen gegen die Institutionen? In A. Bolder et al. (Hrsg.), *Beruflichkeit zwischen institutionellem Wandel und biographischem Projekt.* (S. 7-25). Wiesbaden: VS Verlag.

Bourdieu, P. & Passeron, J.-C. (1971). *Die Illusion der Chancengleichheit.* Stuttgart.

Braun, F. & Geier, B. (2013). Bildungsgänge des Übergangssystems – Wartesaal des Berufsbildungssystems oder Ort der Chancenverbesserung? *Die Deutsche Schule 1*, 52-65.

Brändle, T. (2012). *Das Übergangssystem. Irrweg oder Erfolgsgeschichte?* Berlin/Toronto: Budrich UniPress Ltd.

Brunsson, N. (2005). Reform als Routine. In G. Corsi & E. Esposito (Hrsg.), *Reform und Innovation in einer unstabilen Gesellschaft.* (S. 9-27). Stuttgart: Lucius & Lucius.

Buchmann, U. & Huisinga, R. (2013). Subjektentwicklung und Inklusion im Übergangsprozess. Überlegungen zu einem Forschungsprogramm. In A. Bojanwoski & M. Eckert (Hrsg.), *Black Box Übergangssystem* (S. 143-156). Münster: Waxmann.

Büchter, K. (2011). Ausgrenzung durch (Berufs-)Bildung – wie ein sozialstrukturelles Problem pädagogisiert wird und (re-)politisiert werden könnte. In B. Siecke & D. Heisler (Hrsg.), *Berufliche Bildung zwischen politischem Reformdruck und pädagogischem Diskurs. Festschrift zum 60. Geburtstag von Manfred Eckert.* (S. 184-199). Paderborn: Eusl-Verlagsgesellschaft mbH.

Bundesinstitut für Berufsbildung (BIBB) (Hrsg.). (2005). Benachteiligtenförderung. 25 Jahre berufliche Benachteiligtenförderung – Vom Modellprogramm zur Daueraufgabe. Fachtagung des Bundesinstituts für Berufsbildung 27./28. September 2005 in Bonn. Bonn http://www.good-practice.de/25jahre_bnf_textfassung.pdf. Zugegriffen: 25.03.2013.

Bundesinstitut für Berufsbildung (BIBB) (Hrsg.). (2012). *Datenreport zum Berufsbildungsbericht 2012.* Bonn.

Bundesministerium für Bildung und Forschung (Hrsg.). (2009). *Gutachten zur Systematisierung der Fördersysteme, -instrumente und -maßnahmen in der beruflichen Benachteiligtenförderung.* Bonn/Berlin.

Bundesministerium für Bildung und Forschung (2013). *Berufsbildungsbericht 2012.* Bonn

Bund-Länder-Kommission (BLK) (2006). *Kooperation in der Benachteiligtenförderung.* Heft 133. http://www.blk-bonn.de/papers/heft133.pdf

Busemeyer, M. R. (2009). *Wandel durch Reformstau. Die Politik der beruflichen Bildung seit 1970.* Frankfurt a. M.: Campus.

Christe, G. (2013). Länderstrategien zur Reform des Übergangssystems. *Die Deutsche Schule 1*, 66-85.

Corsi, G. & Esposito, E. (2005). Einleitung. In G. Corsi & E. Esposito (Hrsg.), *Reform und Innovation in einer unstabilen Gesellschaft.* (S. 1-9). Stuttgart: Lucius & Lucius

de Haan, C. (2008). Ungewisse Zukunft, Kompetenzerwerb und Bildung. In Y. Ehrenspeck, C. de Haan & F. Thiele (Hrsg.), *Bildung: Angebot oder Zumutung?* (S. 25-44). Wiesbaden: VS Verlag.

Deutsche Gesellschaft für Erziehungswissenschaft (2009). *Zur Professionalisierung des pädagogischen Personals in der Integrationsförderung aus berufsbildungswissenschaftlicher Sicht.* Bonn: Pahl-Rugenstein.

Dobischat, R., Kühnlein, G. & Schurgatz, R. (2012). *Ausbildungsreife. Ein umstrittener Begriff beim Übergang Jugendlicher in eine Ausbildung.* Hans Böckler Stiftung Arbeitspapier 189. http://www.boeckler.de/pdf/p_arbp_189.pdf#page=1&zoom=auto,630,863

Eckert, M. (2004). Wohin entwickelt sich die Benachteiligtenförderung? Reflexionen im Horizont neuer Arbeitsmarkt-, Bildungs- und Sozialpolitik. In bwp@ Ausgabe 6 http://www.bwpat.de/ausgabe6/eckert_bwpat6.pdf. Zugegriffen: 25.03.2013.

Eckert, M. (2011). Übergänge in der beruflichen Bildung. *Berufsbildung 129*, 4-6.

Euler, D. (2012). Rückblick – Einblick – Ausblick: Das Übergangssystem im Übergang zum Inklusionsprinzip? *Zeitschrift für Berufs- und Wirtschaftspädagogik 3*, 321-328.

Friedrich, M. & Krekel, E. (2010). Die Vermessung der (Berufs-)Bildungswelt – Berufsbildungsbericht und BIBB-Datenreport. *Berufsbildung in Wissenschaft und Praxis (BWP) 3*, 26-30.

Griese, H. & Mansel, J. (2003). Jugendtheoretische Diskurse. In J. Mansel, H. Griese, A. Scherr (Hrsg.), *Theoriedefizite der Jugendforschung. Standortbestimmung und Perspektiven* (S. 11-31). Weinheim/München: Juventa Verlag.

Heisler, D. (2008). Reformen am Arbeitsmarkt: Die berufliche Integrationsförderung zwischen Anspruch und Realität. *bwp@ Ausgabe 14.* http://www.bwpat.de/ausgabe14/heisler_bwpat14.pdf. Zugegriffen: 25.03.2013.

Huisinga, R. (2011). Berufliche Übergangsforschung und Inklusionspolitik: Anmerkungen zu einem prekären Verhältnis. In B. Siecke & D. Heisler (Hrsg.), *Berufliche Bildung zwischen Reformdruck und pädagogischem Diskurs. Festschrift zum 60. Geburtstag von Manfred Eckert* (S. 150-169). Paderborn: Eusl-Verlag.

Jungmann, W. (2004): Der Übergang von der Schule in Ausbildung und Beruf. In E. Schumacher (Hrsg.), *Übergänge in Bildung und Ausbildung. Gesellschaftliche, subjektive und pädagogische Relevanzen* (171-188). Bad Heilbronn: Julius Klinkhardt.

Kleinert, C. & Jacob, M.(2012). Zugang zu Ausbildung und Studium. Strukturwandel des Übergangs in eine berufliche Ausbildung. In R. Becker & H. Solga (Hrsg.), *Soziologische Bildungsforschung* (211-233). Wiesbaden: VS Verlag für Sozialwissenschaften.

Koch, H. K. (2005). Die berufliche Benachteiligtenförderung: Aufbruch vor 25 Jahren. In Bundesinstitut für Berufsbildung (Hrsg.), 25 Jahre Benachteiligtenförderung. Vom Modellprogramm zur Daueraufgabe (S. 19-28). Bonn.

Kohlrausch, B (2012). Das Übergangssystem – Übergänge mit System? In U. Bauer, U. H. Bittlingmayer & A. Scherr (Hrsg.), *Handbuch Bildungs- und Erziehungssoziologie* (595-609). Wiesbaden: VS Verlag.

Kramer, J. & Langhoff, T. (2012). *Die Arbeits- und Lebensbedingungen der jungen Generation.* Hans Böckler Stiftung. Arbeitspapier 260, Düsseldorf.

Kühnlein, G. (2010). Hauptsache Betrieb!? Zur Schlüsselfunktion von Einzelbetrieben für die Bildungs- und Erwerbsbiographie von Jugendlichen. In A. Bolder, R. Epping, R. Klein; G. Reutter & A. Seiverth (Hrsg). *Neue Lebenslaufregimes: neue Konzepte der Bildung Erwachsener?* (S. 57-67). Wiesbaden: VS Verlag für Sozialwissenschaften.

Luhmann, N. (2000): *Organisation und Entscheidung.* Opladen/Wiesbaden: Westdeutscher Verlag.

Luhmann, N. (2002). *Das Erziehungssystem der Gesellschaft.* Frankfurt a.M.: Suhrkamp.

Nickolaus, R. (2012). Erledigen sich die Probleme an der ersten Schwelle von selbst? Strukturelle Probleme und Forschungsbedarfe. *Zeitschrift für Berufs- und Wirtschaftspädagogik 1,* 5-17.

Offe, C. (1975). *Berufsbildungsreform. Eine Fallstudie über Reformpolitik.* Frankfurt a.M.: Suhrkamp.

Picht,G. (1964). *Die deutsche Bildungskatastrophe. Analyse und Dokumentation.* Olten: Walter Verlag.

Reichenbach, R. (2008). In der „Concorde-Falle": Erfolgreiches Scheitern von Bildungsreformen. Eine „Replik" auf Walter Herzogs Kritik an der Reform. *Schweizerische Zeitschrift für Bildungswissenschaften 1,* 53-63.

Schmidt, C. (2011). *Die nachlassende soziale Inklusionsfähigkeit beruflicher Bildung – Das Krisensymptom „Übergangssystem" und seine Strukturalternativen,* Bielefeld: Bertelsmann.

Sell, S. (2011). Auswege aus dem Labyrinth des „Übergangssystems". In C. Huthmacher & E. Hoffmann (Hrsg.), *Aufstieg durch (Aus-)Bildung* (S. 287-313). Konrad Adenauer Stiftung. St. Augustin/Berlin.

Solga, H. (2005). *Ohne Abschluss in die Bildungsgesellschaft. Die Erwerbschancen gering qualifizierter Personen aus ökonomischer und soziologischer Perspektive.* Leske + Budrich: Opladen.

Solga, H. (2009). Herausforderungen beim Übergang in den Arbeitsmarkt: Lehrstellenmangel, Demografie, Wirtschaftskrise. *Sozialpolitik des Kindes- und Jugendalters 8*. www.dji.de/cgi-bin/projekte/output.php?projekt=945&Jump2=16. Zugegriffen: 15.03.2013

Statistisches Bundesamt (2012). *Schulen auf einen Blick*. Wiesbaden.

Solga, H., Baas, M. & Kohlrausch, B. (2012). Mangelnde Ausbildungsreife – Hemmnis bei der Lehrstellensuche von Jugendlichen mit Hauptschulabschluss? *WZ Brief Bildung* vom 19.02.2012, Berlin.

Solga, H. & Wagner, S. (2001). Paradoxie der Bildungsexpansion. Die doppelte Benachteiligung von Hauptschülern. *Zeitschrift für Erziehungswissenschaften 1*, 107-127.

Tyrell, H. (1978). Anfragen an die Theorie gesellschaftlicher Differenzierung. *Zeitschrift für Soziologie 7*, 175-193.

Ulrich, J. U. (1998). Benachteiligung – was ist das? Überlegungen zu Stigmatisierung und Marginalisierung im Bereich der Lehrlingsausbildung. In *Vierteljahreshefte zur Wirtschaftsforschung 4*, 370-380.

Ulrich, J. U. (2008). Jugendliche im Übergangssystem – Eine Bestandsaufnahme. *Hochschultage Berufliche Bildung 2008. Workshop 12 Produktionsschulen*. http://www.bwpat.de/ht2008/ws12/ulrich_ws12-ht2008_spezial4.pdf. Zugegriffen: 30.03.2012

Walther, A. & Stauber, B. (2007). Übergänge in Lebenslauf und Biographie. Vergesellschaftung und Modernisierung aus subjektorientierter Perspektive. In: B. Stauber, A. Pohl & A. Walther (Hrsg.), *Subjektorientierte Übergangsforschung. Rekonstruktion und Unterstützung biographischer Übergänge junger Erwachsener* (S. 19-40). Weinheim/München: Juventa Verlag.

Vereinigung der bayerischen Wirtschaft e.V. (vbw) (Hrsg.). (2011). *Bildungsreformen 2000 – 2010 – 2020. Jahresgutachten 2011*. Wiesbaden: VS Verlag für Sozialwissenschaften.

Winkler, M. (2008). Ausbildungsfähigkeit – ein pädagogisches Problem? In E. Schlemmer & H. Gerstberger (Hrsg.), *Ausbildungsfähigkeit im Spannungsfeld zwischen Wissenschaft, Politik und Praxis* (S. 69-91). Wiesbaden: VS Verlag für Sozialwissenschaften.

Zur Bedeutung und künftigen Entwicklung des Übergangsbereiches — Welche Informationen liefert die integrierte Ausbildungsberichterstattung (iABE)?

Regina Dionisius / Elisabeth M. Krekel

Abstract

Nach wie vor ist für nicht studienberechtigte Abgänger und Abgängerinnen aus allgemeinbildenden Schulen eine duale Berufsausbildung der „Königsweg" in eine Erwerbstätigkeit. Demografie bedingt, aber auch in Folge wirtschaftlicher Krisen, kam es in den letzten Jahren jedoch zu erheblichen Engpässen auf dem Ausbildungsstellenmarkt. Als Folge blieben bis zum Jahr 2005 immer mehr Jugendliche erfolglos bei ihrer Suche nach einem Ausbildungsplatz. Seither ist die Zahl zwar rückläufig, dennoch begannen im Jahr 2011 immer noch knapp 285.000 Jugendliche eine Maßnahme im sogenannten Übergangsbereich. Ausgehend von den Übergangsproblemen in eine duale Berufsausbildung beschäftigt sich der Beitrag mit der vergangenen und zukünftigen Entwicklung des Übergangsbereichs und dessen Funktionen. Hierzu werden insbesondere die Daten der integrierten Ausbildungsberichterstattung (iABE) herangezogen. Diese bieten einen Gesamtüberblick über die Nutzung aller Bildungsangebote des Ausbildungsgeschehens und liefern Hinweise zur quantitativen Bedeutung der unterschiedlichen Funktionen des Übergangsbereichs.

1. Ausgangslage

Seit dem ersten nationalen Bildungsbericht (Konsortium Bildungsberichterstattung 2006) werden Bildungsgänge, *„die unterhalb einer qualifizierten Berufsausbildung liegen bzw. zu keinem anerkannten Ausbildungsabschluss führen, sondern auf eine Verbesserung der individuellen Kompetenzen von Jugendlichen zur Aufnahme einer Ausbildung oder Beschäftigung zielen und zum Teil das Nachholen eines allgemeinbildenden Schulabschlusses ermöglichen"* (S. 79), im sogenannten

Übergangssystem bzw. dem Übergangsbereich[1] zusammengefasst. Dass sich damit neben der dualen Berufsausbildung nach BBiG/HwO und der vollqualifizierenden schulischen Ausbildung ein weiteres Teilsystem außerhalb der Hochschulebene (ebenda) etablieren konnte, ist Folge zunehmender Versorgungsprobleme auf dem Ausbildungsstellenmarkt. Der deutlich gestiegenen Zahl von Abgänger/-innen aus allgemeinbildenden Schulen stand kein erhöhtes Ausbildungsplatzangebot im dualen System gegenüber. Und auch die vollqualifizierenden schulischen Bildungsangebote reichten nicht aus, um diese Lücke zu schließen. Selbst ausbildungsreife Bewerber und Bewerberinnen mussten in wachsender Zahl auf teilqualifizierende Bildungsgänge des Übergangsbereiches ausweichen (Eberhard und Ulrich 2011). Damit verschärften sich die Probleme beim Übergang in Ausbildung.

Die Bildungsgänge des Übergangsbereichs haben drei zentrale Funktionen (Beicht 2010, S. 90): Sie dienen erstens dazu, Jugendliche zur *Ausbildungsreife* zu führen. Zweitens bieten sie jungen Menschen die Möglichkeit einen *höherwertigen Schulabschluss* zu erreichen. Drittens schaffen sie für ausbildungsreife Jugendliche, die keine Lehrstelle bekommen konnten, eine *Überbrückung* bis zum Einstieg in eine Berufsausbildung.

Um die Bedeutung und zukünftige Entwicklung des Übergangsbereichs insgesamt bewerten und im Voraus abschätzen zu können, sind valide Daten notwendig. Mit der integrierten Ausbildungsberichterstattung (iABE) hat sich die Datenlage erheblich verbessert. Zuvor standen Daten zu den unterschiedlichen Qualifizierungswegen nach dem Verlassen der allgemeinbildenden Schule unverbunden nebeneinander. Die iABE fasst nun Daten unterschiedlicher Quellen in einem Berichtssystem zusammen und liefert einen Gesamtüberblick über die Nutzung aller Bildungsangebote des Ausbildungsgeschehens. Dieses unterteilt sich nach unterschiedlichen Bildungszielen in die (Bildungs-)Sektoren: Berufsausbildung, Integration in Berufsausbildung (Übergangsbereich), Hochschulreife sowie Studium (Dionisius et al. 2012a).

Für den Übergangsbereich zeigt die iABE seit 2005 einen Rückgang der Anfänger/-innen von rund 418.000 auf 285.000 im Jahr 2011. Um die Entwicklungen zuvor darzustellen, muss auf die „Quantitative Synopse zur relativen Bedeutung unterschiedlicher Bildungsgänge" zurückgegriffen werden[2]. Diese weist

---

1   Da sich dieser Bereich *„durch eine undurchschaubare und unabgestimmte Ansammlung von Maßnahmen"* (Bertelsmann Stiftung 2011, S. 7) auszeichnet, die *„überwiegend keinen systematischen Anschluss an eine Berufsausbildung in anerkannten Ausbildungsberufen besitzen"* (Euler und Severing 2006, S. 9), wird er häufig eher als Übergangsbereich bezeichnet. Diese Bezeichnung wird auch im Rahmen der integrierten Ausbildungsberichterstattung (iABE) verwendet.

2   Diese war Bestandteil der Berufsbildungsberichterstattung. Siehe u. a. Berufsbildungsbericht 2008 des Bundesministeriums für Bildung und Forschung, Kapitel 2.1, S. 105ff.

nach, dass seit der Wiedervereinigung die Neuzugänge im Übergangsbereich bis Mitte 2000 auf über 400.000 (Dionisius et al. 2012c) anstiegen. Neben der iABE, werden ergänzende Daten zum Übergangsbereich benötigt: Dass vielen Teilnehmenden an einer Übergangsmaßnahme auch nach Beendigung dieser der Übergang in eine vollqualifizierende Berufsausbildung nicht gelang, kann nur aus der BIBB-Übergangsstudie 2011 abgelesen werden. Hier zeigen Beicht und Eberhard (2013), dass nur 42 Prozent der nichtstudienberechtigten Teilnehmenden sechs Monate nach Beendigung einer Übergangsmaßnahme der Einstieg in eine Ausbildung gelingt. Die anderen laufen Gefahr, langfristig ausbildungslos zu bleiben.

Mittlerweile verlassen deutlich weniger Jugendliche die allgemeinbildenden Schulen. Bezogen auf nichtstudienberechtigte Abgänger/-innen hat sich ihre Zahl in Ostdeutschland im Vergleich zur Jahrtausendwende fast schlagartig auf rund 70.000 verringert und wird sich langfristig auf diesem Niveau einpendeln. In Westdeutschland ist diese Entwicklung mit einer zeitlichen Verzögerung eingetreten und wird sich kontinuierlich bis 2025 fortsetzen (Ulrich et al. 2012).

Wie sich der Übergangsbereich vor diesem Hintergrund entwickelt hat und entwickeln wird, ist Gegenstand des nachfolgenden Beitrages. Im ersten Schritt wird der Zusammenhang zwischen den Übergangsproblemen in Ausbildung und dem Ausbildungsmarkt anhand zentraler Indikatoren dargestellt. Anschließend werden die Entwicklungen im Übergangsbereich ausgehend von den Daten aus der integrierten Ausbildungsberichterstattung (iABE) analysiert. Ferner werden Prognosen zur künftigen Entwicklung des Übergangsbereiches vorgestellt.

2. Ausbildungsmarkt und Übergangsprobleme

Zur Bewertung der Lage auf dem Ausbildungsmarkt werden verschiedene Indikatoren herangezogen, die unterschiedliche Hinweise auf Probleme beim Übergang in Ausbildung geben. Als zentrale Indikatoren der Bildungsberichterstattung[3] haben sich seit längerem u. a. die Zahl der neu abgeschlossenen Ausbildungsverträge zum 30.09., die Angebots-Nachfrage-Relation sowie die Ausbildungsbetriebs- und Ausbildungsquote etabliert:

---

3   Wichtige Elemente der Berufsbildungsberichterstattung sind der Berufsbildungsbericht, der vom Bundesministerium für Bildung und Forschung (Bundesministerium für Bildung und Forschung 2012) sowie der Datenreport zum Berufsbildungsbericht, der seit 2009 vom Bundesinstitut für Berufsbildung (Bundesinstitut für Berufsbildung 2012) heraus gegeben werden. Einen Überblick über alle Bildungsbereiche bietet der nationale Bildungsbericht (Autorengruppe Bildungsberichterstattung 2012). Zur (Berufs-)Bildungsberichterstattung in Deutschland siehe auch Friedrich und Krekel (2010).

Die *Ausbildungsbetriebs- sowie die Ausbildungsquote* sind Indikatoren zur Abschätzung der Beteiligung der Wirtschaft an der dualen Berufsausbildung in Deutschland. Die Ausbildungsquote gibt den Anteil der Auszubildenden an allen sozialversicherungspflichtig Beschäftigten (einschließlich Auszubildende) wieder. Die Ausbildungsbetriebsquote bezeichnet den Anteil der Betriebe mit Auszubildenden an allen Betrieben mit sozialversicherungspflichtig Beschäftigten (einschließlich der Ausbildungsbetriebe) (Hucker und Troltsch 2012). Beide Quoten lagen in den Jahren mit hohen Versorgungsproblemen auf dem Ausbildungsstellenmarkt (insbesondere in den Jahren zwischen 2003 und 2007) über dem Niveau von 1999 (Hucker 2012). Damit ist der Rückgang an Ausbildungsbetrieben und Auszubildenden nicht ganz so stark verlaufen wie der Rückgang an Betrieben und Beschäftigten. Dennoch reichte das betriebliche Ausbildungsangebot bei weitem nicht aus, die gestiegene Nachfrage abzudecken, denn in dieser Zeit erreichte die Zahl der nichtstudienberechtigten Abgänger/-innen und Absolventen/ Absolventinnen aus allgemeinbildenden Schulen – das Hauptklientel für eine duale Berufsausbildung – mit über 700.000 ihren Höhepunkt (siehe *Abb. 2.1*). Infolge wurden immer mehr Jugendliche in den Übergangsbereich abgedrängt. Erstmals im Jahr 2010 stand einer wieder ansteigenden Zahl an Beschäftigten und Betrieben ein Rückgang an Ausbildungsbetrieben und Auszubildenden gegenüber (Ebenda). Damit werden erste Effekte aus der demografischen Entwicklung sichtbar. Immer mehr Betriebe klagen mittlerweile darüber, ihre Ausbildungsplätze nicht mehr besetzen zu können, so dass der Anteil unbesetzter Ausbildungsstellen steigt (Ulrich et al. 2012).

Für die Darstellung der Verhältnisse auf dem Ausbildungsmarkt sind die Ausbildungsbetriebs- und Ausbildungsquote jedoch nur bedingt geeignet. Hierfür hat sich seit den 1970er-Jahren die *Angebots-Nachfrage-Relation (ANR)* als Kenngröße etabliert (Ulrich 2012a). Sie spiegelt das Verhältnis von Ausbildungsplatzangebot zur Ausbildungsplatznachfrage wieder. Zentrale Grundlage ist die *BIBB-Erhebung über neu abgeschlossene Ausbildungsverträge zum 30.09*[4]. Zusammen mit der Zahl der bei der Bundesagentur für Arbeit (BA) noch unbesetzten Ausbildungsplätze sowie der noch ausbildungssuchenden Personen, werden das Ausbildungsplatzangebot und die Ausbildungsplatznachfrage bestimmt. Nach den Ergebnissen der BIBB-Erhebung 2012 wurden vom 1. Oktober 2011 bis zum 30.09.2012 rund 551.300 neue Verträge abgeschlossen (-18.000 bzw. -3,2 Prozent

---

4   Mit der BIBB-Erhebung über neu abgeschlossene Ausbildungsverträge zum 30.09. werden jährlich auf der Grundlage des Berufsbildungsgesetzes (BBiG) alle Ausbildungsverträge erfasst, die vom 1. Oktober des Vorjahres und dem 30. September des laufenden Jahres neu abgeschlossen und nicht wieder gelöst wurden. Siehe hierzu auch: http://www.bibb.de/de/14492.htm.

im Vergleich zum Vorjahr). Damit kam es zum zweitniedrigsten Wert seit der Wiedervereinigung. Zusammen mit 33.300 unbesetzten Ausbildungsplätzen und 76.000 noch Suchenden lag das Ausbildungsplatzangebot bei 584.500[5] und die Ausbildungsplatznachfrage bei 627.300[6]. Da sowohl Ausbildungsplatznachfrage als auch das Ausbildungsplatzangebot bundesweit zurückgegangen sind, veränderte sich die Relation zwischen Angebot und Nachfrage (ANR) jedoch nur wenig. Insgesamt fielen 93,2 Angebote auf 100 Nachfrager; im Jahr 2011 waren dies 93,4 Angebote. Obwohl die ANR in den letzten Jahren angestiegen ist, konnten weiterhin nicht alle Jugendlichen, die ein Ausbildungsverhältnis wünschten, dieses auch tatsächlich realisieren (Ulrich et al. 2012).

Aus diesem Grunde ist die Frage, wie viele der an Ausbildung interessierten Jugendlichen auch tatsächlich in einer Ausbildung einmünden können, von besonderer bildungspolitischer Bedeutung. Deshalb veröffentlicht das Bundesinstitut für Berufsbildung (BIBB) seit dem Datenreport 2012 die sogenannte Einmündungsquote der Ausbildungsinteressierten (EQI). *„Die Einmündungsquote der Ausbildungsinteressierten (EQI) zeigt an, wie hoch der Anteil unter den ausbildungsinteressierten Personen eines Berichtsjahres ist, der letztlich an einer Berufsausbildung beteiligt ist bzw. für eine Berufsausbildung gewonnen werden konnte. Sie bezieht sich auf alle Personen für die im Berichtsjahr institutionell ein Interesse an einer Berufsausbildung festgestellt werden konnte, ..."* (Ulrich 2012b, S. 68). Mit der EQI werden die Versorgungsprobleme zwischen 2003 und 2007 auf dem Ausbildungsstellenmarkt besonders deutlich (siehe *Abb. 2.1*). In diesem Zeitraum lag die Einmündungsquote um 60 Prozent, d.h. 40 Prozent der Ausbildungsinteressierten konnten ihren Ausbildungswunsch nicht realisieren. In Ostdeutschland lag sie dabei noch deutlich unter der Quote in Westdeutschland. Ab 2008 ist ein deutlicher Anstieg erkennbar: Mehr Jugendliche können ihre Ausbildungswünsche realisieren; gleichzeitig verringern sich die Neuzugänge im Übergangsbereich.

---

5   Differenz zur Summe der Einzelwerte aufgrund von Rundungen.
6   Die Zahl basiert auf der erweiterten Nachfragedefinition. Berücksichtigt werden alle bei der BA registrierten Ausbildungsstellenbewerber, die zum Stichtag 30.09. noch auf Ausbildungsplatzsuche waren. Zur Vertiefung siehe Ulrich (2012a).

Abbildung 2.1: Einmündungsquoten der Ausbildungsinteressierten (EQI) und
Neuzugänge im Übergangsbereich

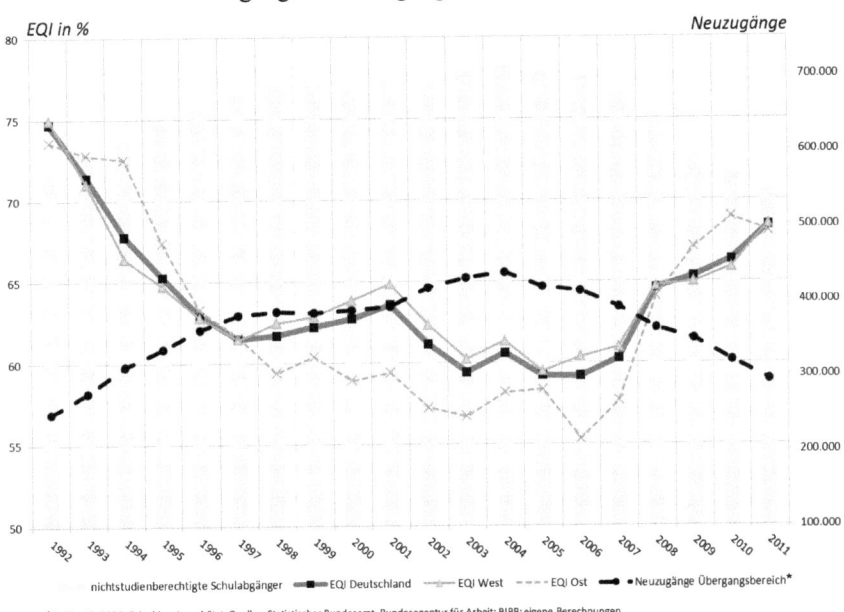

Quelle: Statistisches Bundesamt, Bundesagentur für Arbeit, BIBB, eigene Berechnungen

Abbildung 2.1 macht die Zusammenhänge zwischen Ausbildungsmarkt und Übergangsbereich deutlich: Gleichzeitig mit dem – nicht auch zuletzt demografisch be-
dingten – Rückgang der Einmündungsquote der Ausbildungsinteressierten (EQI)
steigen die Neuzugänge im Übergangsbereich kontinuierlich an und sinken zu
dem Zeitpunkt wieder, zu dem es gelingt, mehr ausbildungsinteressierte Jugendliche wieder in Ausbildung zu bringen.

Obwohl die quantitative Bedeutung des Übergangsbereiches kontinuierlich
sinkt, stellt sich die Frage, welche Jugendlichen weiterhin an sogenannten Übergangsmaßnahmen teilnehmen und welche Bedeutung der Übergangsbereich künftig haben wird.

3. Datenlage zum Übergangsbereich:
Die integrierte Ausbildungsberichterstattung (iABE)

Mit der integrierten Ausbildungsberichterstattung (iABE) stehen erstmalig umfangreiche Daten aus der amtlichen Statistik zur Verfügung, mit denen die Bedeutung und die Entwicklung von Bildungssektoren – so auch dem Übergangsbereich – nachgezeichnet werden können. Zuvor lag zwar mit der *„Quantitative Synopse zur relativen Bedeutung unterschiedlicher Bildungsgänge"* (im Berufsbildungsbericht bzw. Datenreport zum Berufsbildungsbericht) ein erster Überblick zum Übergangsbereich vor, für welchen bereits Daten der Bundesagentur für Arbeit (BA) und der Statistik der allgemeinbildenden Schulen nebeneinandergestellt wurden. Seinerzeit konnte jedoch nicht auf Daten zurückgegriffen werden, die nach dem Bildungsgangprinzip[7] erhoben wurden.

Das System der iABE

Mit der iABE hat sich die Datenlage zum Übergangsbereich erheblich verbessert. Sie liefert einen Gesamtüberblick über die Nutzung der Angebote im Übergang Schule – Arbeitswelt. Dafür wurden Daten der Statistik „Berufliche Schulen", der Personalstandstatistik, der Statistik der allgemeinbildenden Schulen, der Hochschulstatistik sowie der Förderstatistik der Bundesagentur für Arbeit (BA) in einem Berichtssystem zusammengefasst („integriert") (Dionisius et al. 2012a, S. 6). Die Daten der iABE fließen als Grundlagen in die Berufsbildungsberichterstattung wie z. B. den Berufsbildungsbericht, den Datenreport zum Berufsbildungsbericht, den Bericht Bildung in Deutschland sowie den OECD Bericht zur Bildung auf einen Blick ein.

Mit der iABE werden alle Ausbildungs- und Qualifizierungswege, die die jungen Menschen einschlagen können, systematisiert. Hierzu wurde ein System von (Bildungs-)Sektoren und Konten entwickelt, das diese Wege trennscharf abbildet. Im Mittelpunkt stehen die formalisierten, quantitativ erfassbaren Ausbildungs- und Qualifizierungsangebote. Sie bilden das „Ausbildungsgeschehen" mit den vier Bildungssektoren (Dionisius et al. 2012a, S. 40):

- Berufsausbildung (Ziel = Vollqualifizierender Berufsabschluss)
- Integration in Berufsausbildung/Übergangsbereich (Ziel = Berufsausbildung)

---

7 Die *„Quantitative Synopse zur relativen Bedeutung unterschiedlicher Bildungsgänge"* hat auf Daten der Fachserie der beruflichen Schulen zurückgegriffen. Hier werden Daten zu Schüler/-innen an Lernorten, z. B. Schüler/-innen an Berufsschulen erhoben. Durch die Entwicklung der so genannten „Zuordnungsmatrix" (Fest, et. al. 2010) können nun inhaltlich vergleichbare Bildungsgänge identifiziert und zusammengefasst werden.

- Hochschulreife (Ziel = Erwerb der Hochschulzugangsberechtigung — Sek. II)
- Studium (Ziel = Studienabschluss)

Bildungsprogramme mit ähnlichem berufspädagogischen Inhalt werden zu Konten zusammengefasst und entsprechend ihrer Zielausrichtung den Sektoren zugeordnet. Der Sektor „Integration in Berufsausbildung (Übergangsbereich)" besteht aus zehn Konten, die sich zum Teil aus mehreren Bildungsprogrammen zusammensetzen (Dionisius et al. 2012a, S. 39).

Durch die Integration der verschiedenen amtlichen Statistiken ist erstmals eine bundesweite, simultane Betrachtung der Sektoren des Ausbildungsgeschehens möglich. Da die iABE nur auf Aggregatdaten zurückgreifen kann, können Bildungsverläufe jedoch nicht dargestellt werden. Um Bildungsverläufe von Jugendlichen nachzeichnen zu können, werden daher weiterhin Studien wie beispielsweise die *BIBB-Übergangsstudie* oder die *Schulabgängerbefragung* benötigt. Auch die der iABE zur Verfügung stehenden Merkmale bzw. Merkmalskombinationen sind durch die Aggregatdatenlage eingeschränkt (Dionisius et al. 2012b, S. 22).

Der Übergangsbereich in der iABE

Im Sektor „Integration in Berufsausbildung (Übergangsbereich)" werden Maßnahmen und Bildungsangebote für Jugendliche nach der allgemeinbildenden Schule zusammengefasst. Das Ziel der Angebote und Maßnahmen ist die Vorbereitung auf bzw. die Vermittlung in eine Berufsausbildung. Dazu wird ein breites Spektrum von Qualifizierungsangeboten bereitgestellt, welches meist aus öffentlichen Mitteln finanziert wird (Dionisius et al. 2012a, S. 40).

Im Sektor „Integration in Berufsausbildung (Übergangsbereich)"[8] (2011: 284.922 Anfänger/-innen) werden folgende Konten operationalisiert[9]:

- Berufsvorbereitende Maßnahmen (BvB) der BA (20,5 Prozent)

- Bildungsgänge an Berufsfachschulen, die einen allgemeinbildenden Abschluss der Sekundarstufe I vermitteln (17,3 Prozent)

---

8   Die Reihenfolge entspricht der relativen Bedeutung der Konten im Sektor. Die Prozentangaben entsprechen dem Anteil der Anfänger/-innen eines Kontos am Sektor.

9   Sowohl die iABE als auch der Bericht „Bildung in Deutschland" nutzen Anfängerdaten der „Statistik Berufliche Schulen", die nach dem „Bildungsgangprinzip" erhoben wurden. Sie weisen in der Summe die gleichen Anfängerdaten aus. Die Autorengruppe Bildungsberichterstattung fokussiert jedoch auf das „berufliche Ausbildungssystem" welches sich aus den Teilsystemen duales System, Schulberufssystem, Übergangssystem zusammensetzt (Dionisius et al. 2012c, S. 220).

- Bildungsgänge an Berufsfachschulen, die eine berufliche Grundbildung vermitteln, die angerechnet werden kann (15,5 Prozent)
- Berufsvorbereitungsjahr (BVJ) inkl. einjährige Berufseinstiegsklassen (13,5 Prozent)
- Berufsgrundbildungsjahr (BGJ), vollzeitschulisch (9,9 Prozent)
- Bildungsgänge an Berufsfachschulen, die eine berufliche Grundbildung vermitteln, ohne Anrechnung (8,8 Prozent)
- Bildungsgänge an Berufsschulen für erwerbstätige/erwerbslose Schüler/-innen ohne Ausbildungsvertrag (5,7 Prozent)
- Einstiegsqualifizierung (EQ) der BA (5,4 Prozent)
- Bildungsgänge an Berufsschulen für Schüler/-innen ohne Ausbildungsvertrag, die allgemeinbildende Abschlüsse der Sek I anstreben (2,2 Prozent)
- (Pflicht)Praktika vor der Erzieherausbildung an beruflichen Schulen (1,3 Prozent)

Zur relativen Bedeutung des Übergangsbereichs

Die iABE zeigt, dass der Sektor „Integration in Berufsausbildung/Übergangsbereich" seit 2005 (417.647) nicht nur einen Rückgang der absoluten Anfängerzahlen (2011 = 284.922) zu verzeichnen hat. Auch die relative Bedeutung, d. h. der Anteil der Einmündungen in diesen Sektor gemessen am gesamten Ausbildungsgeschehen sank von 21,1 Prozent auf 14 Prozent (2011), wie *Abbildung 3.1* zeigt. Gleichzeitig stieg der Anteil der jungen Menschen, die eine Hochschulzugangsberechtigung erwerben wollen um 1,1 Prozentpunkte. Auch der Anteil der Studienanfänger/-innen hat sich um 7,1 Prozentpunkte erhöht. Im größten Sektor, der Berufsausbildung, ist der Anteil der Jugendlichen seit dem Höchststand 2007 mit 39,1 Prozent auf 36,3 Prozent zurückgegangen (Dionisius et al. 2011, S. 4). Insgesamt muss berücksichtigt werden, dass aufgrund der Einführung des achtjährigen Gymnasiums („G8)" und der damit verkürzten Schulzeit, in den jeweils betroffenen Bundesländern[10] mehr Jugendliche die Schule verlassen haben. Diese münden verstärkt in den Sektor Hochschulreife bzw. drei Jahre später in den Sektor Studium ein. Zusätzlich hat der Sektor Studium durch das Aussetzen der Wehrpflicht im Jahr 2011 einen höheren Zulauf[11] (Dionisius et al. 2013a; Statistisches Bundesamt 2012b).

---

10 Doppelte Anfängerjahrgänge: 2008 Bayern und Niedersachsen; 2009 Baden-Württemberg, Berlin, Bremen und Brandenburg; 2010 Nordrhein-Westfalen und Hessen.
11 Für den Sektor Hochschulreife können die Anfängerzahlen weitgehend um die doppelten Jahrgänge bereinigt werden. Auch nach der Bereinigung zeigt sich, dass im Vergleich mit dem

Abbildung 3.1:   Anteil der Anfänger/-innen in den Sektoren des
             Ausbildungsgeschehens

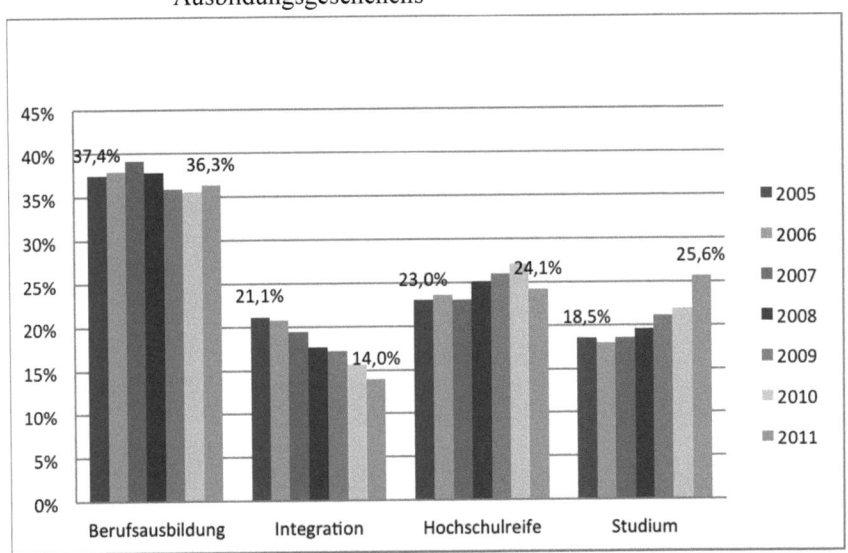

Quelle: „Integrierte Ausbildungsberichterstattung" auf Basis der Daten der statistischen Ämter des
         Bundes und der Länder) und der Bundesagentur für Arbeit. Datenstand: 13.02.2012.

4. Der Übergangsbereich im Vergleich der anderen Bildungssektoren

Um Zielgruppenunterschiede und Benachteiligungen deutlich zu machen, verweist
Euler (2012, S. 322-324) auf die Merkmale Staatsangehörigkeit, Geschlecht sowie
die schulische Vorbildung der Anfänger/-innen im Übergangsbereich. Im Folgenden wird der Sektor „Integration in Berufsausbildung" anhand dieser Merkmale beschrieben (siehe *Tab. 4.1*) und mit den anderen Sektoren des Ausbildungsgeschehens verglichen.

Betrachtet man die Anfänger/-innen im gesamten Ausbildungsgeschehen im
Hinblick auf das Merkmal Staatsangehörigkeit (deutsch/nicht deutsch) so zeigt
sich, dass die Verteilung weitgehend der Struktur der 15- bis 19- jährigen Wohnbe-
völkerung entspricht (90 Prozent deutsch, 10 Prozent nicht-deutsch)[12]. Die Sekto-

---

Jahr 2005 mehr Anfänger/-innen eine Hochschulzugangsberechtigung anstreben (Dionisius
et al. 2013a).
12   Statistisches Bundesamt 2011, Tabelle 12411-0006.

ren – insbesondere der Sektor „Integration in Berufsausbildung" – weichen in ihrer Aufteilung allerdings deutlich davon ab. Der Integrationssektor weist mit 16,8 Prozent (2011) den höchsten Anteil von Anfänger/-innen ohne deutsche Staatsangehörigkeit[13] auf. Der Ausländeranteil hat sich seit 2009[14] um 1,2 Prozentpunkte erhöht. Mit einem Ausländeranteil von 6,9 Prozent bzw. 6,8 Prozent zeigen die Sektoren „Berufsausbildung" sowie „Hochschulreife" niedrigere Anteile. Unter den 16,9 Prozent Studienanfänger/-innen ausländischer Herkunft im Sektor Studium waren (2009) mehr als 80 Prozent Bildungsausländer/-innen[15]. In Sektoren „Berufsausbildung", „Hochschulreife" und „Studium" ist der Ausländeranteil seit 2009 stabil (Dionisius et al. 2012a, S. 30).

Tabelle 4.1: Die Sektoren der iABE im Vergleich

Anfänger/-innen 2011	absolut	Anteil nicht dt.	Anteil männlich	o. HS	HS	RS	Abi+FH	o.A./ Sonst.
Berufsausbildung	741 023	6,9%	50,4%	2,6%	25,5%	48,8%	22,1%	1,0%
Integration in Berufsausbildung (Übergangsbereich)	284 922	16,8%	57,4%	19,3%	52,9%	24,6%	1,6%	1,6%
Hochschulreife	492 696	6,8%	47,1%	0,0%	1,5%	97,5%	0,2%	0,8%
Studium	522 306	16,9%	53,4%	0,0%	0,0%	0,0%	98,5%	1,5%

(dt. = deutsch; o. HS = ohne Hauptschulabschluss; HS = Hauptschulabschluss; RS = Realschulabschluss; Abi/FH = Abitur/Fachhochschulreife; o. A. = ohne Angabe; Sonst. = Sonstige Vorbildung)
Quelle: „Integrierte Ausbildungsberichterstattung" auf Basis der Daten der statistischen Ämter des Bundes und der Länder) und der Bundesagentur für Arbeit. Datenstand: 13.02.2012

---

13 In der iABE liegen - anders als in der Hochschulstatistik - keine Individualdaten vor. Somit kann auch nicht zwischen Bildungs-In- oder -Ausländern unterschieden werden. Es kann jedoch unterstellt werden, dass nur wenige Bildungsausländer/-innen zum Besuch einer Maßnahme des Integrationssektors nach Deutschland kommen.

14 Der Ausländeranteil wird in der iABE erst ab dem Jahr 2009 ausgewiesen.

15 „Als Bildungsausländer/-innen werden die ausländischen Studierenden nachgewiesen, die ihre Hochschulzugangsberechtigung im Ausland bzw. an einem Studienkolleg erworben haben. Als Bildungsinländer/-innen werden die ausländischen Studierenden nachgewiesen, die ihre Hochschulzugangsberechtigung in Deutschland, aber nicht an einem Studienkolleg, erworben haben (Statistisches Bundesamt 2012a, S. 11). Von den ausländischen Anfänger/-innen im Sektor Studium sind 83 Prozent Bildungsausländer/-innen und nur 17 Prozent Bildungsinländer (Statistische Ämter des Bundes und der Länder 2012, S. 67).

Im Hinblick auf die Geschlechteranteile unterscheiden sich das Ausbildungsgeschehen sowie die Sektoren „Berufsausbildung" und „Studium" nur geringfügig
vom bekannten Bevölkerungsdurchschnitt, welcher in etwa gleiche Geschlechteranteile aufweist. Der Sektor „Integration in Berufsausbildung" weicht jedoch
mit einen Anteil von 57,4 Prozent (2011) Männern davon ab. Der Sektor „Hochschulreife" wird insgesamt etwas stärker (52,9 Prozent) von jungen Frauen besucht. Seit 2005 sind die Anteile weitgehend stabil (Dionisius et al. 2012a, S. 31).

Mit dem Merkmal „schulische Vorbildung" erfasst die iABE weiterhin den
höchsten, allgemeinbildenden Schulabschluss. Unter den Anfänger/-innen im
Sektor „Integration in Berufsausbildung (Übergangsbereich)" haben 53 Prozent
(2011) die Schule mit einem Hauptschulabschluss verlassen. Knapp ein Viertel
verfügt über einen Realschul- oder gleichwertigen Abschluss. Knapp ein Fünftel
kann keinen Schulabschluss vorweisen. Zum Vergleich: Im Sektor „Berufsausbildung" beginnen nur rund 3 Prozent der Anfänger/-innen, ohne einen Hauptschulabschluss. Gut ein Viertel verfügt über einen Hauptschul-, knapp die Hälfte
über einen Realschulabschluss. Rund 22 Prozent besitzen die Fachhochschul- bzw.
allgemeine Hochschulreife (Dionisius et al. 2013b).

Vergleicht man die Konten des Übergangsbereichs im Hinblick auf die schulische Vorbildung der Jugendlichen, so waren Anfänger/-innen mit einer Studienberechtigung vergleichsweise stark in den „Einstiegsqualifizierungen (EQ)"
vertreten. Die „Pflichtpraktika vor der Erzieherausbildung" wurden insbesondere von Jugendlichen mit Realschulabschluss nachgefragt. Jugendliche mit Hauptschulabschluss prägten die „Bildungsgänge, die eine berufliche Grundbildung vermitteln, ohne Anrechnung". Jugendliche ohne Hauptschulabschluss fanden sich
besonders häufig im „Berufsvorbereitungsjahr (BVJ)" (Bundesministerium für
Bildung und Forschung, 2012 S. 29; Dionisius et al. 2013b).

Als besondere Zielgruppe im Übergangsbereich gelten die Jugendlichen
ohne Hauptschulabschluss. Auch wenn der Schulabschluss keine Vorbedingung
für den Abschluss eines Ausbildungsvertrages ist, erwarten viele Ausbildungsbetriebe einen solchen von den Jugendlichen. Die *Abbildung 4.2* zeigt, dass unter
den Anfänger/-innen ohne Hauptschulabschluss rund 61 Prozent männlich waren
– davon 48 Prozent deutscher und 13 Prozent ausländischer Herkunft. Unter 21
Prozent der Anfänger/-innen nicht deutscher Herkunft befanden sich 7 Prozent
Frauen und 13 Prozent Männer. Im Vergleich zum Durchschnitt des Sektors ist
diese zentrale Gruppe damit männlicher und ausländischer geprägt.

Abbildung 4.2: Anteile der Anfänger/-innen im Übergangsbereich ohne Hauptschulabschluss

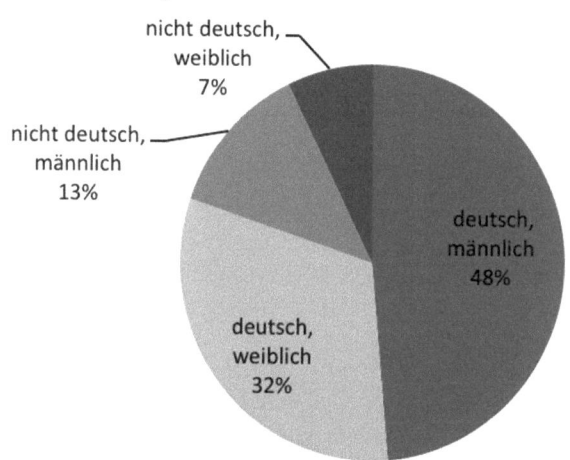

Quelle: „Integrierte Ausbildungsberichterstattung" auf Basis der Daten der statistischen Ämter des Bundes und der Länder sowie der Bundesagentur für Arbeit; Datenstand: 20.12.2012

Der Übergangsbereich im Ländervergleich

Der Übergangssektor stellt sich in den 16 Bundesländern sehr heterogen dar. So schwankt die Anzahl der angebotenen Bildungskonten zwischen vier Konten in Brandenburg, Mecklenburg-Vorpommern und Thüringen und neun Konten in Baden-Württemberg. Während das „Berufsvorbereitungsjahr (BVJ)" in fast allen Bundesländern angeboten wird, sind „Bildungsgänge für Schüler/-innen ohne Ausbildungsvertrag, die allgemeine Abschlüsse der Sek I anstreben" nur in drei Bundesländern vertreten. Lediglich die von der Bundesagentur für Arbeit (BA) finanzierten Maßnahmen (BvB, EQ) werden in allen Bundesländern durchgeführt (Dionisius et al. 2011, S. 5).

Im Jahr 2011 entfallen bundesweit 14 Prozent der Einmündungen in das Ausbildungsgeschehen auf den Übergangsbereich. In Niedersachsen und Schleswig-Holstein liegt der Anteil weit über dem Bundesdurchschnitt. In den Ländern Bayern, Berlin, Brandenburg, Mecklenburg-Vorpommern, Sachsen und Thüringen liegt der Anteil der Einmündungen weit unter dem Bundesdurchschnitt. Bei einer näheren Betrachtung ist jedoch zu beachten, dass jedes Bundesland andere Maßnahmen und Angebote bereitstellt: So werden zum Beispiel in Schleswig-Holstein die mittleren Bildungsabschlüsse häufig im Übergangsbereich vergeben, in Baden-Württemberg absolvieren Jugendliche – nachdem Ausbildungs(vor-)verträge mit Betrieben abgeschlossen wurden – zunächst ein Jahr im teilqualifizierenden Übergangsbereich. Dieses (Berufsgrundbildungs-)Jahr wird oft als erstes Ausbildungsjahr anerkannt.

Bei den Rückgängen der Anfänger/-innen im Übergangsbereich zeigt sich ein deutlicher Unterschied zwischen den alten und den neuen Bundesländern: Während in den neuen Bundesländern der Anteil der Anfänger/-innen im Übergangsbereich im Zeitraum von 2005 bis 2011 zwischen knapp -66 Prozent (Sachsen) und -53 Prozent (Brandenburg) sinkt, variiert der Anteil in den alten Bundesländern zwischen -46 Prozent in Bayern und +6 Prozent in Schleswig-Holstein.

Zusammenfassend lässt sich festhalten, dass sich die Anfänger/-innen im Sektor „Integration in Berufsausbildung" im Vergleich zu den anderen Sektoren im Hinblick auf alle der iABE zur Verfügung stehenden Personenmerkmale unterscheiden. Sie weisen den höchsten Ausländer- und Männeranteil auf sowie das niedrigste Niveau der schulischen Vorbildung. Dennoch verfügen immer noch rund ein Viertel der Jugendlichen im Übergangsbereich über einen Realschulabschluss und höher. Es zeigt sich weiterhin, dass sich der Übergangsbereich in den 16 Bundesländern sehr heterogen präsentiert: So stellt man einen großen Unterschied zwischen Ost- und Westdeutschland fest. Der Übergangsbereich in Westdeutschland ist stärker ausgeprägt als in Ostdeutschland (Dionisius et al. 2011). Auch die rückläufige Entwicklung der Anfänger/-innen im Übergangsbereich erfolgt in Ost- und Westdeutschland in unterschiedlichen Geschwindigkeiten und folgt weitgehend der demographischen Entwicklung und der damit einhergehenden Entwicklung auf dem Ausbildungsstellenmarkt (siehe *Abb. 2.1*).

5. Künftige Entwicklung des Übergangsbereiches

Die demografische Entwicklung und der damit verbundene kontinuierliche Rückgang von Abgänger/ innen aus allgemeinbildenden Schulen, lassen vermuten, dass sich der Übergangsbereich künftig auf ein Minimum reduziert oder gar völlig überflüssig wird. Vordergründig werde dem demografischen Wandel „*die stille Beseitigung des sogenannten Übergangssystems zugeschrieben, das sich als sozialer Brennpunkt auf der Landkarte des Bildungssystems etabliert hat*" (Euler 2011, S. 2). Doch die Zweifel, dass die demografische Entwicklung letztendlich dazu führen wird, dass der Übergangsbereich nicht mehr erforderlich sein wird, sind relativ hoch. Den Ergebnissen des Expertenmonitors Berufliche Bildung des Bundesinstituts für Berufsbildung zufolge sind nur 12 Prozent der Auffassung, dass der demografisch bedingte Rückgang bei den Schulabsolventen dazu führen wird, *„dass das Übergangssystem nicht mehr erforderlich sein wird"* (Bundesinstitut für Berufsbildung 2012, S. 382-383). Vielmehr sind sie der Meinung, dass auch in Zukunft *„das Übergangssystem unverzichtbar sein"* wird. Damit scheint die Vorstellung, dass sich der Übergangsbereich aufgrund der demografischen Entwicklung von alleine auflösen wird, *„ebenso verlockend wie unrealistisch"* (Baethge 2011, S. 107) zu sein.

Die Daten der integrierten Ausbildungsberichterstattung können zur Abschätzung der künftigen Bedeutung des Übergangsbereiches genutzt werden (Bundesinstitut für Berufsbildung 2012, Kapitel C). Ausgehend von der bisherigen Entwicklung der Neuzugänge im Übergangsbereich[16] wird die künftige Entwicklung mit Hilfe der Zahl der nichtstudienberechtigten Absolventen aus allgemeinbildenden Schulen sowie des Umfangs des Ausbildungsplatzangebotes geschätzt. Während die Entwicklung der Schulabgänger/-innen vorhersehbar ist und bis ins Jahr 2025 kontinuierlich auf rund 452.500 sinkt, müssen für die Berücksichtigung des Umfanges des Ausbildungsplatzangebotes Grundannahmen getroffen werden. Danach würde sich die Anfängerzahl im Übergangsbereich bei einem konstanten Ausbildungsplatzangebot wie 2011 auf ca. 164.000 reduzieren. Bei einem steigenden Angebot um 10.000 Plätze würde sich der Übergangsbereich um weitere 64.000 Neuzugänge reduzieren, bei einem sinkenden Angebot um 10.000 Plätze um dieselbe Zahl erhöhen (Ebenda).

6. Fazit

Der Übergangsbereich stellt sich in den Bundesländern sehr unterschiedlich dar. In Westdeutschland hat er eine höhere relative Bedeutung für das Ausbildungsgeschehen als in Ostdeutschland (Dionisius et al. 2011). Dies ist auf den unterschiedlichen institutionellen Umgang mit erfolglosen Ausbildungsplatzbewerbern zurückzuführen (Eberhard und Ulrich 2011, S. 110). Jugendliche, die in der dualen Ausbildung keinen Ausbildungsplatz bekommen haben, münden in Ostdeutschland vor allem in vollqualifizierende „außerbetriebliche" oder schulische Berufsausbildungen ein.

Die insgesamt rückläufige Entwicklung des Übergangsbereichs ist insbesondere durch die demografische Entwicklung und die damit verbesserte Lage auf dem Ausbildungsstellenmarkt zu erklären. Experten gehen jedoch davon aus,

---

16 Da aus der iABE nur Daten ab 2005 vorliegen wurden für die Prognosen die Neuzugänge im Übergangsbereich von 1992 bis 2004 u. a. aus diversen teilqualifizierenden Bildungsgängen errechnet (Bundesinstitut für Berufsbildung 2012, S. 382).

dass sich der Übergangsbereich nicht gänzlich auflösen wird. Vor diesem Hintergrund rücken Fragen der qualitativen Bedeutung des Übergangsbereichs verstärkt in den Vordergrund. Denn neben der Auffangfunktion (*Überbrückung*) von Jugendlichen bei schlechten Ausbildungsmarktverhältnissen, in dem Jugendliche aufgrund mangelnder Ausbildungsmöglichkeiten auch bei vorhandener Ausbildungsreife in den Übergangsbereich abgedrängt werden, hat der Übergangsbereich auch eine andere Funktionen: Zum einen für Jugendliche, die nach Verlassen der allgemeinbildenden Schule noch nicht über die notwendige Voraussetzung für die Aufnahme einer Ausbildung verfügen, zum anderen für Jugendliche, die nach der allgemeinbildenden Schule ihren Schulabschluss verbessern wollen. Damit hätte der Übergangsbereich durchaus eine eigene „Existenzberechtigung" und eine besondere Bedeutung für junge Menschen auf ihrem Weg von der allgemeinbildenden Schule in Ausbildung und Beschäftigung.

Die Funktionen des Übergangsbereichs lassen sich auch auf der Grundlage der iABE nicht direkt abbilden und quantifizieren. Grob vereinfacht kann jedoch die schulische Vorbildung als Indikator für (mangelnde) Ausbildungsreife oder Marktbenachteiligung herangezogen werden (Dionisius et al. 2013b): Jugendlichen mit Studienberechtigung, können ihre schulische Qualifikation nicht mehr aufwerten. Entsprechend lassen sie sich sicher denjenigen zurechnen, die eine Warteschleife (*Überbrückung*) im Integrationsbereich durchlaufen. Eine ähnliche Schlussfolgerung kann auch für die Jugendlichen mit Realschulabschluss gezogen werden. Korrigiert man den Anteil der Jugendlichen mit Realschulabschluss um die Jugendlichen, die ein Praktikum vor der Erzieherausbildung absolvieren (welches als Voraussetzung der Erzieherausbildung gilt und deshalb nicht als Überbrückung zu werten ist), dann kann der Anteil der Jugendlichen im Übergangsbereich die eine Warteschleife durchlaufen, immer noch auf ein Viertel geschätzt werden. Für die Gruppe der Jugendlichen ohne Hauptschulabschluss (19 Prozent) kann unterstellt werden, dass der Großteil in erster Linie seine *Ausbildungsreife* verbessern will. Diese Gruppe kennzeichnet sich durch einen verhältnismäßig hohen Ausländer- und Männeranteil, welches bei der Planung von Angeboten berücksichtigt werden sollte. Wie viele Jugendliche ihre *Qualifikation aufwerten* wollen, ist anhand der iABE-Daten nicht eindeutig nachzuweisen. Die Vorbildungsdaten zeigen jedoch, dass knapp ein Drittel der Jugendlichen, die z.B. ein „Allgemeinbildendes Programm zur Erfüllung der Schulpflicht bzw. Abschlüsse der Sek. I" absolvieren, bereits zu Beginn der Maßnahme über einen Realschulabschluss verfügt. Dies steht im Widerspruch zu einer Qualifikationsaufwertung.

Zur Darstellung der Entwicklungen auf dem Weg aus der allgemeinbildenden Schule in eine Erwerbstätigkeit bietet die integrierte Ausbildungsberichterstattung eine zentrale Datengrundlage. Sie ist nicht nur eine wichtige Ergänzung
der indikatorengestützten Bildungsberichterstattung, sondern ermöglicht auch
ein Blick auf die Entwicklungen im gesamten Bildungssystem.

Literatur

Autorengruppe Bildungsberichterstattung (Hrsg.). (2012). *Bildung in Deutschland 2012. Ein indikatorengestützter Bericht mit einer Analyse zur kulturellen Bildung im Lebenslauf.* Bielefeld:
Bertelsmann.

Baethge, M. (2011). Im Zeichen des demografischen Wandels. Neue Perspektiven für den Übergang in Berufsausbildung. In: C. Henry-Huthmacher & E. Hoffmann (Hrsg.), *Ausstieg durch
(Aus-)Bildung – Der schwierige Weg zum Azubi* (S. 107-124). Sankt Augustin/Berlin: Konrad-Adenauer-Stiftung.

Beicht, U. (2010). Bedeutung und Wirksamkeit von Bildungsgängen des Übergangssystems (Analysen auf Basis der BIBB-Übergangsstudie 2006). In: Bundesinstitut für Berufsbildung (Hrsg.),
*Datenreport zum Berufsbildungsbericht 2010 : Informationen und Analysen zur Entwicklung
der beruflichen Bildung* (S. 90-96). Bonn: Bundesinstitut für Berufsbildung.

Beicht, U., & Eberhard, V. (2013). Ergebnisse der BIBB-Übergangsstudie 2011. In: Bundesinstitut
für Berufsbildung (Hrsg.), *Datenreport 2013. Informationen und Analysen zur Entwicklung
der beruflichen Bildung* (S. 100-109). Bonn: Bundesinstitut für Berufsbildung.

Bertelsmann Stiftung (Hrsg.). (2011). *Übergänge mit System. Rahmenkonzept für eine Neuordnung
des Übergangs von der Schule in den Beruf.* Bielefeld: Verlag Bertelsmann Stiftung.

Bundesinstitut für Berufsbildung (Hrsg.). (2012). *Datenreport zum Berufsbildungsbericht 2012. Informationen und Analysen zur Entwicklung der beruflichen Bildung.* Bonn: Bundesinstitut
für Berufsbildung.

Bundesministerium für Bildung und Forschung (Hrsg.). (2012). *Berufsbildungsbericht 2012.* Bonn.

Dionisius, R., Illiger, A., & Schier, F. (2013a). Das Ausbildungsgeschehen im Überblick. In Bundesinstitut für Berufsbildung (Hrsg.), *Datenreport zum Berufsbildungsbericht 2013 : Informationen und Analysen zur Entwicklung der beruflichen Bildung* (S. 144-253). Bonn: Bundesinstitut für Berufsbildung.

Dionisius, R., Illiger, A., & Schier, F. (2013b). Viele junge Menschen münden in den Übergangsbereich – trotz guter Vorbildung. *Berufsbildung in Wissenschaft und Praxis,* 4-5.

Dionisius, R., Lissek, N., & Schier, F. (2011). Einmündungen im Übergangsbereich rückläufig. *Berufsbildung in Wissenschaft und Praxis, 40*(4), 4-5.

Dionisius, R., Lissek, N., & Schier, F. (2012a). Integrierte Ausbildungsberichterstattung: Basisindi-
katoren und Grundlagen – Abschlussbericht, Teil 2.

Dionisius, R., Lissek, N., & Schier, F. (2012b). Integrierte Ausbildungsberichterstattung: Genese, Verlauf, Produkte und Perspektiven – Abschlussbericht, Teil 1.

Dionisius, R., Lissek, N., & Schier, F. (2012c). Überblick über das Ausbildungsgeschehen. In: Bundesinstitut für Berufsbildung (Hrsg.), *Datenreport zum Berufsbildungsbericht 2012. Informationen und Analysen zur Entwicklung der beruflichen Bildung* (S. 220-229). Bonn.

Eberhard, V., & Ulrich, J. G. (2011). „Ausbildungsreif" und dennoch ein Fall für das Übergangssystem? Institutionelle Determinanten des Verbleibs von Ausbildungsstellenbewerbern in teilqualifizierenden Bildungsgängen. In E. M. Krekel & T. Lex (Hrsg.), *Neue Jugend, neue Ausbildung? Beiträge aus der Jugend- und Bildungsforschung* (S. 97-112). Bielefeld: Bertelsmann.

Euler, D. (2011). Führt der demografische Wandel zu einem Verschwinden des Übergangssystems? *Berufsbildung* (130), 2-5.

Euler, D. (2012). Rückblick – Einblick – Ausblick: Das Übergangssystem im Übergang zum Inklusionsprinzip? *Zeitschrift für Berufs- und Wirtschaftspädagogik, Band 3,* 321 – 328.

Euler, D., & Severing, E. (2006). Flexible Ausbildungswege in der Berufsbildung. Retrieved from http://www.bmbf.de/pub/Studie_Flexible_Ausbildungswege_in_der_Berufsbildung.pdf. Zugegriffen: 30.03.2012.

Fest, M., Freitag, H.-W., Fritzsch, B., & Skripski, B. (2010). Zuordnung der beruflichen Bildungsgänge nach der ISCED auf Länderebene. In Bundesministerium für Bildung und Forschung (Hrsg.), *Indikatorenentwicklung für den nationalen Bildungsbericht „Bildung in Deutschland." Grundlagen, Ergebnisse, Perspektiven* (Vol. Bildungsforschung Band 33 (S. 95-108). Bonn, Berlin.

Friedrich, M., & Krekel, E. M. (2010). Die Vermessung der (Berufs-)Bildungswelt – Berufsbildungsbericht und BIBB-Datenreport. [Measuring the world of (vocational) education – the Report on vocational Education and Training and the BIBB Report]. *Berufsbildung in Wissenschaft und Praxis, 39* (3), 26-30.

Hucker, T. (2012). Ergebnisse der Beschäftigungsstatistik zur Ausbildungsbeteiligung. In Bundesinstitut für Berufsbildung (Hrsg.), *Datenreport zum Berufsbildungsbericht 2012 : Informationen und Analysen zur Entwicklung der beruflichen Bildung* (S. 189-194). Bonn: Bundesinstitut für Berufsbildung.

Hucker, T., & Troltsch, K. (2012). Indikatoren zur betrieblichen Ausbildungsbeteiligung. In R. Dionisius, N. Lissek & F. Schier (Hrsg.), *Beteiligung an beruflicher Bildung – Indikatoren und Quoten im Überblick* (S. 39-47). Bonn.

Konsortium Bildungsberichterstattung (2006). *Bildung in Deutschland. Ein indikatorengestützter Bericht mit einer Analyse zu Bildung und Migration.* Bielefeld: Bertelsmann.

Statistische Ämter des Bundes und der Länder. (2012). *Indikatoren der integrierten Ausbildungsberichterstattung für Deutschland. Ein Vergleich der Bundesländer.* Wiesbaden.

Statistisches Bundesamt (2011). Fachserie 1, Reihe 1.3, Bevölkerung und Erwerbstätigkeit – Bevölkerungsfortschreibung.

Statistisches Bundesamt (2012a). Fachserie 11, Reihe 4.1, Bildung und Kultur – Studierende an Hochschulen; Wintersemester 2011/2012. https://www.destatis.de/DE/Publikationen/Thematisch/BildungForschungKultur/Hochschulen/StudierendeHochschulenEndg2110410127004.pdf?__blob=publicationFile. Zugegriffen: 30.03.2012.

Statistisches Bundesamt (2012b). Pressemitteilung vom 23. November 2012 – 408/12. Zahl der Erstsemester sinkt im Studienjahr 2012 um 5 Prozent Retrieved 20.12.2012, from https://www.destatis.de/DE/PresseService/Presse/Pressemitteilungen/2012/11/PD12_408_213.html. Zugegriffen: 30.03.2012.

Ulrich, J. G. (2012a). Indikatoren zu den Verhältnissen auf dem Ausbildungsstellenmarkt. In R. Dionisius, N. Lissek & F. Schier (Hrsg.), *Beteiligung an beruflicher Bildung – Indikatoren und Quoten im Überblick* (S. 48-65). Bonn.

Ulrich, J. G. (2012b). Indikatoren zur Einmündung in duale Berufsausbildung. In R. Dionisius, N. Lissek & F. Schier (Eds.), *Beteiligung an beruflicher Bildung – Indikatoren und Quoten im Überblick* (S. 66-83). Bonn.

Ulrich, J. G., Krekel, E. M., Flemming, S., & Granath, R.-O. (2012). Die Entwicklung auf dem Ausbildungsstellenmarkt 2012: Entspannung auf dem Ausbildungsstellenmarkt gerät ins Stocken. Retrieved from http://www.bibb.de/de/62980.htm. Zugegriffen: 30.03.2012.

Ausdifferenzierung von Übergangswegen von der Schule in die Ausbildung. Ergebnisse aus Längsschnittstudien des DJI

Birgit Reißig

Abstract

Übergänge von der Schule in Ausbildung und Erwerbsarbeit sind für junge Frauen und Männer wichtige Prozesse auf ihrem Weg in Erwachsenenalter. Insbesondere die Wege in die Berufsausbildung sind für eine Reihe von Jugendlichen mit Umwegen und Zwischenschritten verknüpft. Sie bilden damit einen Bereich, der von einer Entstandardisierung der Jugendphase besonders betroffen ist. Das DJI-Übergangspanel hat für die Gruppe von Jugendlichen mit niedrigen oder fehlenden Schulabschlüssen eine Längsschnittstudie aufgelegt, die deren Übergangsverläufe über sechs Jahre nach Verlassen der Schule untersucht. Dabei wird deutlich, dass die Einmündungsprozesse in Ausbildung nur für einen kleinen Teil der Jugendlichen direkt erfolgen. Etwa die Hälfte der befragten Jugendlichen gelangt nach Umwegen (weiterer Schulbesuch, Angebote des Übergangssystems, Ungelerntentätigkeit) in eine Ausbildung. Allerdings findet sich auch eine Gruppe, der es nicht gelingt, sich erfolgreich am Ausbildungs- oder Arbeitsmarkt zu platzieren. Faktoren wie schwierige Bildungsbiographien, Erwerbsstatus der Eltern oder Migrationshintergrund wirken sich dabei benachteiligend aus. Allerdings haben zusätzliche qualitative Interviews mit den Jugendlichen auch erbracht, dass Faktoren wie Motivation, Bewältigungsstrategien und Gatekeeper Übergangsverläufe mitprägen.

1. Ausgangssituation

Der Übergang von der Schule in die weiterführende Ausbildung und in den Beruf erweist sich als eine zentrale Statuspassage im Jugendalter. Den Vorbereitungen auf die Arbeitswelt – der Bildung und Ausbildung – kommt dabei eine entscheidende Rolle zu. Die Anforderungen an Bildung und Ausbildung sind kontinuierlich gestiegen. Der OECD-Bericht 2011 stellt in diesem Zusammenhang fest, dass in Deutschland die Bildungsbeteiligung im Tertiärbereich allein im Zeit-

raum von 1995 bis 2009 von 26 Prozent um 40 Prozent zugenommen hat (BMBF
2011). Knapp die Hälfte der Absolventinnen und Absolventen aus allgemein bildenden Schulen erlangte im Jahr 2010 eine Hochschulzugangsberechtigung (Autorengruppe Bildungsberichterstattung 2012). Insgesamt haben sich in den letzten
Jahrzehnten die Anteile der Jugendlichen, die sich in Bildung, Ausbildung oder
Erwerbsarbeit befinden grundlegend verschoben. Gingen im Jahre 1962 nahezu
40 Prozent der 16 bis 18jährigen Jugendlichen bereits einer Erwerbstätigkeit nach
und befanden sich rund 40 Prozent in einer Berufsausbildung, sind heute nur noch
rund 5 Prozent dieser Altersgruppe erwerbstätig (Münchmeier 2008, S. 20). Die
große Mehrheit der Jugendlichen befindet sich entweder in Bildungsinstitutionen
(rund 70 Prozent) oder in einer Ausbildung (25 Prozent) (ebd., S. 20). Heute verbringen junge Menschen mehr Zeit im Bildungswesen ehe der Eintritt in Ausbildung und Erwerbsarbeit realisiert wird. Man kann also konstatieren, dass junge
Frauen und Männer heute sehr viel stärker in Bildung investieren als früher, sich
aber gleichzeitig die Übergangsproblematik verschärft hat.

Aus verschiedenen Untersuchungen ist bekannt, dass eine Reihe von Jugendlichen eher mit Umwegen und Zwischenstationen von der allgemeinbildenden Schule in die Ausbildung geht (Autorengruppe Bildungsberichterstattung
2010). Sie bestätigen die im jugendtheoretischen Diskurs vorgetragene Diagnose von der Entstrukturierung oder Destandardisierung der Jugendphase (Krüger
und Grunert 2010; Mierendorf und Olk 2010). Das beinhaltet zum einen, dass es
sich Jugendliche gestatten können, nach der allgemeinbildenden Schule Auszei-
ten zu nehmen, um sich beispielsweise in Freiwilligenjahren neue und vertiefte
Kompetenzen aneignen zu können oder um sich in unterschiedlichen Tätigkeits-
feldern auszuprobieren, bevor Entscheidungen über die nächsten Bildungs- und
Ausbildungsschritte getroffen werden. Neben diesen Chancen beinhalten solche Schritte zwischen Schule und Ausbildung aber auch Risiken, den Anschluss
zu verpassen und über Jahre ausbildungs- und arbeitslos zu bleiben. Die Chancen und Risiken hierbei sind nicht gleich verteilt. Von letzterem sind vor allem
Jugendliche ohne Schulabschluss oder lediglich mit niedrigem Schulabschluss
(Hauptschulabschluss) betroffen (Autorengruppe Bildungsberichterstattung 2012).
Dies ist trotz des einsetzenden demographischen Wandels in einigen Regionen
in Deutschland weiterhin beobachtbar. Resultat eines verwehrten Zugangs zum
Ausbildungsmarkt ist eine fehlende Berufsausbildung. Dies mindert die Chancen
auf dem Arbeitsmarkt erheblich, da das Arbeitslosigkeitsrisiko in Deutschland
in hohem Maße von formalen Qualifikationen abhängt. Während Personen mit
(Fach-)Hochschulabschluss unterdurchschnittlich von Arbeitslosigkeit bedroht
sind, ist für Personen ohne abgeschlossene Berufsausbildung das Risiko, arbeits-

los zu werden, überdurchschnittlich. So lag die Arbeitslosenquote im Jahr 2005 bei den Geringqualifizierten in der Altersgruppe der 25- bis 34-Jährigen mit 29,6 Prozent fast drei Mal so hoch wie bei Personen der vergleichbaren Altersgruppe mit abgeschlossener Berufsausbildung (9,8 Prozent) und fast sechs Mal höher als bei den Akademikern (5 Prozent) (Reinberg und Hummel 2007, S. 5). Zudem zeigt sich, dass die Arbeitslosenquoten von Personen ohne Berufsabschluss im Vergleich zu Personen mit Berufsabschluss seit den 1980er Jahren überproportional gestiegen sind (ebd., S. 1). Für Jugendliche ohne Zugang zum Ausbildungsmarkt besteht die Gefahr, jahrelang im „Übergangssystem" und damit in unterschiedlichen Maßnahmen zu verbleiben oder lediglich in prekärer Beschäftigung am Arbeitsmarkt teilzuhaben.

Der erste Nationale Bildungsbericht (2006) hat den Begriff „Übergangssystem" für die unterschiedlichen Angebote und Maßnahmen in diesem Bereich etabliert, zudem hat er auf den zahlenmäßigen Umfang verwiesen, in dem jungen Menschen Zwischenschritte in diesem System verbringen. Neben der dualen Ausbildung und dem Schulberufssystem etablierte sich das Übergangssystem als dritter Bereich im Rahmen des Berufsausbildungssystems. Das Übergangssystem zeichnet sich dadurch aus, dass ihm Angebote unterhalb der qualifizierten Berufsausbildung angehören, die zu keinem anerkannten Ausbildungsabschluss führen (Konsortium Bildungsberichterstattung 2006, S. 79). Sie haben eher ausbildungsvorbereitenden Charakter und zielen auf die Verbesserung der individuellen Kompetenzen als Voraussetzung für die Aufnahme einer Berufsausbildung. Auch wenn in den letzten Jahren die Eintritte in das Übergangssystem rückläufig sind, weist der aktuelle Bildungsbericht aus, dass im Jahr 2011 immer noch knapp 300.000 Jugendliche in dessen Angebote gemündet sind (Autorengruppe Bildungsberichterstattung 2012, S. 102). Dem Übergangssystem wird eine Reihe unterschiedlicher Angebote und Maßnahmen zugerechnet. Kritiker bemerken, dass kaum von einem System gesprochen werden kann, da diese Angebote nicht aufeinander abgestimmt sind und häufig eher institutionellen Logiken folgen als den individuellen Bedürfnissen der jungen Frauen und Männer, die ihre Chancen auf den Zugang zu Ausbildung verbessern wollen. Zu den Angeboten zählen u. a. die Berufsvorbereitenden Bildungsmaßnahmen (BvB) der Bundesagentur für Arbeit (BA), die Einstiegsqualifizierung der BA, das Berufsvorbereitungsjahr (BVJ) oder auch Bildungsgänge an Berufsfachschulen. Letztere vermitteln oftmals einen allgemeinbildenden Schulabschluss und hatten 2011 den zweithöchsten Anteil (nach der BvB) unter den Neuzugängen (BIBB 2012, S. 377). Gemessen an seinem Anteil im Berufsausbildungssystem fällt auf, dass nach wie vor sehr wenig empirisches Material über die Wirkungen des Übergangssystems, aber auch die Motive und Erwartungen, die Jugendliche damit verbinden, vorliegt. Das DJI-Übergangspanel hat die Wege Jugendlicher mit Hauptschulbildung untersucht und kann dabei für den Teil der Jugendlichen, die Angebote im Übergangssystem besucht haben, Aussagen zu deren Wirkungen treffen.

2. Fragestellungen

Lange Zeit gab es in der Forschung kaum Studien, die sich mit den Übergangsverläufen für die Gruppe mit fehlenden oder niedrigen Schulabschlüssen beschäftigte. Mit dem im Jahr 2004 aufgelegten DJI-Übergangspanel wurde in Deutschland erstmals in diesem Umfang eine Studie gestartet, die spezifisch die Gruppe der Hauptschulabsolventinnen und -absolventen in den Blick nahm. Damit konnten die Wege von Jugendlichen mit Hauptschulbildung nach Beendigung der Schule erfasst werden (Reißig et al. 2008). Zudem wurden Verlaufsmuster der Bildungs- und Ausbildungswege bis in das sechste Jahr nach der Beendigung der Pflichtschulzeit generiert und deren Einflussfaktoren sichtbar gemacht.

Folgend wird der Frage nachgegangen, welche Pläne junge Hauptschülerinnen und Hauptschüler kurz vor Beendigung der Schule für ihren weiteren Bildungs- und Ausbildungsweg haben und wie sie diese in den darauffolgenden Jahren umsetzen können. Den Wegen in das und aus dem Übergangssystem wird dabei besondere Aufmerksamkeit gewidmet. Danach stellt sich die Frage nach Verlaufsmustern der Übergänge der befragten Jugendlichen. Da die einzelnen Stationen monatsgenau erfasst wurden, konnten die individuellen Verläufe der Jugendlichen, die einen Zeitraum von 52 Monaten umfassen, einem Optimal-Matching-Verfahren (Erzberger und Prein 1997) unterzogen und anschließend über eine Clusteranalyse gruppiert werden. Daraus resultieren Muster von in sich homogenen und voneinander gut unterscheidbaren Verlaufstypen. Abschließend wird mittels Regressionsanalyse der Frage nachgegangen, wie einzelne Merkmale die Zugehörigkeit zu unterschiedlichen Verlaufstypen vorhersagen (Gauppet al. 2011). Dazu werden neben Geschlecht und Migrationshintergrund auch die kulturellen und sozio-ökonomischen Voraussetzungen der Jugendlichen und ihrer Herkunftsfamilien einbezogen, die eine zentrale Rolle hinsichtlich des schulischen Erfolgs und der Platzierung im Ausbildungs- und Arbeitsmarkt einnehmen (Beicht et al. 2008; Beicht und Ulrich 2008; Imdorf 2005; Solga 2005; Wagner 2005).

Neben den Determinanten für Verlaufsprozesse, die in die Regressionsanalyse einbezogen wurden, soll weiterhin der Frage nachgegangen werden, welche „weichen" Faktoren für gelingende sowie misslingende Übergänge eine wichtige Rolle spielen. Warum gelingt es jungen Frauen und Männern nach mehreren

Jahren, in denen sie in Angeboten des Übergangssystems waren, Ausbildungen begonnen, aber nicht beendet haben oder immer wieder gejobbt haben, dennoch in eine Ausbildung zu münden und weshalb bleiben bei anderen Jugendlichen die Wege weiterhin prekär? Welche Rolle spielen dabei vor allem soziale Netzwerke? Diesen Fragen ist in einer qualitativen Zusatzstudie nachgegangen worden, die mit einem Teil der Befragten des DJI-Übergangspanels durchgeführt wurde.

3. Datengrundlage

Mit dem seit 2004 durchgeführten DJI-Übergangspanel startete eine Längsschnittuntersuchung, in der die Bildungs-, Ausbildungs- und Erwerbswege von Jugendlichen mit Hauptschulbildung im Fokus stehen. Die Basiserhebung fand im März 2004 als Fragebogenerhebung im Klassenverband statt. Die Jugendlichen befanden sich zu der Zeit im letzten Schulbesuchsjahr der Hauptschule (bzw. in Hauptschulzweigen von Gesamtschulen und anderen Sekundarschulen). Im Juni 2004 wurde eine erste Folgeerhebung per CATI (Computer Assisted Telphone Interviewing) durchgeführt. Die Jugendlichen besuchten zu der Zeit noch die Schule, wurden aber für das Interview telefonisch kontaktiert. Ab dem ersten Übergangsjahr (Nov. 2004) fanden die Befragungswellen im halbjährlichen Abstand, ab dem dritten Übergangsjahr (Nov. 2007) fanden sie jeweils jährlich statt (vgl. Abb. 1). Die Auswahl der Erhebungszeitpunkte orientierte sich an kritischen Zeitpunkten im letzten Schuljahr und den folgenden Übergangsjahren. Der Zeitpunkt November wurde gewählt, da sowohl Schuljahre, als auch Ausbildungsverhältnisse sowie (berufsvorbereitende) Bildungsangebote in der Regel spätestens in den Monaten September und Oktober beginnen. Das für die Längsschnittuntersuchung entwickelte CATI-Instrument bildet primär eine sequentielle Abfolge von Episoden im Bildungs-, Ausbildungs- und Erwerbsverlauf ab. Zeitdaten (Beginn und Ende einer Episode) werden monatsgetreu erfasst. Schulen bilden den Zugang zur Gewinnung der Untersuchungspopulation. Die Auswahl der Schulen erfolgte nicht zufällig, sondern nach Kriterien von Zugängen und Förderkonzepten. Es beteiligten sich 126 Schulen an der Befragung. An der Basiserhebung nahmen bundesweit 3.922 Jugendliche teil. Für die Folgebefragungen wurde das Einverständnis der Jugendlichen zur weiteren Teilnahme eingeholt. In der ersten Folgebefragung konnten 2.414 Interviews realisiert werden. An der Befragung im November 2008 nahmen 1.152 Jugendliche teil. Eine Analyse der Panelmortalität zeigt nur geringfügige Veränderungen der Stichprobenzusammensetzung über die Zeit (Kuhnke 2008). Die im November 2008 befragten Jugendlichen setzten sich aus 56,5 Prozent männlichen Jugendlichen und 56,9 Prozent Jugendlichen mit Migrationshintergrund zusammen.

Abbildung 1: Anlage der Untersuchung

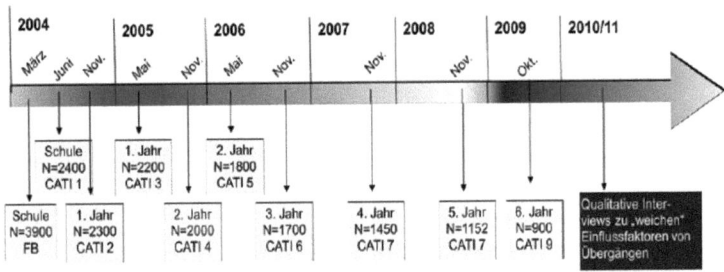

Datengrundlage für die qualitative Zusatzerhebung ist die Gesamtstichprobe des DJI-Übergangspanels. Für die 900 jungen Erwachsenen, die an der letzten Erhebung im Rahmen des Übergangspanels im November 2009 teilgenommen hatten, liegen die vollständigen Übergangsverläufe vom Ende der Schulzeit bis ins sechste Übergangsjahr vor. Aus dieser Gesamtstichprobe wurden zwei Teilstichproben gezogen. Die erste Untersuchungsgruppe setzt sich aus jungen Erwachsenen zusammen, die keine Berufsausbildung beginnen oder abschließen konnten und sich rund fünf Jahre nach Ende der Pflichtschulzeit auf dem Weg in die Ausbildungslosigkeit befinden. Die zweite Untersuchungsgruppe bilden junge Erwachsene, die die erste Schwelle bewältigt und damit eine Berufsausbildung begonnen und teilweise bereits abgeschlossen haben. Durch diese beiden Kontraststichproben wird gewährleistet, dass Personen mit möglichst unterschiedlichen Übergangswegen in die Analysen einbezogen werden. Um die beiden Untersuchungsgruppen in Beziehung setzen bzw. kontrastieren zu können, wurden Stichproben von jungen Erwachsenen mit vergleichbaren Ausgangslagen gezogen. Ziel war die Vergleichbarkeit bezogen auf die individuelle Lebenslage der jungen Erwachsenen, ihre vorangegangenen Bildungsbiografien sowie den Beginn ihrer Übergangswege (Besuch einer Berufsvorbereitung im Anschluss an die Schulzeit). Insgesamt wurden 122 junge Frauen und Männer (jeweils 61 Personen pro Gruppe) ausgewählt, von denen 56 sich an den Interviews beteiligt haben (27 bzw. 29 pro Gruppe).

4. Ergebnisse

4.1 Pläne und Wege nach Beendigung der Schule

Bevor die Frage nach Determinanten für die Einmündung in verschiedene Status des Übergangs und deren Effekte für den weiteren Bildungs- und Ausbildungsverlauf der befragten Jugendlichen beantwortet wird, sollen zunächst deskriptive Ergebnisse der Wege aus der Schule vorgestellt werden.

Zuerst wird ein Blick auf die Pläne der Jugendlichen im letzten Jahr ihres Pflichtschulbesuchs geworfen. Abgebildet werden die wichtigsten Status, in die die Hauptschülerinnen und Hauptschüler einmünden. Im Frühjahr 2004 planen 45 Prozent der Jugendlichen, unmittelbar nach der Schule eine Ausbildung zu beginnen. Die zweitgrößte Gruppe mit 27 Prozent will weiter zur Schule gehen, lediglich 13 Prozent streben zu diesem Zeitpunkt den Zwischenschritt einer berufsvorbereitenden Maßnahme an. Ohne Ausbildung eine Arbeit aufzunehmen, wollen nur 2 Prozent. Weitere von uns erhobene Informationen belegen jedoch, dass die Vorstellung der Aufnahme einer Ausbildung bei den von uns befragten Jugendlichen verbreiteter ist, als es die Angaben zu den Plänen verdeutlichen. So haben zum Zeitpunkt der ersten Befragung bereits zwei Drittel der Jugendlichen Bewerbungen für einen Ausbildungsplatz verschickt. Über die Hälfte versendeten zehn und mehr Bewerbungen. Zugleich wissen 87 Prozent der Hauptschülerinnen und Hauptschüler welchen Beruf sie einmal ergreifen möchten. Trotz der überwiegenden Ausrichtung auf das Erlernen eines Berufes sind sich die Jugendlichen offensichtlich darüber klar, dass sich der direkte Weg nicht immer realisieren lässt. Das zeigen auch die Veränderungen bei den Plänen kurz vor dem Verlassen der Hauptschule. Innerhalb weniger Monate, von März bis Juni 2004, änderten die Jugendlichen ihre Pläne z. T. noch einmal grundlegend. Nur noch 35 Prozent, also 10 Prozent weniger als im März, planen den direkten Weg in die Ausbildung. Dagegen setzt der größte Teil der Hauptschülerinnen und Hauptschüler nun auf den weiteren Schulbesuch (40 Prozent) und nicht etwa auf eine berufsvorbereitende Maßnahme (16 Prozent). Ungelernte Arbeit scheint nach wie vor keine Alternative in den Planungen der Jugendlichen (1 Prozent). Im Folgenden werden die Realisierungen dieser Pläne in den Jahren 2004 bis 2007 für die Gesamtgruppe betrachtet. Dabei geht es darum, den Schwerpunkt der Verläufe auf die Einmün-

dung in Ausbildung zu legen und erste Beschreibungen zu finden, aus welchen
Status der Übergang in Ausbildung in welchem Umfang gelingt (Abbildung 2).

Abbildung 2:   Bildungs- und Ausbildungswege von Hauptschüler/innen
zwischen 2004 und 2007 (N=1.425)

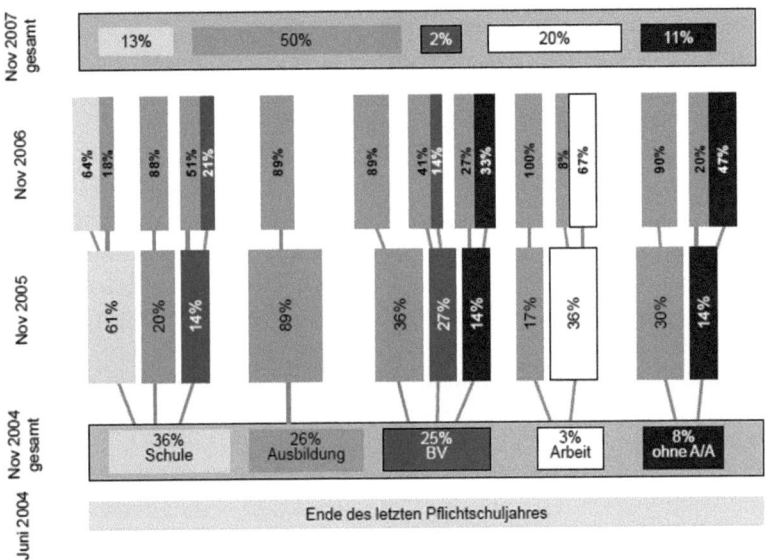

(Die Quersummen addieren sich nicht zu 100% auf. Dies liegt daran, dass einige mögliche Stationen der Jugendlichen (Wehr- und
Zivildienst, freiwilliges soziales/ökologisches Jahr, Praktika, Auslandsaufenthalte) aufgrund von geringen Fallzahlen in der Auswertung
nicht berücksichtigt wurden.)

Der direkte Übergang nach der Pflichtschulzeit verdeutlicht, dass es lediglich ca.
einem Viertel gelungen ist, direkt eine Ausbildung[1] aufzunehmen. Ein weiteres
Viertel besucht eine berufsvorbereitende Maßnahme. Die zahlenmäßig umfang-

---

1   Als Status Ausbildung wurden dabei die duale Ausbildung, die vollzeitschulische Ausbildung
sowie außer- und überbetriebliche Ausbildungen gefasst.

reichste Gruppe (36 Prozent) geht weiter zur Schule[2], um Schulabschlüsse zu verbessern oder in einzelnen Fällen nachzuholen. Betrachten wir die Verläufe derjenigen, die zunächst weiter zur Schule gegangen sind in den darauf folgenden zwei Jahren, erweist sich die Entscheidung des verlängerten Schulbesuchs als langfristige Strategie. Nur 20 Prozent sind im November 2005 in einer Ausbildung. Ist der Sprung in die Ausbildung jedoch geschafft, verbleiben fast alle dort (88 Prozent im November 2006). Die Aufnahme einer Ausbildung direkt nach der Schule erweist sich als stabiler Status. Jeweils ca. 90 Prozent verbleiben in den Folgejahren in der Ausbildung. Der Umweg über eine berufsvorbereitende Maßnahme zeigt differenzierte Verläufe. Nach einem Jahr in einer solchen Maßnahme gelingt es lediglich einem guten Drittel, eine Ausbildung aufzunehmen. 27 Prozent schließen eine weitere Berufsvorbereitung an und 14 Prozent bleiben im November 2005 ohne Ausbildung oder Arbeit.

Den Sprung zurück aus einer (ungelernten) Arbeit in eine Ausbildung schaffen nur wenige Hauptschulabsolventinnen und -absolventen. Jugendliche, die bereits zwei Jahre arbeiten, gehen auch im dritten Jahr (November 2006) zu 67 Prozent einer (noch immer ungelernten) Arbeit nach. Aus dem Status der Unversorgtheit nehmen ein Jahr nach Beendigung der Schule 30 Prozent eine Ausbildung auf. Jugendlichen, die zwei Jahre lang ohne Arbeit oder Ausbildung bleiben, glückt dies nur zu 20 Prozent, während fast die Hälfte weiterhin unversorgt bleibt. Betrachten wir abschließend die Verteilung auf die Status für die Gesamtgruppe im November 2007, also drei Jahre nach Beendigung der Pflichtschulzeit, befindet sich die Hälfte der Jugendlichen noch in einer Ausbildung. Jeder Fünfte geht einer Arbeit nach. 13 Prozent der Hauptschulabsolventinnen und -absolventen sind wieder oder nach wie vor an einer Schule, nur noch 2 Prozent besuchen eine berufsvorbereitende Maßnahme und 11 Prozent sind nicht erwerbstätig.

Diese deskriptiven Ergebnisse zeigen bereits Folgendes: Für Hauptschulabsolventinnen und -absolventen, die nicht unmittelbar in eine Ausbildung münden, gelingt in den Folgejahren der verzögerte Eintritt in die Ausbildung am ehesten über den Besuch einer berufsvorbereitenden Maßnahme. Aber auch annähernd 30 Prozent derjenigen, die nach Beendigung der Schule eine berufsvorbereitende Maßnahme besuchen, schließen eine weitere Maßnahme an. Gehen Jugendliche zunächst weiter zur Schule oder nehmen eine ungelernte Arbeit auf, schaffen sie den Übergang in Ausbildung seltener. Sobald der Eintritt in eine Ausbildung geschafft ist, verbleiben die Jugendlichen zu hohen Anteilen in der Ausbildung.

---

2   Der Status Schule umfasst neben den allgemeinbildenden Schulen auch berufsbildende Schulen, wenn dort ein Schulabschluss erlangt werden soll.

4.2 Verlaufstypen von Bildungs- und Ausbildungswegen in den ersten fünf Übergangsjahren[3]

Die Bildungs- und Ausbildungswege der Jugendlichen lassen sich zu fünf Typen von Bildungs- und Ausbildungsverläufen gruppieren. Jeweils eine Gruppe von Jugendlichen beginnt im direkten Anschluss an die Pflichtschulzeit eine Ausbildung (28 Prozent), mündet nach einer verlängerten Schulzeit in Ausbildung (20 Prozent), geht den Weg in Ausbildung über berufsvorbereitende oder andere Zwischenschritte (24 Prozent), wählt einen langfristigen mehrjährigen Schulbesuch (10 Prozent) oder geht Wege in Ausbildungslosigkeit (18 Prozent). Abbildung 3 zeigt die fünf Verlaufstypen von Übergangswegen als Balken mit den jeweiligen Häufigkeiten.

Den ersten Verlaufstyp „Direkteinstieg in Ausbildung" bildet rund ein Viertel der Jugendlichen (28 Prozent), die unmittelbar nach dem Ende der Pflichtschulzeit im ersten Übergangsjahr eine Berufsausbildung begonnen haben. Der zweite Verlaufstyp „Umwegeinstieg in Ausbildung über Schule" umfasst ein Fünftel der Jugendlichen (20 Prozent): Sie haben ihren Schulbesuch um ein, zwei oder drei Jahre über die Pflichtschulzeit hinaus verlängert und im Anschluss eine Berufsausbildung begonnen. Ein ähnliches Bild ergibt sich auch für den dritten Verlaufstyp „Umwegeinstieg in Ausbildung über Berufsvorbereitung oder sonstige Zwischenschritte" (24 Prozent). Die meisten Jugendlichen in diesem Verlaufstyp haben ein, zwei oder drei Jahre in berufsvorbereitenden Angeboten verbracht, bevor sie in eine Berufsausbildung eingemündet sind. Der vierte Verlaufstyp „schulische Höherqualifizierung" (10 Prozent) setzt sich aus Jugendlichen zusammen, die den gesamten Beobachtungszeitraum (allenfalls mit kurzen Unterbrechungen) weiter auf die Schule gehen, um dort höherwertige Schulabschlüsse, je nach Schulart den mittleren Schulabschluss oder die allgemeine bzw. fachgebundene Hochschulreife, zu erwerben. „Wege in Ausbildungslosigkeit" (18 Prozent) bilden den fünften Verlaufstyp. Kennzeichnendes Merkmal dieser Übergangswege ist, dass sie bis ins fünfte Übergangsjahr nicht in eine stabile Berufsausbildung geführt haben. Die Übergangswege der Jugendlichen im Verlaufstyp „Prekäre Übergangswege" unterscheiden sich in wesentlichen Charakteristika von denen der restlichen Jugendlichen. So hat deutlich mehr als die Hälfte der Jugendlichen (59 Prozent) mindestens fünf Stationen im Zeitraum der fünf Übergangsjahre durchlaufen. Eine kritische Stelle in den Übergangswegen in Ausbildungslosigkeit sind zudem Anschlüsse an berufsvorbereitende Angebote. Nur in 4 Prozent aller Fälle gelingt aus einer Berufsvorbereitung ein direkter Anschluss in Ausbildung.

---

3   Vgl. dazu Gaupp, N. et al. (2011)

Abbildung 3: Schematisierte Darstellung der fünf Verlaufstypen von
Bildungs- und Ausbildungswegen (N=1.152)

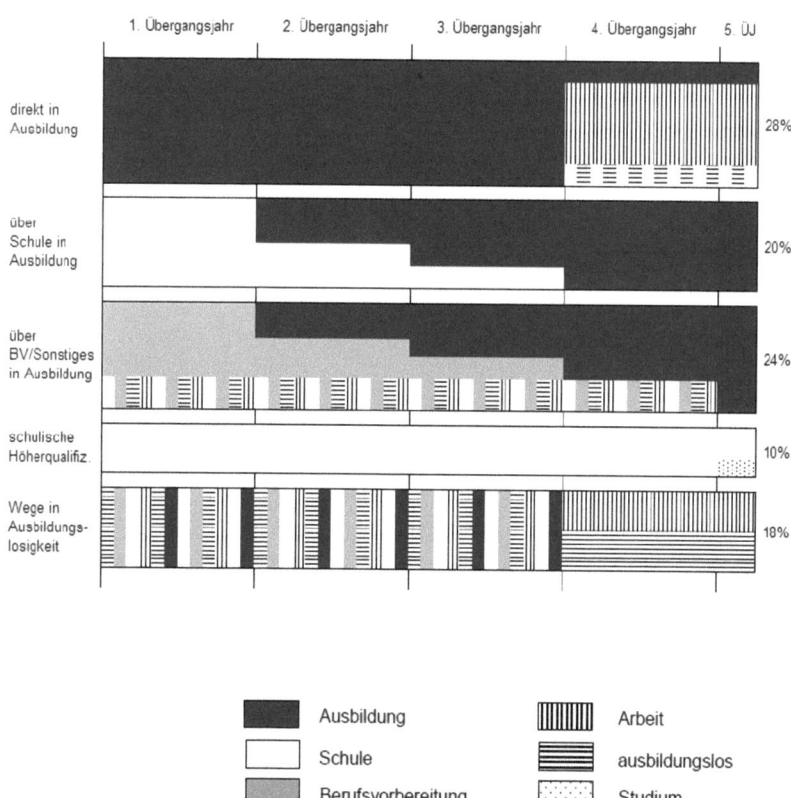

4.3 Determinanten der Verlaufstypen

Im abschließenden Analyseschritt wird multivariat geprüft, in welchem Ausmaß
die soziodemografischen, auf die Lebenssituation bezogenen und schulischen
Merkmale die Zugehörigkeit zu den fünf Verlaufstypen vorhersagen.

Tabelle 1: Multinomiale logistische Regression zu den Verlaufstypen
(Referenzkategorie: Wege in die Ausbildnugslosigkeit)

	Direkteinstieg in Ausbildung		Umwegeinstieg in Ausbildung über Schule		Umwegeinstieg in Ausbildung über BV/Sonst.		Schulische Höherqualifizierung	
	B	Exp (B)	B	Exp (B)	B	Exp (B)	B	Exp (B)
Mädchen (Ref: Jungen)	-,217	,805	,029	1,030	,053	1,054	,467	1,596*
Migrationshintergrund (Ref. kein MH)	-1,003	,367***	-,472	,624**	-,160	,852	-,199	,820
Höchster ISEI Vater/Mutter	-,004	,996	,002	1,002	-,006	,994	,023	1,024**
Arbeitslosigkeit der Eltern (Ref. keine AL)	-,963	,382**	-,859	,423*	-,508	,602	-,109	,897
mehr als 3 Probleme (Ref. max. 3 Probleme)	-,835	,434**	-,863	,422**	-,337	,714	-,886	,413**
gute Noten (Ref. schl. Noten)	,289	1,335	,528	1,696**	-,117	,890	,851	2,343**
Klasswiederholungen (Ref. keine KW)	-,213	,808	-,732	,481**	-,186	,830	-1,041	,353**
Schulschwänzen (Ref. kein Schwänzen)	-1,195	,303***	-,843	,431**	-,552	,576**	-,868	,420**
kein Berufswunsch (Ref.BW vorhanden)	-1,543	,214***	-,002	,998	-,574	,563*	,412	1,510
unklare berufl. Pläne (Ref. andere Pläne)	-,989	,372**	-,810	,445**	,129	1,137	-,369	,691
Konstante (b_0)	2,065		,971		1,058		-1,329	
n= n (Ausb.losigkeit)=164 Gesamt N=959	283		195		223		94	

Nagelkerkes Pseudo-R^2=.213

* $p \leq .10$; ** $p \leq .05$; *** $p \leq .01$

Das Geschlecht der Jugendlichen ist vor allem für den über mehrere Jahre fortgesetzten Schulbesuch relevant: Junge Frauen gehen vermehrt den Weg der schulischen Höherqualifikation. Jugendliche mit Migrationshintergrund sind (im Vergleich zur Referenzkategorie „Wege in Ausbildungslosigkeit") vor allem in den beiden Verlaufstypen „direkt in Ausbildung" und „über Schule in Ausbildung" seltener vertreten. Ein Migrationshintergrund wirkt sich damit negativ auf die Chancen aus, direkt oder nach einer verlängerten Schulzeit erfolgreich in eine Berufsausbildung zu münden. Jugendliche, deren Eltern einen höheren Sozialstatus besitzen, haben eine größere Chance auf einen Weg der schulischen Höherqualifikation. Arbeitslosigkeit beider Elternteile hingegen erhöht die Wahrscheinlichkeit, in den ersten Übergangsjahren keinen Zugang zu einer Berufsausbildung zu finden und ausbildungslos zu bleiben. Auch die individuelle Problembelastung der Jugendlichen hat einen maßgeblichen Einfluss auf die Übergangswege. Im Vergleich zu den vier übrigen Verlaufstypen, bleiben belastete Jugendliche häufiger ausbildungslos. Jugendliche, die die Schule mit guten Schulleistungen beendet haben, wählen häufig schulische Wege, entweder als schulische Zwischenschritte vor dem Beginn einer Ausbildung oder langfristig, um sich den Zugang zu tertiärer Bildung zu eröffnen. Die zwei Merkmale, die auf schwierige Schulbiographien hinweisen (Schwänzen und Klassenwiederholungen) differenzieren ebenfalls zwischen den Verlaufstypen. Jugendliche mit solchen schulischen Belastungen sind, im Vergleich zu den übrigen vier Verlaufstypen, häufiger im Verlaufstyp „Wege in Ausbildungslosigkeit" zu finden. Schließlich hat auch die Klarheit der beruflichen Orientierung am Ende der Schulzeit einen Effekt auf die sich anschließenden Übergangswege. Jugendliche mit wenig klarer Berufsorientierung finden sich häufig im Verlaufstyp „Wege in Ausbildungslosigkeit" und besonders selten im Verlaufstyp „Direkteinstieg in Ausbildung". Das Fehlen eines konkreten Berufswunsches sowie eine unklare berufliche Zukunftsperspektive stellen damit einen Risikofaktor für problematische Wege in Ausbildungslosigkeit dar.

Die Ergebnisse der quantitativen Untersuchung zeigen, dass neben Faktoren wie Geschlecht, Migrationshintergrund, soziale Herkunft der Eltern oder der eigenen Schulbiographie auch Aspekte der Klarheit der beruflichen Pläne und konkreten Berufswünsche Einfluss auf die Übergangswege nach der Schule nehmen. Das weist darauf hin, dass auch „weiche" Faktoren eine wichtige Rolle bei der Gestaltung der Wege von der Schule in die Ausbildung und die Erwerbsarbeit spielen.

4.4 Ergebnisse der qualitativen Interviews

In den Interviews mit den jungen Frauen und Männern ging es vor allem um die individuelle Sicht und Einschätzung der bisherigen Übergangswege. Alle ausgewählten Interviewpartner hatten ein oder mehrere Angebot/e im Überganssystem durchlaufen. Besondere Aufmerksamkeit galt dabei den Abschnitten im Lebenslauf, an denen die Jugendlichen Entscheidungen treffen mussten, an denen bestimmte Weichenstellungen stattfanden. Es wurde in den Interviews erfragt, welche Personen bei derartigen Entscheidungsprozessen eine bedeutsame Rolle gespielt haben. Zudem sollten die Jugendlichen berichten wie sie ihre bisherigen Übergangswege bewältigt haben, welche Strategien sie einsetzen und mit welcher Motivation sie sich den Herausforderungen des Übergangs gestellt haben. Zu diesen drei Aspekten – Motivation, Bewältigungsstrategien und Gatekeeper – sollen im Folgenden die Ergebnisse vorgestellt werden.

Motivation

Auf der einen Seite spielt die Motivation eine der wichtigsten Voraussetzungen für die Gestaltung von Übergängen, auf der anderen Seite muss auch konstatiert werden, dass es sich um eine der „fragilsten Ressourcen" handelt (Stauber et al. 2007, S. 201). Insbesondere weil an junge Menschen immer stärker die Anforderung gerichtet wird, die Übergänge selbständig und eigenverantwortlich zu gestalten, gewinnen motivationale Aspekte an Bedeutung. Die Motivation im Übergang ist dabei einmal abhängig von bereits in der Biographie gemachten Erfahrungen, zum anderen von den antizipierten Erfolgsaussichten für den weiteren Ausbildungs- und Erwerbsweg. Allerdings bleibt die Motivation nicht gleich, sondern verändert sich im Verlauf des Übergangs. Die Autorengruppe Stauber, Pohl und Walther spricht hier von Motivationskarrieren (Stauber et al. 2007). So haben unterschiedliche Erfahrungen immer auch Auswirkungen auf die Motivation. Das gilt im besonderen Maße für Übergangsverläufe von jungen Menschen, die nicht geradlinig verlaufen, sondern durch Brüche, den Wechsel von Erfolg und Misserfolg gekennzeichnet sind.

Diese Motivationskarrieren zeigen sich auch bei den Jugendlichen, die in den qualitativen Untersuchungen befragt wurden (Gaupp 2012).

„Und hab halt auch so, sag ich mal, mir etwas Geld verdient ... Und danach wollte ich aber – also ich hab aber nebenbei immer Bewerbungen geschrieben und hab versucht, noch auf jeden Fall Ausbildung zu finden" (Interview 3793, Absatz 13-13)

„Und, ja. Da hab ich dann die Klasse 11 wiederholen müssen, und dann war meine Motivation total am Ende, und musste dann leider von der Schule gehen" (Felix, A 53)

Die berichteten Übergangsbiographien der befragten Jugendlichen zeigen in unterschiedlicher Ausprägung Stabilität oder (mehr oder weniger deutliche) Veränderungen in den Motivationslagen. Oftmals lassen sich ein oder zwei Hoch- oder Tiefpunkte ausmachen, die dadurch gekennzeichnet sind, dass die Betroffenen die Motivation verlieren (z. B. Klassenwiederholung, nicht eingelöstes Versprechen eines Ausbildungsplatzes) oder neu entwickeln (z. B. neuer Freundeskreis, motivierende Arbeit). Es zeigt sich deutlich, dass Motivationskurven einmal von den bisherigen Erfahrungen im Übergangsverlauf (z. B. Erleben von Anerkennung und Wertschätzung durch Kollegen und Vorgesetzte), als auch von den Erwartungen an die berufliche Zukunft abhängen (z. B. die Hoffnung auf weitere Qualifikationsschritte, die Hoffnung auf eine unbefristete Anstellung) (Gaupp 2012, S. 40). Motivationskarrieren bilden also eine wichtige Basis zur Gestaltung von Übergangsbiographien und werden somit zu einem „biografischen Motor der Übergänge" (ebd. S. 36).

Bewältigungsstrategien

Gelingen geplante Übergänge in Ausbildung oder Arbeit nicht oder werden verzögert, müssen die Jugendlichen darauf reagieren. Sie entwickeln dabei unterschiedliche Bewältigungsstrategien im Umgang mit misslingenden Übergängen. Elaborierte Ansätze der Copingforschung verfolgen ein transaktionales Herangehen, bei der Bewältigung als Beziehung zwischen Person und Umwelt verstanden wird (Lazarus, Folkmann 1987). Die Bewältigung ist dann eine sich ständig verändernde, kognitive und verhaltensmäßige Bemühung einer Person, sich mit den externen oder internen Anforderungen auseinanderzusetzen, die ihre adaptiven Ressourcen stark beanspruchen oder übersteigen (Lazarus und Folkman 1984; Trautmann-Sponsel 1988). Als zwei grundsätzliche Funktionen von Bewältigung können das instrumentelle Coping und das emotionsorientierte Coping bestimmt werden. Instrumentelles Coping ist dabei tendenziell auf die Veränderung belastender Umweltbedingungen gerichtet, während das emotionsorientierte Coping auf die Regulierung von Emotionen abhebt, das heißt über das (Um)Definieren oder Ignorieren belastender Ereignisse wird versucht, das emotionale Gleichgewicht wieder herzustellen (Trautmann-Sponsel 1988). Bezogen auf das Jugendalter wurden von Seiffge-Krenke (1989) drei Komponenten ermittelt: a) *Aktive Bewältigung unter Nutzung sozialer Ressourcen,* b) *Internale Bewältigungsstrategien* und c) *Problemvermeidendes Verhalten.*

In den Interviews wird deutlich, dass es junge Frauen und Männer gibt, die sich eher aktiv mit ihren Übergangsverläufen auseinandersetzen. Dies geschieht zum einen als eine Reaktion auf Rückschläge bei der Bewältigung des Übergangs von der Schule in die Ausbildung. Zum anderen wird es als bewusste Gestaltungsmöglichkeit wahrgenommen, in der aktiven Auseinandersetzung mit den Bedingungen seine Bildungs- und Ausbildungswege erfolgreich zu realisieren. Dabei zählt auch zu den aktiven Bewältigungsstrategien, dass die jungen Erwachsenen ihre Bildungsziele proaktiv mit Persistenz verfolgen.

> *„Ich war ja auch in einer Gruppe, in einer Clique... Ja, und – die hat mir nicht gutgetan! Und deswegen bin ich dann eigentlich mehr oder weniger, oder wollte mehr oder weniger weg." (Sascha, A: 103). "Dann hab ich mich halt, äh – nach – meinem Willen hab ich mich dann nach O. beworben..."(Sascha, A: 23)*

> *„Überall, wo ich jetzt bin oder war, das waren alles Zufälle. Es war wirklich nichts Gezieltes, Geplantes. Sondern das sind alles – Zufälle." (Susi, A: 33)*

Die Interviews ergeben aber auch, dass es eine Gruppe von jungen Erwachsenen gibt, die eher abwartende und passive Strategien einsetzt. Dies führt für die Befragten nicht unweigerlich dazu, dass Übergangswege (weiterhin) misslingen. Es werden auch Fälle sichtbar, bei denen zufällige Gelegenheiten genutzt werden und andere Aspekte (z. B. soziales Umfeld oder institutionelle Gatekeeper) eine Rolle spielen, um Übergangsverläufe positiv beeinflussen zu können.

Gatekeeper

Der Übergangsverlauf von der Schule in Ausbildung und Erwerbsarbeit ist in hohem Maße institutionalisiert. Jugendliche treten immer wieder mit Institutionen in Kontakt, müssen sich mit deren jeweiligen Logiken und Handlungsroutinen auseinandersetzen. Neben der allgemeinbildenden Schule als Ausgangspunkt sind dies z. B. die Arbeitsverwaltung, Bildungsträger oder auch Verwaltungen. Dort treffen sie auf Gatekeeper, auf konkrete Personen, die Wege für sie öffnen, aber auch verschließen können. Diese Gatekeeper spielen also für die Ausbildungs- und Erwerbsbiographie eine gewichtige Rolle. „In diesem Bereich üben dann Gatekeeper, also etwa Lehrer, Prüfer oder Personalverantwortliche, einen erheblichen Einfluss auf die weitere Lebensführung aus" (Struck 2000, S. 7). Gatekeeper werden auch dann wichtig, wenn Zugänge und Möglichkeiten immer schwieriger sichtbar sind. So existiert ein breites Spektrum an Angeboten und Maßnahmen im Übergangssystem. Vielen Betroffenen fehlt jedoch das Wissen um die Angebote und Möglichkeiten in diesem System. Die Zugänge werden über Gatekeeper vermittelt. In ausdifferenzierten Gesellschaften kommt Gatekeepern die Aufgabe zu, „erstens Übergänge innerhalb der gelockerten Strukturen zu gestalten sowie zweitens die angewachsenen Unbestimmtheitslücken zu schließen" (ebd., S. 36). Behrens und Rabe-Kleberg (2000) nehmen eine Erweiterung des Gatekeeperkonzeptes vor und beziehen dieses auch auf Personen aus informellen Kontexten. Neben der steuernden und selektierenden Funktion von Gatekeepern betonen sie vor allem auch die unterstützende Rolle, die Gatekeeper einnehmen können, um Personen zu helfen, bestimmte Übergänge im Lebenslauf zu bewältigen.

Die Berichte der befragten Jugendlichen verdeutlichen, dass Gatekeeper – sowohl im formalen- institutionellen als auch im informellen Kontext – eine wichtige Funktion für die Übergangswege spielen. Jedoch lassen sich nicht allein positive Effekte der Gatekeeper ausmachen, da auch diese unterschiedliche Interessen vertreten, die sich nicht immer mit denen der jungen Frauen und Männer decken. So beschreiben die jungen Erwachsenen Erfahrungen v.a. mit ihren Eltern und Vertreter/innen der Arbeitsagentur, in denen Ratschläge, Bildungs- oder Ausbildungsangebote und Beratungsinhalte nicht mit ihren Wünschen und Plänen übereinstimmen und Eltern oder Arbeitsagenturmitarbeiter/innen aus ihren eigenen Familien- oder institutionellen Interessen und Logiken heraus agieren, ohne auf die Vorstellungen der jungen Erwachsenen über ihren künftigen Bildungs- und Ausbildungsweg einzugehen (Gaupp 2012, S. 55).

„Durch meine Schwester hab ich die Lehrstelle bekommen. Weil ein Freund von ihr hat ein Restaurant aufgemacht, und der hat Lehrlinge gesucht, und dann – ja, dann hab ich gesagt, ich will da anfangen... Und dadurch bin ich zu dieser Kochlehre jetzt gekommen." (Interview 1622, Absatz 93-93)

„Mein Freundeskreis hat sich auch total um 180 Grad gedreht. Also ich bin echt mit erwachseneren Leuten zusammen ...– viele studieren und haben ihr Leben im Griff." (Sascha, A: 397). *„Man wird ja immer beeinflusst durch die Leute, ... Wird immer bisschen mitgezogen! Und umso zielstrebiger wurde ich auch dadurch!"* (Sascha, A: 399).

Insgesamt zeigt sich, dass Gatekeeper sowohl die Funktion des Türöffners als auch des Türschließers einnehmen. In den Beispielen unterstützen sie die Wege der Befragten mit persönlicher Begleitung und Beratung sowie zielgerichteten Informationen und Kontaktvermittlungen. Sie können aber auch Wege behindern, indem die jungen Erwachsenen demotiviert werden, ihnen Informationen vorenthalten oder nicht passgerechte Angebote unterbreitet werden.

5. Fazit

Der Beitrag hat gezeigt, dass es einem nicht unerheblichen Teil von Jugendlichen mit Hauptschulbildung über Jahre hinweg nicht gelingt, sich erfolgreich am Ausbildungs- oder Arbeitsmarkt zu platzieren (Verlaufstyp „Wege in Ausbildungslosigkeit"). Als benachteiligende Faktoren wurden der Migrationshintergrund, der Erwerbsstatus und der berufliche Hintergrund der Eltern oder schwierige Bildungsbiographien identifiziert. Darüber hinaus haben die quantitativen Analysen bereits Hinweise auf „weiche" Einflussfaktoren wie z. B. unklare berufliche Pläne erbracht. Diesen Faktoren ist in qualitativen Interviews weiter nachgegangen worden. Dabei hat sich gezeigt, dass vor allem die Motivation der jungen Erwachsenen, ihre Bewältigungsstrategien sowie institutionelle und informelle Gatekeeper eine wichtige Rolle innerhalb des Übergangsverlaufs spielen. Sie erweisen sich als förderliche aber auch behindernde Aspekte für den erfolgreichen Einstieg in die Berufsausbildung nach erfolgten Zwischenschritten.

Eine Reihe der Hauptschulabsolventinnen und -absolventen ist nach Verlassen der Schule auch durch Maßnahmen des Übergangssystems gegangen. Diese haben oftmals nicht den gewünschten Einstieg in eine Ausbildung erbracht. Anders als es der Begriff Übergangs*system* suggeriert, setzen die Maßnahmen darin nicht zwingend systematisch an den Voraussetzungen der Jugendlichen an, noch folgen die Angebote und Maßnahmen einer inneren Logik. Insbesondere wenn es Jugendlichen nicht gelingt, nach einer kurzen Zeit aus diesen Angeboten in eine Berufsausbildung zu wechseln, wird es für die Betroffenen immer komplizierter, den Übergang Schule – Ausbildung erfolgreich zu bewältigen. Dies gelingt dann nur einem kleinen Teil der jungen Frauen und Männer.

Die Ergebnisse haben aber auch gezeigt, dass ein großer Teil der Hauptschulabsolventinnen und -absolventen nicht auf klassische berufsvorbereitende Angebote setzt, sondern über einen weiteren Schulbesuch versucht, schulische Abschlüsse zu verbessern oder höhere Abschlüsse zu erreichen und damit das gestiegene Anforderungsniveau für Berufsausbildungen antizipiert. Das sind oftmals sehr langfristige Strategien, die tatsächlich zu einer Chancenverbesserung führen.

Auch wenn es einem Teil der von uns untersuchten Jugendlichen nicht gelungen ist, sich nach über fünf Jahre nach Verlassen der Schule im Ausbildungssystem zu platzieren, zeigen die Ergebnisse, dass Übergänge nicht unmittelbar nach Beendigung der Schule abgeschlossen sind. In den Folgejahren kann eine Reihe von Jugendlichen nach Phasen in der Schule, in Berufsvorbereitung oder in Arbeit eine Berufsausbildung aufnehmen. Diese verlängerten Übergangswege Jugendlicher machen deutlich, dass wir es zunehmend auch mit Entgrenzungsprozessen zwischen „erster" und „zweiter" Schwelle zu tun haben.

Literatur

Autorengruppe Bildungsberichterstattung (Hrsg.). (2010). *Bildung in Deutschland 2010. Ein indikatorengestützter Bericht mit einer Analyse zu Perspektiven des Bildungswesens im demografischen Wandel.* Bielefeld: Bertelsmann.

Autorengruppe Bildungsberichterstattung (Hrsg.). (2008). *Bildung in Deutschland 2008. Ein indikatorengestützter Bericht mit einer Analyse zu Übergängen im Anschluss an den Sekundarbereich I.* Bielefeld: Bertelsmann.

Behrens, J. & Rabe-Kleberg, U. (2000). Gatekeeping im Lebensverlauf. Wer wacht an Statuspassagen? In: E. M. Hoerning (Hrsg.), *Biographische Sozialisation* (S. 101-135). Stuttgart: Lucius & Lucius.

Beicht, U., Friedrich, M. & Ulrich, J. G. (Hrsg.). (2008). *Ausbildungschancen und Verbleib von Schulabsolventen. Berichte zur beruflichen Bildung.* Bielefeld: Bertelsmann.

Beicht, U. & Ulrich, J. G. (2008). *Welche Jugendlichen bleiben ohne Berufsausbildung? Analyse wichtiger Einflussfaktoren unter besonderer Berücksichtigung der Bildungsbiografie.* BIBB Report 6/08. Bonn.

Bundesministerium für Bildung und Forschung (2011). *Bildung auf einen Blick. OECD-Indikatoren.* Bielefeld: Bertelsmann.

Bundesinstitut für Berufsbildung (2012). *Datenreport zum Berufsbildungsbericht 2012.* Bonn: Bundesinstitut für Berufsbildung.

Erzberger, C. & Prein, G. (1997). Optimal-Matching-Technik: Ein Analyseverfahren zur Vergleichbarkeit und Ordnung individuell differenter Lebensverläufe. *ZUMA Nachrichten 40,* 52-80.

Gaupp, N. (2012). *Wege in Ausbildung und Ausbildungslosigkeit – Bedingungen gelingender und misslingender Übergänge in Ausbildung von Jugendlichen mit Hauptschulbildung.* München: DJI.

Gaupp, N., Geier, B., Lex, T. & Reißig, B. (2011). Wege in die Ausbildungslosigkeit. *Zeitschrift für Pädagogik 57,* 173 – 186.

Imdorf, C. (2005). *Schulqualifikation und Berufsfindung. Wie Geschlecht und nationale Herkunft den Übergang in die Berufsausbildung strukturieren.* Wiesbaden: VS Verlag.

Konsortium Bildungsberichterstattung (Hrsg.). (2006). *Bildung in Deutschland 2006.* Bielefeld: Bertelsmann.

Krüger, H.-H. & Grunert, C. (2010). Geschichte und Perspektiven der Kindheits- und Jugendforschung. In: Dies. (Hrsg.), *Handbuch Kindheits- und Jugendforschung* (S. 11-41). Wiesbaden: VS Verlag.

Kuhnke, R.(2008). Stichprobenausschöpfung und Panelmortalität. In B. Reißig, N. Gaupp & T. Lex. (Hrsg.), *Hauptschüler auf dem Weg von der Schule in die Arbeitswelt* (S. 186-198). München: DJI.

Lazarus, R. S. & Folkman, S. (1984). *Stress, Appraisal and Coping.* New York: Springer.

Lazarus, R. S. & Folkman, S. (1987). Transactional theory and research on emotions and coping. In L. Laux & G. Vossel (Hrsg.), *Personality in biographical stress and coping research. European Journal of Personality. 1, special issue (No. 3),* 141-169.

Mierendorf, J. & Olk, T.(2010). Gesellschaftstheoretische Ansätze. In H.-H. Krüger & C. Grunert (Hrsg.), *Handbuch Kindheits- und Jugendforschung* (S. 125-151). Wiesbaden: VS Verlag.

Münchmeier, R. (2008). Jugend im Spiegel der Jugendforschung. In G. Bingel, A. Nordmann & R. Münchmeier (Hrsg.), *Die Gesellschaft und ihre Jugend. Strukturbedingungen jugendlicher Lebenslagen* (S. 13-26). Leverkusen: Barbara Budrich.

Reinberg, A. & Hummel, M. (2007). Der Trend bleibt – Geringqualifizierte sind häufiger arbeitslos. *IAB Kurzbericht Nr. 18.* Nürnberg.

Reißig, B., Gaupp, N. & Lex, T. (Hrsg.). (2008). *Hauptschüler auf dem Weg von der Schule in die Arbeitswelt.* München: DJI.

Seiffge-Krenke, I. (1989). Bewältigung alltäglicher Problemsituationen: Ein Coping-Fragebogen für Jugendliche. *Zeitschrift für Differentielle und Diagnostische Psychologie, 10* , 201-220.

Solga, H. (2005). *Ohne Abschluss in die Bildungsgesellschaft. Die Erwerbschancen gering qualifizierter Personen aus soziologischer und ökonomischer Perspektive.* Opladen: Leske + Budrich.

Stauber, B., Pohl, A. & Walther, A. (2007). *Subjektorientierte Übergangsforschung. Rekonstruktion und Unterstützung biografischer Übergänge junger Erwachsener.* Weinheim und München: Juventa.

Struck, O. (2000). *Gatekeeping zwischen Individuum, Organisation und Institution.* Institut für Soziologie. Leipzig.

Struck, O. (2001). Gatekeeping zwischen Individuum, Organisation und Institution. Zur Bedeutung und Analyse von Gatekeeping am Beispiel von Übergängen im Lebensverlauf. In L. Leisering, R. Müller & K. Schumann (Hrsg.). *Institutionen und Lebensläufe im Wandel. Institutionelle Regulierungen von Lebensläufen* (S. 29-55). Weinheim: Juventa Verlag.

Trautmann-Sponsel, R. D. (1988). Definition und Abgrenzung des Begriffs „Bewältigung". In L. H. Brüderl (Hrsg.), *Theorien und Methoden der Bewältigungsforschung* (S. 14-24). Weinheim: Juventa Verlag.

Wagner, S. (2005). *Jugendliche ohne Berufsausbildung. Eine Längsschnittstudie zum Einfluss von Schule, Herkunft und Geschlecht auf ihre Bildungschancen.* Aachen: Shaker Verlag.

Biographische Risiken und schulpädagogische Maßnahmen

Jutta Ecarius

Abstract

Jugendliche mit sozialen Lernproblemen, Lernbeeinträchtigungen oder anderen biographischen Bruch- und Misserfolgserfahrungen erleben häufig auch schulische Zurückstellungen, Klassenwiederholungen und prekäre Schullaufbahnen. In den PISA-Studien werden diese als Risikoschüler charakterisiert. In dem DFG-Forschungsprojekt „Benachteiligte Jugendliche in pädagogischen Fördermaßnahmen am Übergang Schule-Beruf" sind wir der Frage nachgegangen, auf welche Weise (biographische) Brüche und Gefährdungen mit (Miss-)Erfolgen und Bildungs- sowie Zukunftsentscheidungen am Übergang Schule-Beruf in Zusammenhang stehen. Im Beitrag wird vor dem Hintergrund der empirisch herausgearbeiteten Typologie anhand von kontrastierenden Typen danach gefragt, mit welchen biographischen Vorerfahrungen die Jugendlichen in die beiden untersuchten Maßnahmen hineinkamen und wie diese dann wiederum anknüpfen sowie pädagogisch Einfluss nehmen konnten. Zugleich soll der Frage nachgegangen werden, welche Bildungsverläufe und Lernprozesse in diesen Biographien vorliegen und inwiefern Familie, Peers und Schule/Maßnahmen als Sozialisationsinstanzen daran beteiligt waren.

1. Einleitung

Für eine Gruppe von Jugendlichen gestaltet sich der Übergang Schule – Beruf kompliziert. Dies sind vor allem solche Jugendliche, denen der Bildungsabschluss der Hauptschule nur schlecht oder gar nicht gelingt. Aber auch solche, die zu den Klassenwiederholern gehören, sind gefährdet, da die Selbstwirksamkeitsüberzeugung von Hauptschülern dann überdurchschnittlich sinkt (Baumert et al. 2006, S. 176). Hinzu kommen Jugendliche mit einem Migrationshintergrund (z. B. ehem. Sowjetunion, Türkei), die geringere schulische Kompetenzwerte haben (Müller und Stanat 2006) genauso wie schulferne Gleichaltrigengruppen mit einer aggressiven Orientierung (Baumert et al. 2006, S. 175). Die quantitativen Fakten führen schnell zu der Frage nach den biographischen „Fallen", die Jugendliche am Übergang Schule-Beruf scheitern lassen. Diese Frage drängt sich vor allem auf, da dem Bildungsbericht 2010 nach 65.000 SchülerInnen im Jahr 2008 bundesweit die Schule ohne einen Hauptschulabschluss (Autorengruppe Bildungsberichterstattung 2010, S. 90) beendeten. Gerade diese Jugendliche benötigen eine „individuelle Begleitung" (BMBF 2011, S. 59).

Die Studie Eurostat (2009) verdeutlicht in einem 27 EU-Ländervergleich, dass Jugendliche mit einem geringeren „education attainment level" (Eurostat 2009, S. 106) europaweit der Übergang in den Arbeitsmarkt schlecht gelingt. Ein Vergleich der USA mit europäischen Ländern zeigt (Quintini und Manfredi 2009), dass „disconnected pathways" äußerst häufig sind, wobei Europa mit ca. 23 Prozent schlechter abschneidet als die USA mit ca. 14 Prozent. Folgerichtig gelangt die OECD in ihrem internationalen 17-Ländervergleich zu der dringenden Erkenntnis, dass „teachers and trainers who understand the needs of modern industry" (OECD 2010, S. 3) in „vocational programmes" (OECD 2010, S. 3) dringend benötigt werden. Dabei ist die Vorstellung, dass die professionell Tätigen über vielfältige sozialpädagogische Erfahrungen wie auch Erfahrungen über die aktuellen Arbeitsmarktbedingungen verfügen sollten (OECD 2010). Maguire formuliert dies so: gefordert sind professionelle Fähigkeiten über „learning and training needs of young people in the labour market" (Maguire 2010, S. 329). Ähnlich ist die Erkenntnis der bundesweiten Evaluation von Maßnahmen der Berufseinstiegsbegleitung (IAW u. a. 2010). Hier werden Vertrauensarbeit und kontinuierliche Unterstützung als äußerst relevant erachtet (Cedefop 2010 in einer Auswertung über 180 Länderreports). Diese Antworten erscheinen sinnvoll, verbleiben aber auf einer relativ hohen Abstraktionsebene, da sie eher allgemein gehalten sind.

Damit stellt sich die Frage, woran Jugendliche am Übergang Schule-Beruf scheitern, in welchen familialen Konstellationen sie sich befinden, über welche biographischen Kompetenzen sie verfügen und wie die Rolle der Freunde ist? Der Blick ist damit nicht nur auf schulisches Lernen gerichtet, sondern auf alle biographischen Erfahrungen und Lernprozesse, die sie anschlussfähig oder eben nicht anschlussfähig an das Bildungssystem machen. Diese Fragen werde ich zuerst im Kontext pädagogischer Maßnahmen am Übergang Schule-Beruf und Ansätzen der Kompetenz- und biographischen Lernforschung diskutieren. Daran anschließend wird das DFG-Projekt „Sozial benachteiligte Jugendliche in pädagogischen Maßnahmen am Übergang Schule-Beruf. Sozialisationserfahrungen, biographische Fähigkeiten und Kompetenzen und Nachhaltigkeit von schulpädagogischen

Maßnahmen" vorgestellt. Im Schlussteil wird allgemein die Frage nach dem Zusammenhang von Jugendphase und Gesellschaft erörtert.

2. Gesellschaftliche Anforderungen, Kompetenz und Lernen

Fördermaßnahmen sollen vor allem Jugendliche mit sozialer Benachteiligung umfassend unterstützen: im Erwerb eines Bildungstitels, im Lernen bzw. Um- oder Neulernen von Basiskompetenzen und in der Bewältigung ihres häufig komplexen Alltags. Ziel ist eine Integration in eine moderne, globale Wissensgesellschaft. Entwicklungsaufgaben sollen bewältigt werden durch eine Begleitung und Unterstützung von umfassenden formalen, non-formalen und informellen Lernprozessen, mit denen ein kognitiver, sozialer und emotionaler Kompetenzerwerb einhergeht. Angestrebt sind vielfältige Bildungsprozesse, eine Aufarbeitung bisheriger biographischer Erfahrungen und eine Integration der Jugendlichen in eine moderne Gesellschaft.

Seit PISA hat der Kompetenzbegriff (Erpenbeck und von Rosenstiel 2007, S. XVIIIff) eine enorme Bedeutsamkeit erhalten und vielfach sind Definitionsvorschläge entfaltet worden. Lernen und Kompetenzentwicklung hängen eng zusammen, zumal aus pädagogischer Perspektive interessiert, über welche Kompetenzen Jugendliche verfügen und wie sie neue erlernen können. Dies führt zu einer Auseinandersetzung über die Frage, was Kompetenzen sind und wie sie im Kontext von Schule und Beruf definiert werden können. Gerade pädagogische Maßnahmen haben zum Ziel berufliche und lebenspraktische Kompetenzen zu vermitteln, die sich Jugendliche in Lernprozessen aneignen sollen.

Der Kompetenzbegriff wird generell uneinheitlich definiert, was sich z. B. im uneinheitlichen Gebrauch der Begriffe auf internationaler Ebene von „competency" und „competence" zeigt (Rychen 2001, S. 3; Ertl und Sloane 2005, S. 10). Die Autoren Enggruber und Bleck (2005, S. 7) sprechen von einem „Perspektivenwechsel vom Qualifikations- zum Kompetenzbegriff", der notwendig sei, da „zunehmend Voraussetzungen gefragt [sind], aus eigener Kraft mit dieser [gesellschaftlichen] Unbestimmtheit umgehen und auf wandelnde Herausforderungen flexibel reagieren zu können". Dieser Wechsel beinhaltet einen Blickwechsel, denn Kompetenzen werden nun als Selbstorganisationsdispositionen gedeutet, die nur im selbstorganisierten Handeln zu erkennen sind. Qualifikationen sind dagegen Wissens- und Fähigkeitsdispositionen, die bspw. Zertifizierungen erfassen (Erpenbeck und von Rosenstiel 2007, S. XIXf). Die PISA-Studie interessiert sich empirisch für fachliche Wissenskompetenzen, auch wenn theoretisch Basiskompetenzen ebenfalls reflektiert (Baumert et al. 2001, S. 29ff) werden. Insofern folgen die PISA-Studien einem kognitiven Kompetenzbegriff. Mehr theoretisch als empirisch werden „schulische Basiskompetenzen" (Leistungen) mit allgemeinen Handlungskompetenzen, die auch als Basiskompetenzen verstanden werden, verbunden.

Mit der Debatte um den Kompetenzbegriff etablierte sich auch eine Diskussion um den Lernbegriff, der neu ausdifferenziert wurde. Eine mittlerweile gängige Unterscheidung in formelles Lernen im öffentlichen Bildungssystem mit Curricula, non-formales Lernen in nicht-schulischen Institutionen und Organisation außerhalb des Bildungssystems und informelles Lernen, das als mehr oder weniger beiläufiges Lernen in vielfältigen Sozialisationskontexten verstanden wird, hat zu einer Renaissance des Lernbegriffs geführt. So werden auch Sport, Musik, Cliquen und Peers sowie Freunde und eigentlich alle Orte des alltäglichen Lebens als Räume für informelles Lernen gedeutet, in denen sich Formen der Anerkennung, Toleranz oder sozialen Unterstützung herausbilden können (z. B. Tully 2006).

Für die empirische Analyse der Nachhaltigkeit schulpädagogischer Maßnahmen für die biographische Handlungsorientierung von benachteiligten Jugendlichen ist ein Lernbegriff sinnvoll, der am Subjekt, den subjektiven Handlungsmustern und Erfahrungen ansetzt und aus dieser Perspektive nach den Lernerfahrungen der Jugendlichen in den Maßnahmen fragt (Ecarius 2008). Zugleich sind die bis dahin erworbenen Lernerfahrungen, die biographisch erzählt werden können, in den Kontext der Maßnahme zu stellen. Mit einem qualitativen Zugang sind das Zusammenspiel von biographischen Sozialisationserfahrungen, biographischen Kompetenzen, Selbstkonzept der Jugendlichen und der Nachhaltigkeit von schulpädagogischen Maßnahmen zu erforschen. Folglich ist weniger das curriculare Lernen in Form einer Wissensaneignung von Bedeutung, sondern es interessieren die alltägliche Lebensbewältigung, die Handlungsmuster und basalen Kompetenzen von Heranwachsenden. Diese Gedanken spiegeln sich in pädagogischen Konzepten der Maßnahmen wie „FAuB" oder „SchuB[1]" wider, die Wert auf eine

---

1   SchuB ist eine zweijährige schulische Alternative zur 8. und 9. Klasse der Regelschule. Das einjährige FAuB kann als 10. Pflichtschuljahr angerechnet werden und wird mehrheitlich von privaten Bildungsträgern, aber auch von Berufsschulen angeboten. Hier werden die Jugendlichen meist über die Agentur für Arbeit vermittelt. Beiden Maßnahmen ist die Schulabschlussorientierung ebenso gemein wie die Berufs- bzw. Praxisausrichtung. Zum schulischen Unterricht gesellen sich Betriebe als außerschulische Lernorte, in denen die Jugendlichen mehrere Langzeitpraktika absolvieren. In SchuB beträgt das Verhältnis Schule-Betrieb in Tagen 3 zu 2, in FAuB ist dies umgekehrt. Zentral ist in beiden Maßnahmen eine sozialpädagogische Begleitung der Jugendlichen. In SchuB wird diese durch eine extra Fachkraft übernommen, in FAuB fällt dies in den Aufgabenbereich der sogenannten ProjektkoordinatorInnen.

Lernortkooperation von Schule und Beruf legen und eine sozialpädagogische Unterstützung einbauen und damit das Lernen der alltäglichen Lebensbewältigung als besonders bedeutsam erachten.

Die Forschungsfragen sind theoretisch inspiriert von der quantitativen Bildungsforschung im Rahmen von PISA und der Erkenntnis, dass sozio-ökonomischer Status und das Bildungsniveau der Eltern sowie kulturelle Herkunft einen starken Einfluss auf den Erwerb des kulturellen Bildungskapitals der Jugendlichen haben. Relevant ist die Kompetenzforschung, wobei allerdings in Abgrenzung zu quantitativen Herangehensweisen von biographisch erworbenen Handlungskompetenzen ausgegangen wird. Hierbei wird nicht im Vorgang unterschieden in schulische Kompetenzen und solche, die in der Freizeit oder der Familie erworben werden. Theoretisch gehen wir davon aus, dass der Jugendphase eine Generationenordnung zugrunde liegt (King 2004). Sie ist ein Gestaltungs- und Erfahrungsraum, der von konkreten und auch anonymen Erwachsenen und Jugendlichen, versehen mit spezifischen Ressourcen, Optionen, Behinderungen, etc. konfiguriert ist, und im Rahmen dessen sich Jugendliche je nach Geschlecht und kultureller Orientierung individuieren können (ähnlich Hurrelmann und Quenzel 2012). Die älteren Generationen stellen – institutionell, gesetzlich, finanziell, emotional, etc. – Ressourcen und Haltungen zur Verfügung. Offeriert werden Handlungsbereiche des Lernens, Partizipierens, Konsumierens und Bindens, die sich im klassischen Sinn auch als Entwicklungsaufgaben (Hurrelmann 2007) bezeichnen lassen. Zu den Entwicklungsbereichen für die Individuation – womit keine Vollständigkeit beansprucht wird – zählen neben Familie, Schule, Peers und der Medien- und Konsummarkt (King 2004) auch der (vor-)berufliche Sektor. Die Forschungsperspektive ist dabei auf Jugendliche gerichtet, denen ein Bildungsabschluss nur schwer gelingt und denen eine pädagogische Maßnahme genau deswegen mit dem Ziel offeriert wird, diese Anforderung zu bewältigen. Bei den Jugendlichen interessieren das biographische Gewordensein sowie ihre Erfahrungen mit Schule, Familie und der pädagogischen Maßnahmen (bspw. Lernortkooperation, Beziehung zu den Pädagogen).

3. Das Forschungsprojekt

Das Forschungsprojekt untersucht auf der Basis qualitativer Verfahren die Biographien von Jugendlichen mit geringen Chancen auf einen Schulabschluss und/oder Ausbildungsplatz, welche an (schul-) pädagogischen Fördermaßnahmen (Lex und Geier 2010) teilgenommen haben. Um die Nachhaltigkeit solcher Maßnahmen zu erforschen, wurden die Jugendlichen zwei Jahre nach Beendigung dieser befragt.

Ausgewählt wurden die hessischen Maßnahmen SchuB (Lernen und Arbeiten in Schule und Betrieb) und FAuB (Fit für Ausbildung und Beruf).

Den empirischen Zugang im Rahmen der Interviews mit den Jugendlichen bildeten das narrative Interview nach Schütze (1983) und ein umfassendes Leitfadeninterview in Form einer Methodentriangulation (Ecarius/Miethe 2011). Gefragt wurde u. a. zu Erfahrungen mit Sozialisationsinstanzen, zum Beziehungs-/ Betreuungsverhältnis zu Pädagogen in der Maßnahme sowie zu Lernerfahrungen einer Team-/ Kritikfähigkeit und von Zuverlässigkeit. Auch im Leitfadeninterview waren die Fragen orientiert an einer biographisch-narrativen Gesprächsführung (Rosenthal et al. 2006). Das themenzentrierte Leitfadeninterview für die Eltern enthielt Spiegelfragen, aber auch weitere Themenkomplexe wie sie bspw. die Aufforderung, Kompetenzen der Jugendlichen einschätzen, welche Probleme und Stärken sie haben und inwiefern die Maßnahme eine Bedeutung für die Jugendlichen hatte. Befragt wurden 29 SchuB und 23 FAuB-Jugendliche im Alter von 18-19 Jahren zwei Jahre nach Beendigung der Maßnahme (2 Drittel Jungen / 1 Drittel Mädchen). Die Jugendlichen sind dem unteren Angestelltenmilieu zuzuordnen, auch mit prekären Arbeitsverhältnissen der Eltern (z. T. auch Arbeitslosigkeit). Zur Auswertung der narrativ-biographischen Interviews mit den Jugendlichen wurde das narrationsstrukturelle Verfahren (Schütze 1983) herangezogen. Für die Interpretation der Leitfadeninterviews der Jugendlichen und der Eltern gelangte die dokumentarische Methode zur Anwendung (Bohnsack 2003). Die Jugendlichen standen im Zentrum der Analyse, und die Elterninterviews dienten der Vertiefung.

3.1 Empirische Befunde: Jugendleben in pädagogischen Maßnahmen

Die Analysen führten zu Strukturkategorien, mit denen sich die Nachhaltigkeit oder die Nicht-Nachhaltigkeit einer pädagogischen Maßnahme erklären lassen. Grundlegend bedeutsam sind in allen jugendlichen Biographien Familie, Schule, Peers und pädagogische Maßnahme.

Familie

Familiale Interaktionsmuster haben die Jugendlichen häufig als hoch ambivalent erfahren: Beziehungsstrukturen und Erziehungsformen sind nicht eindeutig oder unterstützend. Es sind vor allem Ambivalenzerfahrungen und Anerkennungsproblematiken, mit denen die Jugendlichen in ihrer Kindheit und auch im weiteren biographischen Verlauf konfrontiert sind. Drei familiale Erfahrungsmuster zeichnen sich ab:

- Addition schwieriger Lebenssituationen und deren Sinn- und Interaktionsmuster
- Sinn- und Interaktionsmuster, die sich grundlegend widersprechen
- Undefinierte latente prekäre Sinn- und Interaktionsmuster

Addition schwieriger Lebenssituationen und deren Sinn- und Interaktionsmuster

Eine Addition von schwierigen Lebenssituationen mit negativen Sinnmustern (wie bspw. eine mangelnde emotionale Unterstützung seit der Kindheit, der plötzliche Tod einer Vertrauensperson, Gewalterfahrungen) führen zu einer Konzentration einer Suche nach der menschlichen Existenzberechtigung, die darin mündet, dass sich die Jugendlichen die Frage stellen, ob sie menschliche Wesen mit Bedürfnissen, positiven Lebenserfahrungen und gelingenden Sozialbeziehungen sind oder aufgrund vehement problematischer Lebensbedingungen keine positive Lebensperspektive und Selbstwirksamkeit entwickeln können. Gerade die Addition schwieriger Lebenskonstellationen in Form unerwarteter tragischer Lebensereignisse ruft eine philosophische Nachdenklichkeit über die Frage der eigenen menschlichen Existenz und des Lebenssinns hervor.

Sinn- und Interaktionsmuster, die sich grundlegend widersprechen

Familiale Sinn- und Interaktionsmuster, die grundsätzlich konträr sind, erschweren ebenfalls den Individuierungsprozess der Heranwachsenden. Erfahren werden Double-Bind-Interaktionen, in denen Inhalts- und Beziehungsstruktur nicht kongruent sind. Die unterschiedlichen Sinnwelten der Eltern oder sozialen Bezugspersonen, die häufig getrennt leben, führen zu Orientierungslosigkeit sowie zur Ungewissheit über die Bedeutsamkeit von Sinnmustern für eine Lebensführung. Aber auch zwischen Großeltern, wenn sie zentrale Bezugspersonen sind, und Eltern können divergierende, konträre Sinn- und Interaktionsmuster zu Orientierungsproblematiken in der Sinnkonstituierung ihrer Lebensführung führen, aus denen eigentümliche Individuierungsprozesse resultieren.

Undefinierte latente Sinn- und Interaktionsmuster

Aber auch undefinierte latente familiale Sinn- und Handlungsmuster, die durchweg prekär sind, führen zu wenig kompatiblen Individuationsprozessen der Jugendlichen, die an gesellschaftlich normierten Handlungsstrukturen anschlussfähig sind. Kennzeichnend ist eine Regellosigkeit bis hin zu einer Umkehrung familialer Generationsbeziehungen bei gleichzeitiger Abgrenzung zur demokratisch-meritokratischen Gesellschaftsstruktur. Einerseits entstehen daraus Handlungsmuster, die im prekären halb-kriminellen Milieu angesiedelt sind und andererseits eine Orientierungslosigkeit sowohl für die Organisation des eigenen Lebens als auch für das Erkennen von sozialen Anforderungen.

Aus allen drei familialen Interaktionsmustern in der Familie resultieren Anerkennungsproblematiken und Ambivalenzerfahrungen für die Heranwachsenden. Während Anerkennungsproblematiken zu einer Schwächung der Selbstanerkennung führen können, rufen starke Ambivalenzerfahrungen Orientierungslosigkeit, sozial-normierte Regellosigkeit oder mangelnde Unterscheidungsfähigkeit hervor. Da die familialen Interaktionsmuster eine zentrale Orientierungsfolie für die Heranwachsenden sind und die gesammelten Erfahrungen in der Kindheit die Gestaltung der Jugendphase maßgeblich beeinflussen, wirken sie auf das schulische Engagement und die Peerorientierung.

Peers

Eine Orientierung an Freunden findet für die befragten Jugendlichen nicht erst mit dem Übergang zur Jugendphase statt, sondern beginnt schon in der Kindheit – meistens in der Grundschule. Freude an gegenschulischen Spaßaktionen und Widerstand sind bedeutsam und werden in die Jugendphase hineingetragen. Möglich ist aber auch, dass verbindliche Freundschaften erst mit Beginn der Jugendphase aufkommen, wobei ein Kontaktort häufig die Schule ist. Auffällig ist, dass Muster familialer Interaktion in Peerbeziehungen transportiert werden – auch in allen Facetten:

- In Peergroups werden symbiotische Interaktionsbeziehungen (der Familieninteraktion) praktiziert. Unmittelbare Bedürfnisbefriedigung, symbiotische Glückserfahrung und das Leben von Hedonismus – manchmal gepaart mit gewalttätigen Handlungen oder Drogenkonsum zeichnen sich ab.
- Erleben die Jugendlichen in ihren Peers soziale Brucherfahrungen, haben sie diese meistens auch schon in der Familie erlebt. Hier können sie dann auch zu Opfern von Gewalt und Mobbing werden. Dadurch verschärft sich mangelndes Selbstwertgefühl, Angst vor Gleichaltrigen bis hin zur Schulabstinenz.
- Aber auch intakte Peerbeziehungen werden erlebt und dienen als positive Ressource. Hier gelingt in der Tat ein Ausbalancieren zu den konflikthaften familialen Beziehungen.

Schule

Typisch sind für die Jugendlichen schwierige schulische Erfahrungen. Sie erfahren, dass das familiale Milieu nicht an die Schule anschlussfähig ist aufgrund sich widersprechender Interaktionsregeln oder die Jugendlichen üben widerständiges Verhalten ein – manchmal verstärkt über eine widerständige Peerorientierung. Kennzeichen sind:

- Erhebliche familiale Problematiken behindern schulische Orientierungen. Hilflosigkeit, soziale Isolierung, Drogen und falsche Ernährung (Adipositas) sind Handlungsmuster der Jugendlichen, durch die schulische Probleme entstehen. Im Vordergrund der Jugendlichen steht eine Beschäftigung mit sich selbst. Es fehlen Kapazitäten, um den schulischen Lernstoff zu bearbeiten – unabhängig von ihren intellektuellen Fähigkeiten.

- Ein weiterer Erfahrungsbereich mit der Folge von schulischem Desinteresse geht einher mit Lernbeeinträchtigungen, Sprachproblemen, Krankheit und Lernschwächen.

Unabhängig dieser biographischen Erfahrungen sind die Begegnungen mit Lehrern ganz unterschiedlicher Art. Erlebt werden sie positiv, als (Lern-)Stoffvermittler oder Schutzbietende. In den negativen Erfahrungen werden sie zu Ausgrenzenden und jenen, die selektieren und „Lieblinge" bevorzugen. Ihnen obliegt, dass fehlende Leistungsorientierung nicht gelingt – so die Schuldzuschreibungen.

SchuB und FAuB

Die Jugendlichen unterscheiden in den pädagogischen Maßnahmen selten in Lehrer und Pädagogen. Liegt eine biographische Bedeutung für die Jugendlichen vor, dann werden die Pädagogen namentlich erwähnt. Hervorgehoben wird die unterstützende und emotionale Generationsbeziehung. Viele der Jugendlichen betonen, dass es ihnen erst aufgrund der emotionalen Aufgehobenheit und der sozialen Unterstützung gelingt, ihr biographisches Projekt positiv zu bewerkstelligen. Möglich ist allerdings auch, dass die unterstützenden Ressourcen der Pädagogen als eine beliebige Ressource verstanden werden und folglich dann auch nicht wirksam sind.

Typologie der Biographien ehemaliger SchuB-SchülerInnen und FAuB-TeilnehmerInnen

Über eine komparative Analyse der einzelnen Fälle mit Blick auf die biographischen Lernprozesse in den Sozialisationsinstanzen Familie, Peers, Schule und pädagogische Maßnahme kristallisierte sich folgende Typologie heraus:

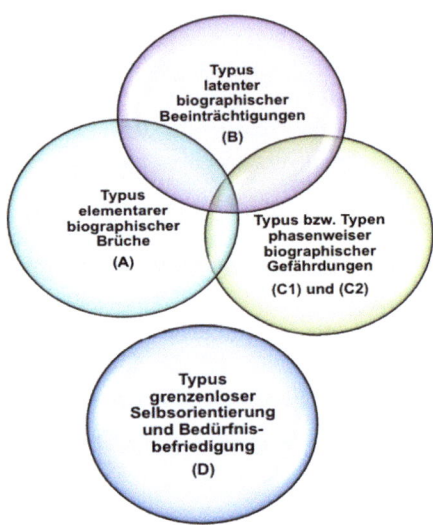

Die Typen (A), (B), (C) liegen eng an- und auch ineinander. Der Typus (D) unterscheidet sich von diesen drei grundlegend. Jeder Typus ist gekennzeichnet von spezifisch biographisch relevanten Thematiken und lebensgeschichtlichen Verläufen, welche im Zusammenhang mit der biographischen Relevanz der Maßnahme gelesen werden können.

Typus A: Elementare biographische Brüche

Der Typus A ist ein besonderer Typus, denn diese jugendlichen Biographien sind von massiven emotionalen Brüchen mit schwerwiegenden Folgen (bspw. den Tod zentraler Bezugspersonen) gekennzeichnet, die tiefgreifend in der Gegenwart belastend wirken. Ihnen fehlt es zudem an emotionalen Rückhalt, auch die Organisation des Alltags ist für sie kaum möglich. Selbstbewusstsein und ein positives Selbstwertgefühl sind kaum vorhanden. Weder wissen sie, an wen noch woran sie sich orientieren sollen. Im Vordergrund steht bei diesen Jugendlichen der Wunsch nach einem geregelten Leben mit einem strukturierten Tagesablauf und einer Berufstätigkeit, was sie aber nicht umzusetzen in der Lage sind. Ihre gegenwärtige Lebenssituation macht die Zukunft kaum planbar.

Die pädagogischen Maßnahmen haben – wenn überhaupt – einen emotional stabilisierenden Charakter. Jedoch sind die psychischen Bedürfnisse größer, als dass sie über die Maßnahme aufgefangen werden könnten. Allenfalls können biographische Lernprozesse stattfinden, mit denen sie grundlegende Handlungskompetenzen und ein wenig Selbstbewusstsein entfalten. Zwar erlangen sie auch manchmal ein Bildungszertifikat, jedoch bleibt die Integration in den Arbeitsmarkt fraglich und fragil. Es ist vorrangig die sozialpädagogische Begleitung, die einen motivationalen Antrieb eröffnet.

In den Elterninterviews bestätigt sich die elterliche Distanz und Kälte gegenüber dem Kind. Bedürfnisse des Kindes bleiben unerkannt oder werden verweigert. Ein Desinteresse wird teilweise deutlich. Auch sind die Eltern selbst nicht in der Lage, Ressourcen zur Verfügung zu stellen, die die Kinder zur Entfaltung von basalen Handlungskompetenzen nutzen könnten. Die Eltern legen daher große Hoffnung in die pädagogische Maßnahme für ihre Kinder, Versäumtes aufzuarbeiten und Stabilität zu geben.

Typus B: Latente biographische Beeinträchtigungen

Der Typus B ist dem Typus A ähnlich, jedoch sind die massiven Brüche in den Lebensgeschichten nicht ganz von solcher Dramatik. Auch der Typus B ist von biographischen Brüchen geprägt, die jedoch nicht eine solche Wucht entfalten und massive Bedrohung darstellen. Die biographischen Problematiken kommen immer kontextabhängig zum Tragen. Wirkmächtige Faktoren sind in beeinträchtigender Weise Migration (als Diskriminierungserfahrung oder auch sprachliche Schwierigkeiten), Geschlecht- und Körperlichkeit, Lernbeeinträchtigungen, Erkrankungen oder häufige Operationen. Diese Jugendlichen erleben schon in jungen Jahren Ausgrenzung und Anerkennungsentzüge, die zu wesentlichen Beeinträchtigungen führen.

Auch hier wirkt die pädagogische Maßnahme bestenfalls stabilisierend, indem Selbstkompetenzen gestärkt werden. Durch die sozialpädagogische Unterstützung können erlebte Anerkennungsentzüge bearbeitet werden, sodass die Jugendlichen eine positivere Beziehung zu sich selbst entwickeln. Sie lernen dabei, mit den latent wirkendenden Beeinträchtigungen zu leben oder sie auch teilweise zu kompensieren. Gelingt ihnen dies, entwickeln sich auch weitere schulische und berufliche Orientierungen.

Die Eltern dieser Jugendlichen waren kaum für Interviews zu gewinnen, häufig auch aufgrund von Sprachbarrieren. Dennoch ergaben die durchgeführten Elterninterviews, dass die Eltern nur teilweise der Grund für die biographischen Problematiken der Kinder sind, sondern auch Erfahrungen durch die Peers und die Schule massiv wirksam werden. Leiden die Jugendlichen an Adipositas, lassen sich Interdependenzen zum elterlichen Erziehungsverhalten und bezüglich der elterlichen Ernährungsgewohnheiten ausmachen.

Typus C1 und C2: Typen phasenweiser biographischer Gefährdungen

Dieser Typus, der sich ausdifferenziert, ist derjenige, der am meisten auf die pädagogische Maßnahme anspricht und nachhaltig wirksam ist. Auch hier sind die biographischen Brüche der Jugendlichen bedeutsam, die vor allem zeit- bzw. phasenweise zum Tragen kommen, aber längst nicht latent (Typus B) sind oder radikal wie beim Typus A wirken. Einige der Gefährdungserlebnisse sind in einen institutionellen Kontext eingebunden und haben teilweise Verlaufskurvenpotential. Die Jugendlichen erleben belastende Beziehungen zu Lehrern durch bspw. negative Etikettierungen oder Mitschüler, von denen sie gemobbt werden. Auch eine starke Orientierung an schulferne Peergroups führt zu einem schwachen Lernverhalten, vor allem dann, wenn dies zusätzlich von einer Lernbeeinträchtigung (bspw. Sprach- oder Konzentrationsprobleme) begleitet ist. Über einen langanhaltenden Zeitraum entfernen sich die Jugendlichen immer weiter vom schulisch geforderten Habitus, so dass selbst familiäre soziale Ressourcen nicht diese Probleme auflösen können. Ihre Abschlussgefährdung führt sie schließlich in den pädagogischen Förderbereich.

Die Jugendlichen profitieren von der Maßnahme unterschiedlich, auch wenn alle Anerkennung von Pädagogen und Mitschülern erfahren und sich aufgrund der intensiven sozialen und schulischen Förderung in schulfachliche Lernprozesse integrieren. Sie können ihre Problematiken viel besser als beim Typus A oder B – auch nachhaltig – überwinden. Allerdings gelingt dies dem einem Teil der Jugendlichen besser, so dass sich zwei Subtypen ergeben.

Der *instabile Subtypus (C1)*, dem hauptsächlich FAuB-Teilnehmer angehören, enthält Jugendliche, die durch die Maßnahme zwar Lern- und Bildungserfolge haben, aber die Frage der Langfristigkeit dieser Erfolge offen bleibt. Verhaltensweisen, Einstellungen und Orientierungen, die sich in den Gefährdungsphasen manifestierten, können wieder wirksam werden und den beruflichen Werdegang beeinträchtigen.

Das andere Muster, der *stabile Subtypus C1*, entwickelt in der pädagogischen Maßnahme (überwiegend ehemalige SchuB-Schüler) eine positive Motivation zur Bewältigung der Handlungsproblematiken. Den Jugendlichen gelingt es, erworbene Verhaltensauffälligkeiten zu bearbeiten und andere Handlungsmuster zu entfalten. Zugleich verfügen sie auch über Kompetenzen für die Alltags- und Lebensbewältigung, da sie auch schon immer auf soziale (familiale) Ressourcen zugreifen konnten. Durch die Maßnahme erarbeiten sie sich eine Zukunftsplanung und berufliche Orientierung durch „neue" Lernstrategien und andere nachhaltig wirkende Handlungskompetenzen, die anschlussfähig an soziale und berufliche Strukturen und Muster sind. Interessant ist, dass sie die konzeptionellen

Bedingungen der Maßnahme im starken positiven Kontrast zu ihren bisherigen Schulerfahrungen wahrnehmen. Dadurch kompensieren sie nicht nur ihre negativen (Schul-)Erfahrungen, sondern erarbeiten sich kulturelles Kapital mit biographischer Relevanz.

In den *Elterninterviews* wird deutlich, dass die Jugendlichen auf soziale Ressourcen zugreifen können und emotionale Unterstützung erhalten. Die Eltern bringen ihre positive Wertschätzung (Anerkennung und Vertrauen) zum Ausdruck, die bei den Jugendlichen mit der Entfaltung von Selbstwirksamkeitserfahrungen verbunden scheinen. Die Eltern unterstützen ihre Kinder aktiv in der Entwicklung biographischer Handlungskompetenzen, auch wenn sie mit zumeist schulischen Gefährdungen konfrontiert sind. Die Maßnahme verstehen die Eltern als eine große und besondere Chance für ihre Kinder.

Typus D: Grenzenlose Selbstorientierung und Bedürfnisbefriedigung

Die Jugendlichen diesen Typus haben „eigensinnige" Lebensmodelle entwickelt, die sich aufgrund von familien- und peersozialisatorischen Erfahrungen kaum in soziale Normierungen der modernen Gesellschaft integrieren lassen. Solche Erfahrungen sind teilweise dramatischer Art, jedoch führen sie nicht zu emotionalen Brüchen oder gravierenden Einbrüchen. So erleben sie bspw. (sexuelle) Gewalt gegenüber Familienangehörigen, elterliche Erziehungskonflikte und einen permissiven Erziehungsstil. Die Jugendlichen dieses Typus sind in ihrer Wahrnehmung an der Unmittelbarkeit ihrer Erfahrungen und der Befriedigung ihrer Bedürfnisse orientiert, die sich in (halb-)kriminellen sowie gewaltförmigen Räumen bewegen. Die Jugendlichen verfügen zwar über gewisse Handlungskompetenzen, sie nutzen sie aber ausschließlich für die Unmittelbarkeit ihres hedonistischen Erlebens. Aufgrund ihrer Verhaltens- und Einstellungsmuster in ihren prekären Lebensmilieus führt die Maßnahme, so muss man das leider sagen, bei diesen Jugendlichen nicht zu einem Umdenken.

In den *Elterninterviews* finden sich viele Hinweise darauf, dass sie aufgrund ihres widersprüchlichen Erziehungsverhaltens nicht mehr Einfluss nehmen können, da die Jugendlichen sie nicht als Ratgeber oder Erzieher verstehen und den Respekt ihnen gegenüber verloren haben. Sie setzen sich über gesetzte Regeln einfach hinweg. Den Eltern ist durchaus bewusst, dass ihnen eine konsequente Erziehung nicht gelingt, stattdessen vermitteln sie häufig übermäßigen emotionalen Rückhalt ohne Begrenzungen. Auch fühlen sie sich dem Verhalten der Jugendlichen nicht gewachsen, da sie von ihren Kindern ignoriert oder abgewertet werden.

3.2 Jugendphase und Gesellschaftlichkeit

Der Erfolg oder Misserfolg einer pädagogischen Maßnahme steht in enger Verbindung zu den biographischen Erfahrungen und Lernprozessen der Jugendlichen – und damit ist es auch ihre soziale Welt, die genau darauf Einfluss nimmt.
Es sind die Interaktionsstrukturen und Muster der emotionalen und sozialen Anerkennung in der Familie, mit den Freunden und Gleichaltrigen sowie die Erfahrungen von Drogen, Gewalt, sozialer und emotionaler Verwahrlosung als auch
Unterstützung, die wesentlich „mitentscheiden", in welcher Art pädagogische
Maßnahmen wirksam werden. Einige der Jugendlichen erleben die pädagogische
Maßnahme als eine unterstützende Sozialisationsinstanz. Genau diesen gelingt
dann auch eine Aufarbeitung von Lebensproblematiken, eine langsame Stabilisierung des Selbst, die sich in einer allmählichen alltäglichen Organisation des
Lebens mit regelmäßigem Aufstehen, Verantwortlichkeiten, Respekt sich selbst
und Anderen gegenüber äußert – was die Autoren Baumert, Stanat und Demmrich (2001) als Basiskompetenzen verstehen. Dies ist in der Tat wesentlich mehr
als das Entwickeln einer Berufsorientierung oder von fachlichen Kompetenzen.
Vielmehr handelt es sich um biographische Lernprozesse (Ecarius 2008), den Erwerb von „basalen" Handlungskompetenzen und eine Bearbeitung von Identität.
Diejenigen Jugendlichen, die während der Maßnahme Erfahrungen aufarbeiten,
profitieren nachhaltig von dieser. Hier lässt sich auch die Frage der Nachhaltigkeit positiv beantworten. Zugleich ist bei denjenigen Jugendlichen, die der pädagogischen Maßnahme keine subjektive, biographische Bedeutung – aus welchen
Gründen auch immer – beimessen, keine nachhaltige Wirksamkeit feststellbar.
Es liegt in einigen Fällen sogar überhaupt keine Bedeutsamkeit vor.

Es sind somit zu großen Teilen die bisherigen Erfahrungen und Lernprozesse
der Jugendlichen, die identitätsstiftend wirken und die darüber entscheiden, wie
die Angebote der Maßnahme angenommen werden, ob sie sich den schulischen
Erfordernissen zuwenden und die sozialen Unterstützungen ihnen helfen. Deutlich zeichnet sich ab, dass der Prozess der Identitätsbildung für die Jugendlichen
ein komplexer und häufig schwieriger Prozess ist, sie um eine anschlussfähige
Lebensgestaltung an moderne Identitätsmuster geradezu ringen, aber dieser Prozess gerade auch wegen der bisher biographisch entwickelten „Handlungskompetenzen" misslingen kann. Der Übergang Schule-Beruf ist eine markante Statuspassage, in der sich die Jugendlichen mit gesellschaftlichen Anforderungen
konfrontiert sehen und sich dabei vielfach die Frage stellen (müssen), ob es ihnen gelingt, an der sozialen Wertschätzung von Leistung und beruflicher Identität (Honneth 1994) partizipieren zu können, indem sie zugleich auch modernen
Subjektformen entsprechen (Reckwitz 2010).

Die Jugendphase lässt sich in ihrer Grundstruktur als einen Erfahrungsraum innerhalb einer Generationenordnung über Bildungsinstitutionen, jugendspezifische Freizeiträume und Partizipationsmöglichkeiten der Heranwachsenden an jugendspezifischen Märkten beschreiben (Ecarius 2012). Kennzeichen sind gegenwärtig eine stärkere Ausdifferenzierung von sozialen Zuordnungen und eine Vielfalt an geschlechtlichen Typisierungen. Begleitet ist dies von einer Zunahme an sozialer Ungleichheit und einer Inflation an Bildungstiteln. Diese Faktoren scheinen die Generationenordnung der Jugendphase zu nivellieren. Dennoch ist es das Gefüge Älterer und Jüngerer, die aktiv und handelnd eine Jugendphase hervorbringen, als Lebensraum und als Lebensphase. Wie nun lässt sich die Jugendphase als Generationenordnung begreifen? In welcher Weise modellieren Ältere die Jugendphase, welches sind ihre Ressourcen und Handlungsmöglichkeiten und wie agieren Jugendliche, welchen Anforderungen stehen sie gegenüber und wie formieren sich Individuierungsprozesse? Im Folgenden soll der Versuch unternommen werden, anhand der Sozialisationsinstanzen Familie, Schule und Peergroups wesentliche Facetten der Generationenordnung Jugend herauszuarbeiten.

Ansetzend an der Annahme, dass die Jugendphase über eine Generationenordnung und damit die Mitwirkung vor allem von älteren Generationen Gestalt annimmt, rücken Eltern und zentrale Bezugspersonen in den Fokus (Ecarius 2012). Zugenommen hat der Trend, dass die Familie für die Jugendlichen von großer Bedeutung ist, was Ergebnisse der Shell-Jugendstudien (2006, 2010) zeigen: 72 Prozent der Jugendlichen sind der Meinung, dass man eine Familie braucht, um ein glückliches Leben zu führen. Auch wollen 73 Prozent der Jugendlichen ihre Kinder so erziehen, wie sie selbst erzogen wurden (Shell Deutschland Holding 2010, S. 64), wobei hier starke milieuspezifische Unterschiede bestehen. Die Zufriedenheit mit den Eltern liegt bei der Oberschicht bei 81 Prozent und bei der Unterschicht lediglich bei 40 Prozent der Jugendlichen (ebd., S. 64). Dies verweist auf die Unterstützungsformen und Ressourcen, die Eltern und private Bezugspersonen den Heranwachsenden zukommen lassen (können), die eng an das familiale Milieu gebunden zu sein scheinen. Nicht nur sammeln Heranwachsende dort ihre ersten Erfahrungen in inter- und intragenerationellen Interaktionen, diese fließen auch bei aller Eigenständigkeit der werdenden Subjekte in Individuierungsprozesse ein.

Nun ist für Familien in der Moderne auch zu bedenken, dass sich in den familialen Konstellationen für die Heranwachsenden aufgrund von Trennung und Scheidung der Eltern oder das Hinzukommen eines neuen Partners der Mutter oder des Vaters neue und andersartige Interaktionsgebilde ergeben. Die familialen Interaktionsstrukturen können sich dadurch grundlegend ändern und Sinnstrukturen wie gewohnte Handlungsmuster hinfällig werden. Damit vervielfältigen sich ambivalente Erfahrungen für Jugendliche wie auch für die zentralen Bezugspersonen, es entstehen parallel verlaufend verschiedene familiale Interaktionsstrukturen, die sich widersprechen oder äußerst konträr sein können. Ressourcen, die früher zur Verfügung standen, können wegbrechen. Eine Folge kann das Nachlassen von schulischen Leistungen sein (Gloger-Tippelt 2007).

Die Schule als weitere zentrale Sozialisationsinstanz (Helsper 2012), die ebenfalls von Erwachsenen konturiert wird, ist versehen mit Anforderungen an Jugendliche, sich als Lernende in der Rolle als Schüler und Schülerinnen zu begreifen. Eher zweitrangig werden sie als ganzheitliche Personen angesehen, auch wenn sich die Schule allgemein mit Rekurs auf reformpädagogische Ansätze im Wandel befindet. Die Prinzipien der Ganzheitlichkeit und der Vielfältigkeit an Lernformen werden zwar gegenwärtig stärker aufgenommen wie auch zunehmend Schulsozialarbeit, Gewaltprävention und Drogenarbeit zum schulischen Profil gehören – oder eben Teil von pädagogischen Maßnahmen sind (Gambella 2010). Die pädagogischen Maßnahmen am Übergang Schule-Beruf lassen sich daher auch in den Gedanken von der Jugendphase als eine Generationenordnung einfügen. Dadurch kommt eine unterstützende soziale und kulturelle Ressource gerade denjenigen Jugendlichen zu, die schwierige Generationenordnungen vorfinden und denen Ressourcen fehlen, um Anforderungen der Schule und der Individuierung gerecht zu werden.

In der Schule bleibt die Aneignung von formalem Wissen weiterhin vorrangig. Das schulische System ist dabei von einer Inflation an Bildungstiteln gekennzeichnet. Charakterisieren lässt sich diese historische Entwicklung seit dem letzten Jahrhundert als eine Wandlung vom Bildungsprivileg zum Bildungszwang. Gegenwärtig besteht ein „Bildungsparadoxon", nämlich einen Bildungstitel erwerben zu müssen, die Inflation der Bildungstitel zu kennen und das Wissen von manchen Jugendlichen darüber, diesem Leistungsdruck nicht Stand halten zu können. Sozial benachteiligte Jugendliche verfügen häufig über ein anderes kulturelles Kapital (Grundmann et al. 2004), das ihnen erschwert, in der Schule erfolgreich einen Bildungstitel zu erwerben. Insgesamt sind dies die Jugendlichen, die dann auch in pädagogische Maßnahmen münden und über besondere pädagogische Konzepte und eine soziale Unterstützung eine zusätzlich generationale Rahmung erhalten, da für sie weder die Familie noch die Schule eine generationale Ordnung der Jugendphase entfalten kann, in der Jugendliche sich so individuieren können, dass sie sich kulturelles Bildungskapital aneignen und Freundschaftsbeziehungen aufbauen können.

Aber auch Jugendliche mit einem familialen Migrationshintergrund sind häufig von einer Bildungsbenachteiligung betroffen, so dass sich die Jugendphase für diese Jugendlichen in ihrer Generationenordnung in besonderer Weise konfiguriert. Da Familien mit Migrationshintergrund häufig einen spezifischen kulturellen Lebensstil praktizieren, ist es für sie in positiver und negativer Sicht facettenreicher, an einem legitimen, deutsch-kulturellen Bildungshabitus – auch im Sinne einer Aufstiegsorientierung – anzuschließen. Aber auch das Geschlecht spielt eine große Rolle. Deutlich mehr männliche als weibliche Jugendliche mit Migrationshintergrund verlassen die Schule mit nur einem Hauptschulabschluss oder sogar ohne Schulabschluss und werden auf Sonderschulen verwiesen. Das Bildungsparadoxon wird für solche Jugendliche in besonderer Weise wirksam, sodass jugendliche Exklusionskarrieren die Folge sein können, die sich aus der Generationenordnung von Familie, Schule und Peers ergeben.

Die Generationenordnung der Jugendphase konfiguriert sich jedoch nicht nur aus Generationenverhältnissen und -beziehungen zwischen älteren und jüngeren Generationen, also Jugendlichen und Erwachsenen, sondern gleichsam gewichtig sind auch intragenerationelle Beziehungskonstellationen, die ebenfalls folgenreich für biographische Erfahrungen und Identitätsbildungsprozesse der Jugendlichen sind. Die Peergroup als eine Art informelle Sozialisationsinstanz (Otto und Rauschenbach 2008) gestaltet einen eigenen sozialen Handlungs- und Erfahrungskontext.

Peergroups entstehen häufig aus informellen Beziehungen, die aus dem sozialen Nahraum und damit auch in der Schule oder über Facebook wie in Vereinen hergestellt werden. Sie sind an individuellen Bedürfnissen und Handlungsorientierungen der beteiligten Jugendlichen ausgerichtet, die ebenfalls Muster der Anerkennung bis hin zur Missachtung aufweisen. Peergroup-Beziehungen sind nicht nur kongruent und stabil. Freundschaften und Zuneigungen wechseln, Ambivalenzen und Anerkennungsproblematiken sind in Alltagshandlungen eingebettet. Wie dabei Interaktionsmuster, Normen und jugendkulturelle Lebensstile Identitätsbildungsprozesse von Jugendlichen beeinflussen, welche Bedeutung diesen zukommt in Bezug auf Familie und Schule und wie die Peergroups zur Gestaltung der Jugendphase beitragen, ist in ihrer Verflechtung so gut wie gar nicht erforscht. Diese Studie hier zeigt, dass Peergroups nicht nur eine Ressource für Jugendliche sind, sondern Gewalt und Ausgrenzung durch Gleichaltrige sich auch negativ auswirken können. Zwar gibt es Studien über Extrem-Peergroups, in denen Gewalt, Rechtsextremismus (Möller und Schuhmacher 2007) oder Hooligan-Fangroups sich inszenieren, welche Bedeutung aber Jugendliche ihrer Peergroup, sofern sie einer angehören, zukommen lassen und wie sich darin Muster der sozialen Milieus im Kontext von Familie und Schule widerspiegeln, ist kaum erforscht. Bisher ist kaum ein empirischer Blick auf das komplexe Wechselverhältnis von Schule, Peer- und Eltern-Beziehungen für Jugendliche vor dem Hintergrund der Sozialmilieus oder schlechter schulischer Leistung – wie bei diesen SchuB und FAuB- Schülern – geworfen und danach gefragt worden, welche Generationenordnung sich konfiguriert, die sich über Ressourcen, Unterstützungsformen der älteren Generationen und jugendspezifische Lebensstile erklären.

Fasst man diese Gedanken zusammen, dann lässt sich abschließend formulieren, dass pädagogische Maßnahmen für manche Jugendliche zu einer zentralen Sozialisationsinstanz innerhalb ihrer Generationenordnung werden, vor allem dann, wenn eine pädagogische Arbeit geleistet wird, die weit über das hinaus geht, was in den Kontext von Schule und Unterricht fällt. Sozialpädagogen und Lehrkräfte unterstützen die Jugendlichen in Prozessen der Identitätsbildung und der Bewältigung von problematischen Lebenssituationen (Ohmenzetter und Schönfeld 2010, S. 319). Damit sind aber auch Sozialpädagogen und Lehrer gefordert, tieferliegende biographisch entstandene psychische Problematiken zu erkennen und mit den Jugendlichen zu bearbeiten, ehe das eigentliche Ziel der Maßnahme, die „Verbesserung der individuellen Kompetenzen zur Erfüllung der erforderlichen Ausbildungsreife" (Gambella 2010, S. 51) mit dem Jugendlichen gemeinsam angegangen werden kann. Insgesamt lassen sich pädagogische Maßnahmen wie SchuB und FAuB als biographisch relevante Unterstützungsressourcen bezeichnen, in den zumindest manche Jugendliche Lebensproblematiken aufarbeiten können und über biographische Lernprozesse neue Individuierungsprozesse angeregt, Erfolge im schulisch-beruflichen Bereich erworben und Anschlüsse an moderne Subjektformationen gefunden werden können.

Literatur

Autorengruppe Bildungsberichterstattung (Hrsg.). (2010). *Bildung in Deutschland 2010*. Bielefeld: Bertelsmann.
Baumert, J., Stanat, P. & Demmrich, A. (2001). PISA 2000: Untersuchungsgegenstand, theoretische Grundlagen und Durchführung der Studie. In Deutsches PISA-Konsortium (Hrsg.), *PISA 2000* (S. 15-68). Opladen: Leske + Budrich.
Baumert, J., Stanat, P. & Watermann, R. (2006). Schulstruktur und die Entstehung differenzieller Lern- und Entwicklungsmilieus. In J. Baumert, P. Stanat & R. Watermann (Hrsg.), *Herkunftsbedingte Disparitäten im Bildungswesen* (S. 95-188). Wiesbaden: VS Verlag.

Bohnsack, R. (2003). *Rekonstruktive Sozialforschung*. 5. Auflage. Weinheim und Basel: Beltz.

Bundesministerium für Bildung und Forschung (BMBF) (2011). *Berufsbildungsbericht 2011* (BBB). http://www.bmbf.de/pub/bbb_2011.pdf. Zugegriffen: 14.06.2011.

Ecarius, J. (2008). Elementares Lernen und Erfahrungslernen: Handlungsproblematiken und Lernprozesse in biographischen Erzählungen. In. K. Mitgutsch, E. Sattler, K. Westphal & I. M. Breinbauer. (Hrsg.), *Dem Lernen auf der Spur* (S. 97-110). Stuttgart: Klett-Cotta.

Ecarius, J. (2012): „Generationenordnung" der Jugendphase. In J. Ecarius & M. Eulenbach (Hrsg.), *Jugend und Differenz*. (S. 27-50) Wiesbaden: VS Verlag Sozialwissenschaften.

Ecarius, J. & Miethe, I. (Hrsg.) (2011). *Methodentriangulation in der qualitativen Bildungsforschung*. Opladen: Barbara Budrich Verlag.

Enggruber, R. & Bleck, C. (2005). *Modelle der Kompetenzfeststellung im beschäftigungs- und bildungstheoretischen Diskurs – unter besonderer Berücksichtigung von Gender Mainstreaming*. www. equal-sachsen-sozialwirtschaft.de/download/Modelle_gesamt.pdf. Zugegriffen: 14.06.2011.

Erpenbeck, J. & von Rosenstiel, L. (Hrsg.). (2007). *Handbuch Kompetenzmessung. Erkennen, verstehen und bewerten von Kompetenzen in der betrieblichen, pädagogischen und psychologischen Praxis*. Stuttgart: Schaeffer Poeschel.

Ertl, H. & Sloane, P.F.E. (Hrsg.). (2005). *Kompetenzerwerb und Kompetenzbegriff in der Berufsbildung in internationaler Perspektive*. Paderborn: Eusl-Verlagsgesellschaft.

European Centre for the Development of Vocational Trainung (cedefop) (2010). *Guiding at-risk youth through learning to work. Lessons from across Europe*. http://www.cedefop.europa.eu/EN/ Files/5503_en.pdf. Zugegriffen: 16.06.2011.

Eurostat (2009). *Youth in Europe. A statistical portrait*. http://epp.eurostat.ec.europa.eu/cache/ITY_ OFFPUB/KS-78-09-920/EN/KS-78-09-920-EN.PDF. Zugegriffen: 16.06.2011.

Gambella, K. (2010). Berufsorientierung im Übergangssystem – biografische Probleme und Entwicklungschancen von Jugendlichen an Beispielen. *Haushalt und Bildung 2*, 51-56.

Gloger-Tippelt, G. (2007). Eltern-Kind- und Geschwisterbeziehung. In J. Ecarius. (Hrsg*.), Handbuch Familie*. (S. 157-178). Wiesbaden: VS Verlag Sozialwissenschaften.

Gomolla, M. & Radtke, F.-O. (2003). *Institutionelle Diskriminierung. Die Herstellung ethnischer Differenz in der Schule*. Wiesbaden: VS Verlag für Sozialwissenschaften.

Grundmann, M., Bittlingmayer, U. H., Dravenau, D. & Groh-Samberg, O. (2004). Bildung als Privileg und Fluch – zum Zusammenhang zwischen lebensweltlichen und institutionalisierten Bildungsprozessen. In R. Becker & W. Lauterbach (Hrsg.), *Bildung als Privileg? Erklärungen und Befunde zu den Ursachen der Bildungsungleichheit*. 1. Aufl. (S. 41-68). Wiesbaden: VS Verlag für Sozialwissenschaften.

Helsper, W. (2008). Der Bedeutungswandel der Schule für Jugendleben und Jugendbiografie. In C. Grunert & H. J. von Wensierski (Hrsg.), *Jugend und Bildung* (S. 135-163). Opladen & Farmington Hills: Barbara Budrich.

Helsper, W. (2012). Der Strukturwandel des Aufwachsens im Horizont von Modernisierungsantinomien und die Bedeutung der Schule. In J. Ecarius & M. Eulenbach (Hrsg.), *Jugend und Differenz*. (S. 77-106). Wiesbaden: Springer Fachmedien.

Honneth, A. (1994). *Kampf um Anerkennung*. Frankfurt am Main: Suhrkamp.

Hurrelmann, K. (2007). *Lebensphase Jugend*. Weinheim/München: Juventa Verlag.

Hurrelmann, K., Quenzel, G. (2012). *Lebensphase Jugend. Eine Einführung in die sozialwissenschaftliche Jugendforschung*. 11., vollständig überarbeitete Auflage. Weinheim und München: Juventa Verlag.

King, V. (2004). *Die Entstehung des Neuen in der Adoleszenz*. Wiesbaden: VS Verlag Sozialwissenschaften.

Lex, T. & Geier, B. (2010). Übergangssystem in der beruflichen Bildung: Wahrnehmung einer zweiten Chance oder Risiken des Ausstiegs? In G. Bosch, S. Krone & D. Langer, (Hrsg.), *Das Berufsbildungssystem in Deutschland* (S. 165-187). Wiesbaden: VS Verlag Sozialwissenschaften.

Maguire, S. (2010): 'I just want a job' – what do we really know about young people in jobs without training? *Journal of Youth Studies. Vol. 13*, No. 3, June 2010, 317-333.

Möller, K. & Schuhmacher, N. (2007). *Rechte Glatzen. Rechtsextreme Orientierungs- und Szenezusammenhänge – Einstiegs-, Verbleibs- und Ausstiegsprozesse von Skinheads*. Wiesbaden: VS Verlag für Sozialwissenschaften.

Müller, A.G. & Stanat, P. (2006). Schulischer Erfolg von Schülerinnen und Schülern mit Migrationshintergrund: Analysen zur Situation von Zuwanderern aus der ehemaligen Sowjetunion und aus der Türkei. In J. Baumert, P. Stanat & R. Watermann. (Hrsg.), *Herkunftsbedingte Disparitäten im Bildungswesen* (S. 221-256). Wiesbaden: VS Verlag Sozialwissenschaften.

OECD (2010). *Learning for Jobs. Synthesis Report of the OECD Reviews of Vocational Education and Training*. http://www.sourceoecd.org/education/9789264082236. Zugegriffen: 20.06.2011.

Ohmenzetter, J. & Schönfeld, V. (2010). AnSchuB für benachteiligte Jugendliche – Evaluationsergebnisse des ersten SchuB-Jahres an der Karl-Kolopper-Schule in Kelsterbach. *Behindertenpädagogik 49. Jg. 3*, 317-332.

Otto, H.- U. & Rauschenbach, T. (Hrsg.). (2008). *Die andere Seite der Bildung. Zum Verhältnis von formellen und informellen Bildungsprozessen*. 2. Aufl. Wiesbaden: VS Verlag für Sozialwissenschaften.

Reckwitz, A. (2010). *Das hybride Subjekt. Eine Theorie der Subjektkulturen von der bürgerlichen Moderne zur Postmoderne*. Weilerswist: Velbrück Wissenschaft.

Rosenthal, G., Köttig, M, Witte, N. & Blezinger, A. (2006). *Biographisch-narrative Gespräche mit Jugendlichen*. Opladen: Leske+Budrich.

Rychen, D.S. (2001). Introduction. In D. S. Rychen & L. H. Salganik (Hrsg.), *Defining and Selecting Key Competencies* (S. 1-15). Göttingen: Hogrefe Verlag.

Schütze, F. (1983). Biographieforschung und narratives Interview. *Neue Praxis 13*, H. 3, 283-293.

Shell Deutschland Holding (Hrsg.). (2006). *Jugend 2006. Eine pragmatische Generation unter Druck*. Die 15. Shell Jugendstudie. Frankfurt a. M.: Fischer Taschenbuch Verlag.

Shell Deutschland Holding (Hrsg.). (2010). *16. Shell Jugendstudie. Jugend 2010. Eine pragmatische Generation behauptet sich*. Frankfurt a. M.: Fischer Taschenbuch Verlag.

Thielen, M. (Hrsg.). (2011). *Pädagogik am Übergang* (S. 8-18). Bad Heilbrunn: Verlag Julius Klinkhardt.

Tully, C. J. (Hrsg.). (2006). *Lernen in flexibilisierten Welten*. Weinheim/München: Juventa Verlag.

Werkschulen in Bremen – Ergebnisse des ESF-Pilotvorhabens „Entwicklung und Implementation eines Konzepts zur Förderung lernbenachteiligter Jugendlicher durch praxisorientiertes Lernen"

Michael Gessler / Kristina Kühn

Werkschulen in Bremen

Abstract

Im Rahmen des ESF-Pilotvorhabens „Entwicklung und Implementation eines Konzeptes zur Förderung lernbenachteiligter Jugendlicher durch praxisorientiertes Lernen" wurde von 2009 bis 2012 in Bremen ein neuer Bildungsgang entwickelt und etabliert: Die Werkschulen. Seit dem Schuljahr 2012/2013 sind die Werkschulen, welche die Klassenstufen 9 bis 11 umfassen, Regelbestandteil der Bildungslandschaft in Bremen. Im Artikel werden das Werkschulkonzept sowie Befragungsergebnisse aus dem Jahr 2012 vorgestellt, die zum Abschluss des Pilotvorhabens erhoben wurden. Befragt wurden Mitglieder der Werkschulteams (N=65) sowie Schülerinnen und Schüler von acht Werkschulen (N=194). Die Rückmeldungen sowie die Abschlussquote des ersten Jahrgangs (85 %) zeichnen ein deutliches Bild: Mit den Werkschulen gelang eine Bildungsinnovation im Bereich der Berufsorientierung.

1. Einleitung

Im Rahmen des ESF-Pilotvorhabens „Entwicklung und Implementation eines Konzeptes zur Förderung lernbenachteiligter Jugendlicher durch praxisorientiertes Lernen" wurde von 2009 bis 2012 in Bremen ein neuer Bildungsgang entwickelt und etabliert: Die Werkschulen. Seit dem Schuljahr 2012/2013 sind die Werkschulen Regelbestandteil der Bildungslandschaft in Bremen. Im vorliegenden Beitrag werden Befragungsergebnisse aus dem Jahr 2012 vorgestellt, die zum Abschluss des Pilotvorhabens erhoben wurden (Kurzfassung des Beitrags: vgl. Gessler und Kühn 2013).

Nachfolgend werden zunächst der „Vorläufer der Werkschule und der gesetzliche Rahmen" sowie die „Gestaltungsprinzipien des Werkschulkonzepts" vorgestellt. Anschließend werden die Ergebnisse der Befragung, untergliedert in „Befragungsergebnisse – Werkschulteams" sowie „Befragungsergebnisse – Schülerinnen und Schüler" dokumentiert. Der Beitrag endet mit einer Zusammenfassung der vorgestellten Ergebnisse sowie weiterführenden Empfehlungen.

2. Konzept der Werkschule

2.1 Vorläufer der Werkschule und gesetzlicher Rahmen

Mit Beginn des Schuljahrs 2012/2013 hat in Bremen der neue Bildungsgang „Werkschule" seinen Regelbetrieb aufgenommen. Die Werkschule löst das von den Sekundarschulen verantwortete „Profil B" ab. Werkschulen setzen damit einerseits eine bestehende Tradition fort. Andererseits bestehen Unterschiede zum Vorläufermodell (vgl. Tabelle 1).

Tabelle 1: Struktureller Vergleich zwischen Werkschule und Vorläufer „Profil B"

	Sekundarschule mit dem Schwerpunkt „Erlangung der Berufsbildungsreife (Profil B)"	Werkschule
Dauer	2 Jahre	3 Jahre
Jahrgangsstufen	9 und 10	9 bis 11
Einfache Berufsbildungsreife	nach einem Jahr	nach zwei Jahren
Erweiterte Berufsbildungsreife	nach zwei Jahren	nach drei Jahren
Mittlerer Schulabschluss	kann als alternativer Schwerpunkt angewählt werden	kann im Anschluss nur in einem anderen Bildungsgang erworben werden
Angliederung	Allgemeinbildende Schulen	Berufsbildende Schulen
Gesetzliche Verankerung	BremSchulG 2005, § 20	BremSchulG 2009, § 25a

Quelle: Eigene Darstellung

Die Werkschule dauert im Vergleich zum Vorgänger Sekundarschule/Profil B ein Jahr länger, ist im Gegensatz zum Profil B vollständig an berufsbildenden Schulen angesiedelt und ermöglicht nach zwei Jahren die „Einfache Berufsbildungsreife" sowie nach drei Jahren die „Erweiterte Berufsbildungsreife".[1] Ein „Mittlerer Schulabschluss" kann nur im Anschluss im Rahmen eines weiterführenden Bildungsgangs erworben werden und ist nicht Bestandteil des Werkschulkonzepts. Verankert sind die Werkschulen im Gesetz zur Änderung des Bremischen Schulgesetzes in § 25a (Senatorin für Bildung und Wissenschaft 2005/ 2009, S. 25).

An das neue Konzept werden hohe Erwartungen geknüpft: Die Werkschulen sollen sich an den Schwerpunktsetzungen der Arbeitsgruppe „Schule – Abschluss und Anschluss für jeden jungen Menschen" der Kultusministerkonferenz (KMK) orientieren, namentlich „alle Begabungen zur Entfaltung bringen, gleiche Bildungschancen für alle, unabhängig von der sozialen Herkunft [gewährleisten] und jedem sollte die Möglichkeit zum Aufstieg durch Bildung gegeben werden." (Senatorin für Bildung und Wissenschaft 2009, S. 1). Im Fokus stehe hierbei der Übergang „Schule-Berufsausbildung", der mittels präventiver Maßnahmen – und nicht mittels „Reparaturbemühungen" – verbessert werden soll. Insbesondere werde das Ziel verfolgt, die „Zahl der jungen Menschen, die die allgemeinbildenden Schulen ohne Abschluss verlassen, deutlich zu reduzieren und wenn möglich zu halbieren" (ebd. S. 1). Im Schulentwicklungsplan (Senatorin für Bildung und Wissenschaft 2011) sowie in der Bremer Vereinbarung für Ausbildung und Fachkräftesicherung 2011-2013 (Senatorin für Bildung und Wissenschaft et al. 2010) wurden vergleichbare Ziele aufgenommen.

Die Einführung der Werkschulen fand über einen Zeitraum von drei Jahren statt (2009 bis 2012), womit die Pilotphase einen vollständigen Probelauf von der neunten bis zur elften Klasse umfasst – inklusive Abschlussprüfung. Für die Entwicklung und Implementation der Werkschulen in Bremen wurde im Rahmen des Projekts „FöJu – Entwicklung und Implementation eines Konzeptes zur Förderung lernbenachteiligter Jugendlicher durch praxisorientiertes Lernen" Fördermittel des Europäischen Sozialfonds (ESF) eingeworben (Senatorin für Bildung und Wissenschaft 2009).

Im Entwurf einer Verordnung für die Werkschulen vom 30. August 2012 wird das Ziel der Werkschule wie folgt formuliert: „Ziel der Werkschule ist es, Jugendlichen in einem dreijährigen Bildungsgang den Erwerb der Erweiterten Berufsbildungsreife zu ermöglichen. Es geht um den Erwerb, die Festigung und die Verbesserung der Grundfertigkeiten, die Sicherung der Berufswahlkompetenz, den Erwerb sozialer Kompetenzen und psychosozialer Stabilität sowie um

---

1 Die Einfache Berufsbildungsreife entspricht dem Hauptschulabschluss und die Erweiterte Berufsbildungsreife dem Erweiterten Hauptschulabschluss.

die Erlangung der Ausbildungsfähigkeit." (Senatorin für Bildung und Wissenschaft 2012, S. 3).

Die Werkschulen starteten 2009 als Pilotprojekt an sechs Standorten mit zunächst 90 Schülerinnen und Schülern. Heute existieren in Bremen zehn Werkschulen mit insgesamt 429 Schülerinnen und Schülern (Stand: 27.09.2012). Pro Jahr werden zukünftig 10 Klassenverbände ab Klasse 9 eingerichtet. Insgesamt können damit zukünftig 480 Schülerinnen und Schüler eine Werkschule besuchen (Senatorin für Bildung und Wissenschaft 2013, S. 3).

2.2 Gestaltungsprinzipien des Werkschulkonzepts

Im Anschluss an die rechtlichen Rahmenbedingungen werden nachfolgend die Gestaltungsprinzipien des Werkschulkonzepts vorgestellt (Gessler et al. 2011; Senatorin für Bildung und Wissenschaft 2012).

(1) Psychosoziale Stabilisierung

Zeit: Die Werkschule dauert ein Jahr länger als ihr Vorgängermodell, um die Erweiterte Berufsbildungsreife zu erreichen. Die Erfahrung mit den ersten Jahrgängen zeigt, dass insbesondere im ersten Jahr die Schülerinnen und Schüler Zeit brauchen, um sich einerseits persönlich und sozial zu stabilisieren und um andererseits wieder Interesse am Lernen und am Erwerb eines Schulabschlusses zu entwickeln.

Arbeiten in Teams: Jede Werkschulklasse umfasst maximal 16 Schüler/innen und wird von einem möglichst kleinen Team betreut, das aus Lehrerinnen und Lehrern, Lehrmeisterinnen und Lehrmeistern sowie Sozialpädagoginnen und Sozialpädagogen besteht; die Mitarbeit in einem Werkschulteam erfolgt in der Regel freiwillig. Die Größe und Konstanz der Klassen und Teams sowie die Freiwilligkeit der Mitarbeit sind zentrale Gestaltungselemente. Diese bilden eine notwendige Basis, damit die Jugendlichen das Werkschulteam als einen verlässlichen Ansprechpartner erleben können.

Sozialpädagogische Betreuung: Die sozialpädagogische Betreuung ist integraler Bestandteil des Unterrichts. Die konkrete Ausgestaltung ist situationsabhängig und kontextgebunden. Diese umfasst je nach Situation und Werkschule Sozialtrainings (z. B. im Rahmen des Konzepts „Fit for Life"), lebenspraktische Hilfen und Beratung, freizeitpädagogische Aktivitäten und Konfliktbearbeitung vor, im und nach dem Unterricht.

(2) Berufs-, projekt- und produktorientiertes Lernen

Berufsorientierung: Jede Werkschule ist in einem beruflichen Feld angesiedelt. Schwerpunkte sind hierbei: (1) Nahrungsgewerbe einschließlich Service und Vertrieb, (2) personenbezogene Dienstleistungen (Ernährung, Hauswirtschaft, Körperpflege, Textil/Bekleidung), (3) Technik (Metall-, Fahrzeug-, Elektro-, Bau-, Holztechnik), (4) Garten- und Landschaftsbau sowie (5) Mediengestaltung.

Projekt- und Produktorientierung: Projekt- und produktorientiert sollen im Unterricht die Trennung zwischen Theorie und Praxis aufgehoben und die Kompetenzen in den Fächern Deutsch, Mathematik und Englisch vermittelt werden. Fachtheorie, Fachpraxis und Naturwissenschaften sollen zudem integriert unterrichtet werden. Je Halbjahr werden sodann zwei größere Unterrichtsprojekte (maximale Dauer je Projekt: 3 Wochen) durchgeführt und die Struktur des Unterrichts (45-Minuten-Taktung, Fächerstruktur) verändert. Die Jugendlichen werden nach Möglichkeit an der Projektplanung beteiligt mit dem Ziel, dass die Schülerinnen und Schüler im dritten Jahr weitgehend selbstständig kleinere Projekte planen und realisieren.

Ernstcharakter: Die Jugendlichen erstellen in der Fachpraxis Produkte (u. a. für den Verkauf) und bieten Dienstleistungen (u. a. für externe Interessenten) an. Dieser Ernstcharakter ist, im Gegensatz zur Produktionsschule, bewusst nur phasenweise und mit Blick auf das Erfahrungspotenzial eines Auftrags gegeben. Das Prinzip „Entwicklungsmöglichkeiten" ist hierbei höherwertiger als das Prinzip „Erfüllung von Kundenwünschen". Zum Ernstcharakter zählt auch, dass jährlich mindestens ein betriebliches Praktikum im Umfang von drei bis sechs Wochen durchgeführt werden muss. Insofern mehr als ein Praktikum ohne Erfolg absolviert wurde (z. B. aufgrund von Fehlzeiten) kann die Zulassung zur Abschlussprüfung verwehrt werden.

(3) Weitere Strukturmerkmale

Stadtteilorientierung: Die Werkschulen werden von den Stadtteilen eingerichtet, um eine Einbindung der Werkschule in das Lebensumfeld der Schülerinnen und Schüler zu ermöglichen. Die Stadtteilorientierung soll durch die Projekt- und Produktorientierung des Lernens gestärkt und durch die betrieblichen Praktika gesichert werden.

Probezeit: Die Schülerinnen und Schüler bewerben sich an einer Werkschule, führen ein Beratungsgespräch und hospitieren ggf. vorab. Während der Probezeit, die in der Regel vom Schuljahresbeginn bis zu den Herbstferien dauert, bleibt der/die

Schüler/in zunächst an der abgebenden Schule eingeschrieben. Erst nach bestandener Probezeit erfolgt ein fester Wechsel von der bisherigen Regelschule an die Werkschule. Die Probezeit gilt als bestanden, insofern ein Gremium der Werkschule feststellt, dass die Leistungen und das Verhalten eines Schülers/einer Schülerin erwarten lassen, dass der Bildungsgang erfolgreich absolviert werden kann.

Rahmenstundentafel: An der Zusammenstellung der Werkschulteams werden bereits die fachlichen Grundstrukturen deutlich, die sich in der Rahmenstundentafel wie folgt abbilden: (1) übergreifender Lernbereich mit 440 Stunden/Jahr in den Fächern Deutsch, Englisch, Mathematik, Politik und Sport, (2) beruflicher Lernbereich mit 760 Stunden/Jahr als Fachtheorie und Fachpraxis einschließlich Naturwissenschaften, wobei 600 Stunden/Jahr auf die Fachpraxis entfallen sowie (3) Wahlpflichtbereich mit 80 Stunden/Jahr. Wie diese Rahmenstundentafel konkret vor Ort ausgestaltet wird, regelt das zuständige Werkschulteam. Die Rahmenstundentafel weist dem praktischen Lernen eine besondere Bedeutung zu: Über die Hälfte der Unterrichtszeit steht für praktisches Lernen u. a. in Werkstätten, Küchen und Gärten zur Verfügung.

Abschlussprüfungen: Als Prinzip gilt, dass in gleicher Form geprüft wird, wie gelernt wurde. Die Abschlussprüfung wird deshalb als eine Kombination aus Projektprüfung sowie schriftlicher und mündlicher Prüfung durchgeführt. In der Projektprüfung soll in Kleingruppen mit individuell bewertbaren Leistungen eine praktische Problemstellung gelöst und die Lösung anschließend präsentiert werden. Die schriftliche Prüfung umfasst die Fächer Deutsch, Englisch und Mathematik. Gegenstand der mündlichen Prüfung kann jedes Unterrichtsfach sein.

Bislang wurden der gesetzliche Rahmen sowie die Gestaltungsprinzipien des Konzepts vorgestellt. Wie dieses in der Praxis von den Werkschulteams sowie den Schülerinnen und Schülern gelebt und erlebt wird, ist Gegenstand des folgenden Kapitels.

3. Ergebnisse der Befragung

Im Vorfeld der nachfolgend präsentierten Ergebnisse fanden im Jahr 2010 qualitative Gruppeninterviews mit den Werkschulteams sowie qualitative Einzelinterviews mit einzelnen Schülerinnen und Schülern statt. Inhaltlicher Schwerpunkt war hierbei einerseits die Frage, ob das Konzept der Werkschule die Schülerinnen und Schüler erreicht. Andererseits richtete sich in dieser frühen Projektphase das Hauptaugenmerk auf die curriculare, didaktische und ressourcenorientierte

Umsetzung des Konzepts. Es erfolgten, hieran anknüpfend, im Januar und Februar 2011 (1) Besuche vor Ort, um die Ergebnisse mit den Werkschulteams zu besprechen, (2) eine Rückmeldung der Ergebnisse an die Senatorin für Bildung und Wissenschaft sowie (3) eine öffentliche Vorstellung der Ergebnisse im Landesinstitut für Schule. Die Ergebnisse der ersten Erhebungsrunde dienten sodann als Rahmen für die quantitativ orientierten Befragungen zum Abschluss des Pilotvorhabens. In einer abschließenden umfassenden Befragung (Mitglieder der Werkschulteams: N=65, Schülerinnen und Schüler: N=194), die von Januar bis April 2012 stattfand, sollte insbesondere festgestellt werden, inwiefern sich die qualitativ erfassten positiven Trendaussagen (u. a. „Die Schülerinnen und Schüler identifizieren sich mit ihrer Werkschule") quantitativ erhärten lassen. Diese Befragungsergebnisse werden nachfolgend vorgestellt.

3.1 Befragungsergebnisse – Werkschulteam

Die Befragung der Lehrinnen und Lehrer, Lehrmeisterinnen und Lehrmeister sowie Sozialpädagoginnen und Sozialpädagogen fand, je nach organisatorischen Möglichkeiten, parallel zur Befragung der Schülerinnen und Schüler oder an einem zusätzlichen Termin außerhalb der Unterrichtszeit statt. Eingesetzt wurden ein Fragebogen sowie ein halb-standardisierter Interviewleitfaden, welcher die Möglichkeit für Erklärungen, Fragen und Anmerkungen bot. Im Durchschnitt dauerten die Gespräche 60 Minuten je Team. Da im Rahmen dieses Beitrags die Vorstellung der quantitativen Ergebnisse im Vordergrund steht, wird auf die qualitativen Rückmeldungen nachfolgend nicht weiter eingegangen.

Es fanden 12 Gruppeninterviews statt mit insgesamt 65 Personen (Lehrerinnen und Lehrer: N=31, Lehrmeisterinnen und Lehrmeister: N=24, Sozialpädagoginnen und Sozialpädagogen: N=10). Im Zentrum des Gesprächs stand jeweils eine Schulklasse. Auf Basis der qualitativen Inhaltsinterviews der Zwischenerhebung (2010) und der anschließenden Teamgespräche (2011) wurden u. a. folgende Kategorien für die Abschlussbefragung (2012) ermittelt:

- Anlässe zum Besuch der Werkschule
- Rahmenbedingungen
- Strukturelle Einbettung
- Teamarbeit
- Effekte: Stabilisierung und Bereitschaft, Entwicklung und Lernen, Zukunftschancen

Die Rückmeldung der Werkschulteams wird nachfolgend dargestellt.

(1) Anlässe zum Besuch der Werkschule

Die acht häufigsten Anlässe sind nach Meinung des Werkschulteams (N=65) folgende (vgl. Tabelle 2):

Tabelle 2:   Anlässe zum Besuch der Werkschule

Nr.	Anlass	% *
1	Abschluss gefährdet	90,7%
2	Lehrerin / Lehrer der entsendenden Schule hat es empfohlen	87,6%
3	Schülerin / Schüler sind sozial nicht mehr zurechtgekommen	80,0%
4	Schülerin / Schüler musste die entsendende Schule verlassen	73,8%
5	Konzepts des praktischen Lernens an der Werkschule	70,7%
6	Berufsorientierung der Werkschule	58,4%
7	Freunde in der Werkschule	35,3%
8	Eltern wollten den Wechsel	32,3%
* = Prozentualer Anteil der befragten Personen (N=65), die diesen Anlass als Grund nannten		

Quelle: Eigene Darstellung

Die Anlässe 1 bis 4 spiegeln in ihrer Gesamtheit das Bild einer Schülerin/eines Schülers wider, die/der im Regelschulsystem bereits gescheitert („sozial nicht mehr zurechtgekommen", „musste die entsendende Schule verlassen") oder massiv gefährdet ist („Abschluss gefährdet"). Es sind demnach insbesondere äußere Zwänge, die dazu führen, dass die Schülerinnen und Schüler eine Werkschule besuchen. Dennoch scheint auch das Angebot der Werkschulen auf Interesse zu stoßen, da immerhin 70% der Befragten das Konzept des praktischen Lernens als Grund angaben, warum die Schülerinnen und Schüler die Werkschule besuchen.

(2) Rahmenbedingungen

Die folgende Tabelle liefert einen Überblick über die Ergebnisse der Rückmeldungen des in den Werkschulteams tätigen Personals (vgl. Tabelle 3).

Tabelle 3: Rahmenbedingungen (gesamt)

Rahmenbedingungen, N = 65, MW = 2,91, SD = 0,61, α = 0,79			
Wie zufrieden sind Sie mit ...	**N**	**MW**	**SD**	**r_{it}**
Gestaltungsspielraum des Konzepts	62	3,29	0,79	0,55
Konzept der Werkschule	63	3,00	0,69	0,73
Rahmenstundentafel	61	2,98	0,72	0,62
Bewerbungsverfahren	48	2,83	0,85	0,60
Räumlichkeiten und Ausstattung	62	2,37	1,01	0,41

Skala von 1 = „unzufrieden" bis 4 = „zufrieden", α = interne Konsistenz, N=Anzahl, MW = Mittelwert, SD = Standardabweichung, r_{it}=Trennschärfe

Quelle: Eigene Darstellung

Es zeigt sich, dass die Werkschulteams im Durchschnitt eher zufrieden sind mit den Rahmenbedingungen (MW=2,91; SD=0,61). Besonders gut schneidet hierbei der Gestaltungsspielraum ab, den das Konzept bietet (MW=3,29; SD=0,79). Eher weniger zufrieden zeigt sich das Werkschulteam allerdings mit der räumlichen Situation und der Ausstattung (MW= 2,37; SD=1,01). Ein zentraler Grund hierfür ist, dass die bestehenden Unterrichtsräume an den Berufsschulzentren für den besonderen Bedarf der Werkschule nur wenig ausgelegt sind. Notwendig wären insbesondere Zweiträume, um im Unterricht phasenweise die Gruppen aufteilen zu können.

Die folgende Tabelle liefert einen erweiterten Überblick über die Ergebnisse der Rückmeldungen untergliedert nach Personalkategorien (vgl. Tabelle 4).

Tabelle 4:   Rahmenbedingungen (Personalkategorien)

Wie zufrieden sind Sie mit ...	1		2		3		4	
	MW	SD	MW	SD	MW	SD	MW	SD
Gestaltungsspielraum des Konzepts	3,29	0,79	3,27	0,64	3,13	1,01	3,70	0,48
Konzept der Werkschule	3,00	0,69	3,10	0,60	2,87	0,81	3,0	0,66
Rahmenstundentafel	2,98	0,72	2,90	0,71	3,14	0,79	2,90	0,56
Bewerbungsverfahren	*2,83*	*0,85*	*3,12*	*0,74*	*2,57*	*1,01*	*2,50*	*0,70*
Räumlichkeiten und Ausstattung	2,37	1,01	2,24	0,83	2,52	1,20	2,40	1,07

Skala von 1 = unzufrieden bis 4 = zufrieden, MW = Mittelwert, SD = Standardabweichung, 1 = Werkschulteam gesamt (N=65), 2 = Lehrerinnen und Lehrer (N=31), 3 = Lehrmeisterinnen und Lehrmeister (N=24), 4 = Sozialpädagoginnen und Sozialpädagogen (N=10)

Quelle: Eigene Darstellung

Auffällig scheinen – mit Blick auf die Unterschiede zwischen den Personalkategorien – nunmehr die Ergebnisse hinsichtlich des Bewerbungsverfahrens
(MW=2,83; SD=0,85). Beim Bewerbungsverfahren handelt es sich um ein zentrales Instrument des Werkschulansatzes, um die Motivation zum Besuch der
Werkschule und die Passung des Konzepts für die jeweilige Schülerin bzw. den
jeweiligen Schüler zu ermitteln. Vorbereitend werden u. a. Gespräche mit Lehrerinnen und Lehrern der abgebenden Schule, Hospitationen in der Werkschule
sowie Einzelgespräche mit Schülerinnen und Schülern vor Ort angeboten. Kern
des Verfahrens ist sodann eine schriftliche Bewerbung der Schülerin/ des Schülers am gewünschten Werkschulstandort. Die Organisation des Bewerbungsverfahrens kann sich von Standort zu Standort unterscheiden. Wird die Einschätzung
der beteiligten Berufsgruppen betrachtet, so fällt auf, dass die Sozialpädagoginnen und Sozialpädagogen (MW=2,5; SD=0,70) sowie die Lehrmeisterinnen und
Lehrmeister (MW=2,57; SD=1.01) im Gegensatz zu den Lehrerinnen und Lehrern (MW=3,12; SD=0,74) mit der aktuellen Struktur des Bewerbungsverfahrens
weniger zufrieden sind. Ein zentraler Grund hierfür ist, dass die Lehrmeisterinnen und Lehrmeister sowie die Sozialpädagoginnen und Sozialpädagogen weniger in das Verfahren eingebunden sind, als es ihren Erwartungen entspricht. Die
univariante Varianzanalyse (ANOVA) ergibt – gleichwohl die Unterschiede markant und praktisch bedeutsam sind – keinen signifikanten Unterschied unter den
drei Berufsgruppen (p=,058).

(3) Strukturelle Einbettung

Die Werkschulen benötigen aufgrund ihrer spezifischen Zielgruppe sowie ihres Konzepts eine besondere Unterstützung innerhalb der Strukturen, in denen sie agieren. Die Angliederung an die Berufsschulzentren in Kombination mit dem präventiven Ansatz der Werkschule führt dazu, dass die Werkschulklassen die jüngsten Schülerinnen und Schüler am jeweiligen Standort stellen. Dies macht eine Begleitung und Betreuung notwendig, auf die sich die gesamte Institution einstellen muss, weshalb intensive Absprachen innerhalb der Berufsschulzentren erforderlich sind.

Im Rahmen der Unterrichtsdurchführung übernehmen die Werkschulteams weitere Aufgaben: Kontakte zu Betrieben für die Pflichtpraktika müssen geknüpft und gepflegt, die Beziehung zu den Eltern muss aufgebaut und gehalten werden und die Verankerung in den Stadtteilen muss erfolgen. Hinzu kommt ein erhöhter Bedarf an Unterstützung durch öffentliche Träger (z. B. Amt für Soziale Dienste und Bundesagentur für Arbeit). Im Rahmen der Befragung bewerteten die Teilnehmenden die einzelnen Punkte wie folgt (vgl. Tabelle 5).

Tabelle 5:   Strukturelle Einbettung (gesamt)

Strukturelle Einbettung: MW = 2,72, SD = 0,55, α = 0,84				
Kontakt mit ...	N	MW	SD	r_{it}
Schulleitung	61	3,18	0,76	0,40
Betriebe	57	2,86	0,63	0,64
Eltern	59	2,80	0,66	0,58
Arbeitsamt	40	2,70	0,72	0,71
Sozialamt	37	2,51	0,76	0,68
Kollegen, in anderen Bildungsgängen	58	2,25	0,82	0,56
Stadtteil	46	2,23	0,79	0,60
Skala von 1 = „nicht gut" bis 4 = „gut", α = interne Konsistenz, N=Anzahl, MW = Mittelwert, SD = Standardabweichung, r_{it}=Trennschärfe				

Quelle: Eigene Darstellung

Die Befragten bewerten den Kontakt mit der Schulleitung positiv (MW=3,18; SD=0,76). Auch die Kontakte zu den Betrieben (MW=2,86; SD=0,63), zu den Eltern (MW=2,80; SD=0,66) und zum Arbeitsamt (MW=2,70; SD=0,72) werden als eher positiv eingeschätzt. Differenzierter ist allerdings der Punkt „Einbettung in die berufsbildende Schule" zu betrachten. Einerseits halten die Werkschulteams engen Kontakt zur Schulleitung und werden von dieser intensiv unterstützt (MW=3,18; SD=0,76). Andererseits erfahren die Werkschulteams noch wenig Unterstützung von Kolleginnen und Kollegen, die in anderen Bildungsgängen der berufsbildenden Schule tätig sind (MW=2,25; SD=0,82). Die im Vergleich jüngeren und zumeist auch lebhafteren Schülerinnen und Schüler der Werkschule sind zum Abschluss der Pilotphase Kolleginnen und Kollegen aus anderen Bildungsgängen noch immer „etwas fremd" (Zitat einer Lehrerin). Dies ist einerseits ein Ausdruck dafür, dass die Werkschulteams eine hohe Innenorientierung bzw. Bindung nach innen entwickelt haben (vgl. Teamarbeit); ein Gesichtspunkt, der für das Gelingen des Unterrichts äußerst wichtig ist. Andererseits scheint der Austausch mit anderen Kolleginnen und Kollegen, die Außenorientierung bzw. die Bindung nach außen, ausbaufähig. Als verbesserungsfähig werden auch der Kontakt zum Amt für soziale Dienste (MW=2,51; SD=0,76) und die Einbettung in den Stadtteil (MW=2,23; SD=0,79) bewertet. Die univariate Varianzanalyse (ANOVA mit Scheffé-Prozedur) ergibt für die Items „Stadtteil" und „Kollegen anderer Bildungsgänge" einen signifikanten Unterschied (p<.05). In diesen zwei Punkten besteht offensichtlich Handlungsbedarf. In Kapitel 4 wird dieser Aspekt nochmals aufgegriffen.

Komplementär zur strukturellen Einbettung wurde die Außenwirkung der Werkschule erfragt – nachfolgend aufgeschlüsselt nach Personalkategorien (vgl. Tabelle 6).

Tabelle 6: Außenwirkung (Personalkategorien)

Reputation der Werkschule ... *	1		2		3		4	
	MW	SD	MW	SD	MW	SD	MW	SD
in den entsendenden Schulen	2,74	0,61	2,74	0,59	2,57	0,60	3,11	0,60
bei den Eltern	2,61	0,70	2,55	0,69	2,47	0,69	3,11	0,60
im Stadtteil	2,44	0,80	2,36	0,95	2,52	0,71	2,50	0,53
in den Betrieben	2,39	0,80	2,33	0,87	2,31	0,70	2,75	0,70
* Interne Konsistenz, $\alpha = 0,84$, alle $r_{it} > 0,50$								
Skala von 1 = nicht gut bis 4 = gut, MW = Mittelwert, SD = Standardabweichung, 1 = Werkschulteam gesamt (N=65), 2 = Lehrerinnen und Lehrer (N=31), 3 = Lehrmeisterinnen und Lehrmeister (N=24), 4 = Sozialpädagoginnen und Sozialpädagogen (N=10),								

Quelle: Eigene Darstellung

Insgesamt ist ein einheitlicher, eher positiver Trend in den Bewertungen der verschiedenen Berufsgruppen zu erkennen. Es bestehen allerdings auch Unterschiede: So stimmen die Befragten einerseits damit überein, dass die Reputation der Werkschule in den abgebenden Schulen eher gut sei (MW=2,74; SD=0,61), wobei die Sozialpädagoginnen und Sozialpädagogen dies andererseits positiver bewerten (MW=3,11; SD=0,60) als die Lehrerinnen und Lehrer (MW=2,74; SD=0,59) oder Lehrmeisterinnen und Lehrmeister (MW=2,57; SD=0,60). Der Unterschied ist statistisch allerdings nicht signifikant (p=0,10). Zudem bewerten die Sozialpädagoginnen und Sozialpädagogen die Reputation der Werkschulen bei den Eltern positiver (MW=3,11; SD=0,60) als die Lehrerinnen und Lehrer (MW=2,55; SD=0,69) sowie Lehrmeisterinnen und Lehrmeister (MW=2,47; SD=0,69). Der Unterschied ist – gleichwohl markant und praktisch bedeutsam – statistisch nicht signifikant (p=,06). Etwas schwächer ausgeprägt, zeigt sich ein ähnlicher Unterschied hinsichtlich der Reputation der Werkschule in den Betrieben. Auch diese wird von den Sozialpädagoginnen und Sozialpädagogen positiver eingeschätzt (MW=2,5; SD=0,53) als von den Lehrerinnen und Lehrern (MW=2,36; SD=0,95) und den Lehrmeisterinnen und Lehrmeistern (MW=2,52; SD=0,71). Der Unterschied ist statistisch nicht signifikant (p=0,39). Die im Vergleich mit „Eltern" und „abgebende Schule" niedrigeren Mittelwerte für „Betriebe" und „Stadtteil" sind nach Auskunft der Werkschulteams teilweise dem Umstand geschuldet, dass in der Pilotphase die Werkschulen zunächst ihre innere Gestalt und Organisation entwickeln mussten. Aufgrund der Projektorientierung der Werkschulen sowie der verpflichtenden Betriebspraktika bietet sich allerdings eine Plattform für Kooperationen, um die Reputation der Werkschule in den Betrieben und den Stadtteilen zu verbessern.

Insgesamt ergibt sich, dass die Befragten die Außenwirkung der Werkschulen zum Zeitpunkt der Befragung mit Mittelwerten von 2,33 (SD=0,87) bis 3,11 (SD=0,60) als eher positiv, jedoch gleichzeitig als verbesserungsfähig einschätzen.

(4) Teamarbeit

Da im Unterricht die Integration von Fachpraxis, Fachtheorie und allgemeinbildenden Fächern gewährleistet werden soll, liegen dem didaktischen Konzept eine starke Projekt- und Produktorientierung und damit eine intensive Teamarbeit zugrunde. Die teilweise aufwendigen Vorbereitungen und Planungsverfahren benötigen regelmäßige Absprachen im Team. In Tabelle 7 sind die Rückmeldungen zur Teamarbeit zusammengefasst.

Tabelle 7:   Teamarbeit (gesamt)

Teamarbeit: MW = 3,11, SD = 0,54, α = 0,74				
	N	MW	SD	r_{it}
Konstanz im Team	65	3,36	0,74	0,43
Bezugsperson für die Schüler/innen	65	3,30	0,78	0,53
Flexibilität in der Unterrichtsführung	64	3,28	0,67	0,46
Absprache im Team	65	3,23	0,65	0,68
Sozialpädagogische Betreuung	65	3,23	1,02	0,38
Personelle Dopplung im Unterricht	61	2,80	1,04	0,43
Vertretung im Krankheitsfall	64	2,53	0,97	0,41
Skala von 1 = „nicht gut" bis 4 = „gut", α = interne Konsistenz, N=Anzahl, MW = Mittelwert, SD = Standardabweichung, r_{it}=Trennschärfe				

Quelle: Eigene Darstellung

Die Rückmeldung ist positiv: Die Teams verfügen über eine hohe Konstanz (MW= 3,36; SD=0,74), bieten klare Bezugspersonen für die Schülerinnen und Schüler (MW=3,30; SD=0,78) und passen die Unterrichtsführung flexibel den Bedürfnissen der Schülerinnen und Schülern an (MW=3,28; SD=0,67), was durch eine intensive Absprache im Team ermöglicht wird (MW=3,23; SD=0,65). Diese Arbeit wird durch die sozialpädagogische Betreuung positiv unterstützt (MW=3,23; SD=1,02).

Werden die Einzelkategorien analysiert (ANOVA mit Scheffé-Prozedur), ergibt sich ein weiteres Ergebnis: Allein die Kategorie „Vertretung im Krankheitsfall" weist im Mehrfachvergleich einen signifikanten Unterschied mit allen anderen Items (Ausnahme ist das Item „Dopplung im Unterricht") auf (p<.01). Hier zeigt sich, dass die Personaldecke insbesondere bei den Lehrmeisterinnen und Lehrmeistern sowie bei den Sozialpädagoginnen und Sozialpädagogen dünn ist. Hinzu kommt, dass im Krankheitsfall die vorgesehene Dopplung im Fachpraxisunterricht oftmals entfällt, womit die verbleibende Person (bei gleichbleibender Gruppengröße) doppelt beansprucht ist, was das Risiko einer Überbeanspruchung und eines zusätzlichen Krankheitsfalls vergrößert. Insbesondere die Lehrmeisterinnen und Lehrmeister berichteten, dass in den Wintermonaten der Unterricht teilweise „an die Substanz geht" (Zitat eines Lehrmeisters).

Die folgende Tabelle liefert einen erweiterten Überblick über die Ergebnisse der Rückmeldungen untergliedert nach Personalkategorien (vgl. Tabelle 8).

Tabelle 8: Teamarbeit (Personalkategorien)

	1		2		3	
	MW	**SD**	**MW**	**SD**	**MW**	**SD**
Konstanz im Team	3,48	0,76	3,37	0,64	3,00	0,81
Bezugsperson für die Schüler/innen	3,41	0,84	3,12	0,79	3,40	0,51
Flexibilität in der Unterrichtsführung	3,29	0,58	3,25	0,67	3,28	0,67
Absprache im Team	3,22	0,61	3,29	0,69	3,10	0,73
Sozialpädagogische Betreuung	3,29	1,03	3,25	1,07	3,23	1,02
Vertretung im Krankheitsfall	2,74	1,03	2,30	0,82	2,40	1,07

Skala von 1 = nicht gut bis 4 = gut, MW = Mittelwert, SD = Standardabweichung, 1 = Lehrerinnen und Lehrer (N=31), 2 = Lehrmeisterinnen und Lehrmeister (N=24), 3 = Sozialpädagoginnen und Sozialpädagogen (N=10)

Quelle: Eigene Darstellung

Die Aufschlüsselung der Daten in Tabelle 8 ergibt, dass die Einschätzungen Unterschiede aufweisen; diese sind jedoch statistisch nicht signifikant.

Eine funktionierende Teamarbeit ist u. E. zudem zwingend erforderlich, damit die Teams einerseits Außenwirkung entfalten (Strukturelle Einbettung und Reputation der Werkschule) und andererseits von den Schülerinnen und Schülern als verlässliche Ansprechpartner erlebt werden und sich eine Vertrauenskultur etablieren kann (Psychosoziale Stabilisierung). Unsere Annahme ist, dass zwischen diesen Kategorien ein Zusammenhang besteht. Das Ergebnis der Überprüfung dieser Hypothese ist in nachfolgender Tabelle 9 dargestellt.

Tabelle 9: Zusammenhang zwischen Teamarbeit, struktureller Einbettung, Reputation der Werkschule und psychosozialer Stabilisierung

	Strukturelle Einbettung	Reputation der Werkschule	Psychosoziale Stabilisierung der Schüler/innen
Teamarbeit	,328*	,425**	,302*
* p < .05, ** p < 0.1			

Quelle: Eigene Darstellung

Die Korrelationsanalyse ergibt, dass ein signifikanter Zusammenhang besteht mit einem mittleren Effekt (Bortz und Döring 2006, S. 606) zwischen der Kategorie „Teamarbeit" einerseits und den Kategorien „Strukturelle Einbettung", „Reputation der Werkschule" und „Psychosozialer Stabilisierung" andererseits. Die Hypothese konnte bestätigt werden.

(6) Effekte: Stabilisierung & Bereitschaft, Lernen & Entwicklung, Zukunftschancen

Mit dieser Kategorie sind wir im Kern der Befragung angelangt: Zeigt das Konzept die gewünschten Effekte? Aus Sicht der Schülerinnen und Schüler wird dieser Punkt anschließend fortgesetzt. In Tabelle 10 sind die Einschätzungen der Werkschulteams zusammengefasst.

Tabelle 10: Effekte (gesamt)

Stabilisierung und Bereitschaft: MW = 2,91; SD = 0,54; α = 0,79			
	N	**MW**	**SD**	**r_{it}**
Psychosoziale Stabilisierung	63	3,01	0,60	0,66
Identifikation mit der Werkschule	63	2,98	0,71	0,60
Entwicklung der Lernbereitschaft	65	2,74	0,62	0,64
Entwicklung und Lernen: MW = 2,74 SD = 0,45, α = 0,76			
Entwicklung ...	**N**	**MW**	**SD**	**r_{it}**
der Abschlussorientierung	50	2,88	0,59	0,58
sozialer Kompetenzen	53	2,79	0,63	0,52
eines Berufswunschs	51	2,75	0,66	0,50
von Ausbildungsreife	50	2,68	0,65	0,66
personaler Kompetenzen	54	2,64	0,59	0,39
Zukunftschancen: MW = 2,44; SD = 0,54; α = 0,78			
Integration ...	**N**	**MW**	**SD**	**r_{it}**
in die Gesellschaft	48	2,45	0,61	0,65
in den Ausbildungs-/Arbeitsmarkt	50	2,42	0,57	0,65
Skala von 1 = „nicht gut" bis 4 = „gut", α = interne Konsistenz, N=Anzahl, MW = Mittelwert, SD = Standardabweichung, r_{it}=Trennschärfe			

Quelle: Eigene Darstellung

Die Rückmeldung der Werkschulteams zeichnet ein doppeltes Bild: Einerseits gelingt die psychosoziale Stabilisierung der Schülerinnen und Schüler (MW=3,01; SD=0,60). Die Schülerinnen und Schüler identifizieren sich mit der Institution Werkschule (MW=2,98; SD=0,71) und entwickeln Lernbereitschaft (MW=2,74; SD=0,62) sowie ihre sozialen Kompetenzen (MW=2,79; SD=0,63). Auch hinsichtlich der Ziele „Ausbildungsreife" (MW=2,68; SD=0,65) und „Abschlussorientierung" (MW=2,88; SD=0,59) hat die Bewertung der Werkschulteams eine positive Tendenz. Hinsichtlich der langfristigen Wirkung sind die Werkschulteams andererseits eher unentschieden und tendenziell skeptisch: Die Werte für „Sicherung der Integration in den Arbeitsmarkt/Ausbildungsmarkt" (MW=2,42; SD=0,57) sowie „Sicherung der Integration in die Gesellschaft" (MW=2,45; SD=0,61) liegen knapp unter dem Mittelwert von 2,5. Die Schülerinnen und Schüler haben durch die Werkschule eine neue Chance bekommen. Diese Chance kann allerdings auch wieder verloren gehen.

Die folgende Tabelle liefert einen erweiterten Überblick über die Ergebnisse der Rückmeldungen untergliedert nach Personalkategorien (vgl. Tabelle 11).

Tabelle 11: Effekte (Personalkategorien)

	1		2		3	
Stabilisierung und Bereitschaft	**MW**	**SD**	**MW**	**SD**	**MW**	**SD**
Psychosoziale Stabilisierung	3,03	0,54	2,95	0,78	3,10	0,60
Identifikation mit der Werkschule	3,06	0,57	2,79	0,93	3,20	0,42
Entwicklung der Lernbereitschaft	2,73	0,58	2,78	0,67	2,70	0,67
Entwicklung ...	**MW**	**SD**	**MW**	**SD**	**MW**	**SD**
der Abschlussorientierung	3,04	0,58	2,66	0,65	3,00	0,00
sozialer Kompetenzen	2,83	0,63	2,81	0,67	2,62	0,51
eines Berufswunschs	2,91	0,51	2,50	0,68	2,87	0,83
von Ausbildungsreife	2,82	0,65	2,45	0,68	2,85	0,37
personaler Kompetenzen	2,68	0,69	2,71	0,46	2,37	0,51
Zukunftschancen: Integration ...	**MW**	**SD**	**MW**	**SD**	**MW**	**SD**
in den Arbeitsmarkt / Ausbildungsmarkt	2,60	0,58	2,10	0,44	2,71	0,48
in die Gesellschaft	2,56	0,66	2,31	0,58	2,50	0,54
Skala von 1 = nicht gut bis 4 = gut, MW = Mittelwert, SD = Standardabweichung, 1 = Lehrerinnen und Lehrer (N=31), 2 = Lehrmeisterinnen und Lehrmeister (N=24), 3 = Sozialpädagoginnen und Sozialpädagogen (N=10)						

Quelle: Eigene Darstellung

Werden die Korrelationen der Faktoren analysiert, ergibt sich folgendes Bild (vgl. Tabelle 12):

Tabelle 12: Korrelation der Faktoren

	1	2	3	4	5	6	7	8	9	10
1	1	,545**	,609**	,299*	,444**	,330*	--	,421**	--	--
2	,545**	1	,525**	,515**	,400**	--	,372**	--	--	,343*
3	,609**	,525**	1	,425**	,555**	,491**	,320*	,405**	--	,364*
4	,299*	,515**	,425**	1	,316*	,395**	,701**	--	,456**	,396**
5	,444**	,400**	,555**	,316*	1	,356*	,429**	,467**	,520**	,506**
6	,330*	--	,491**	,395**	,356**	1	,434**	--	,613**	,541**
7	--	,372**	,320*	,701**	,429**	,434**	1	,293*	,595**	,537**
8	,421**	--	,405**	--	,467**	--	,293*	1	--	--
9	--	--	--	,456**	,520**	,613**	,595**	--	1	,647**
10	--	,343*	,364*	,396**	,506**	,541**	,537**	--	,647**	1

SB = Stabilisierung und Bereitschaft, EL = Entwicklung und Lernen, ZC= Zukunftschancen, 1 = Psychosoziale Stabilisierung, 2 = Identifikation mit der Werkschule, 3 = Entwicklung von Lernbereitschaft, 4 = Abschlussorientierung, 5 = Entwicklung sozialer Kompetenzen, 6 = Berufswunsch, 7 = Entwicklung von Ausbildungsreife, 8 = Entwicklung personaler Kompetenzen, 9 = Sicherung der Integration in den Arbeitsmarkt, 10 = Sicherung der Integration in die Gesellschaft; * = p < ,05 und ** = p < ,01.

Quelle: Eigene Darstellung

Der Faktor „Psychosoziale Stabilisierung" weist einen statistisch signifikanten hohen Zusammenhang mit den Faktoren „Identifikation mit der Werkschule" und „Entwicklung von Lernbereitschaft" auf. Der Faktor „Identifikation mit der Werkschule" verfügt darüber hinaus über einen statistisch signifikanten hohen Zusammenhang mit der „Abschlussorientierung", während die „Entwicklung der Lernbereitschaft" einen statistisch signifikanten hohen Zusammenhang mit der „Entwicklung von Sozialkompetenz" aufweist, welche wiederum durch einen statistisch signifikanten hohen Zusammenhang mit den langfristigen Chancen „Integration in den Arbeitsmarkt/Ausbildungsmarkt" und „Integration in die Gesellschaft" gekennzeichnet ist[2].

---

2   Zur Interpretation der Effektstärken vgl. Bortz & Döring 2006, S. 606

Es besteht offensichtlich eine Zusammenhangskette: „Psychosoziale Stabilisierung" und „Identifikation mit der Werkschule" korrelieren mit „Entwicklung von Lernbereitschaft" und „Entwicklung sozialer Kompetenzen". Diese korrelieren mit der „Entwicklung von Ausbildungsreife" und „Abschlussorientierung", welche sodann mit der „Sicherung der Integration in den Arbeitsmarkt/Ausbildungsmarkt" und der „Sicherung der Integration in die Gesellschaft" korrelieren. Es darf die Hypothese aufgestellt werden, dass diese Zusammenhangskette zusammenbricht, wenn eines der Glieder nicht funktioniert. Die Zusammenhangskette zeigt andererseits auch, dass positive Effekte nicht nur auf Basis der einzelnen Faktoren erkennbar sind, sondern dass das konzeptionelle Zusammenspiel insgesamt gelingt.

Die Abschlusszahlen des ersten Jahrgangs bestätigen die positive Einschätzung der Werkschulteams hinsichtlich des Naherfolgs (vgl. Tabelle 13).

Tabelle 13: Abbrüche und Abschlüsse

Anzahl Schülerinnen und Schüler: Erster Durchgang (Stand: August 2009)		90
Abbruch ohne Abschluss	14,44 %	
aufgrund eines Umzugs in ein anderes Bundesland	7	13
aufgrund von Elternzeit	2	
aufgrund eines Wechsels in berufsvorbereitende Bildungsgänge	4	
Abgang mit Abschluss	85,56 %	
mit Abschluss „Erweiterte Berufsbildungsreife", nach 3 Jahren	57	77
mit Abschluss „Einfache Berufsbildungsreife", nach 3 Jahren	10	
mit Abschluss „Einfache Berufsbildungsreife", nach 2 Jahren *	10	
* Abgang nach Klasse 10 aufgrund eines abgeschlossenen Berufsausbildungsvertrags		

Quelle: Senatorin für Bildung und Wissenschaft 2013, S. 2

Angesichts des Umstands, dass die Schülerinnen und Schüler im Regelschulsystem bereits als gescheitert galten bzw. ein Scheitern erwartet wurde, ist eine Abschlussquote von 85,56 Prozent beeindruckend.

Bislang wurde die Perspektive der Werkschulteams betrachtet. Im folgenden Kapitel werden nunmehr die Einschätzungen der Schülerinnen und Schüler vorgestellt.

3.2 Befragungsergebnisse – Schülerinnen und Schüler

Um bei den Werkschülerinnen und Werkschülern eine implizite Messung von Lese- und Schreibkompetenz zu vermeiden und um gruppendynamische Effekte auszuschließen, wurden standardisierte Einzelinterviews durchgeführt, die in der Summe sehr aufwändig waren: Jedes Interview (N=194) dauerte rund 30 Minuten. Die Interviewer/innen füllten während des Interviews den Fragebogen aus und die Schülerinnen und Schüler konnten alle Eintragungen mit verfolgen und ggf. korrigieren. Rechtfertigen ließ sich dieses Verfahren durch den Nutzen: Erstens konnte ein persönlicher Kontakt hergestellt werden, in dessen Rahmen die Schülerinnen und Schüler Widerstände gegen Tests und Abfragen thematisieren und beilegen konnten. Zudem ermöglichte das Vorgehen zweitens die Beantwortung offener Fragen und drittens die Klärung von Verständnisfragen.

Die Jugendlichen waren zum Zeitpunkt der Befragung zwischen 15 und 17 Jahren alt. Insgesamt nahmen 194 Werkschülerinnen und Werkschüler an der Befragung teil (60,8 Prozent Werkschüler und 39,2 Prozent Werkschülerinnen), was im Schuljahr 2011/2012 einem Anteil von knapp 50 Prozent entsprach (Gesamtzahl laut amtlicher Statistik vom 10.10.2011: N = 385).

Zwei Kategorien der Befragungsergebnisse werden nachfolgend vorgestellt: Die Rückmeldung der Schülerinnen und Schüler über die Lehrenden sowie die Rückmeldung der Schülerinnen und Schüler über den Unterricht.

(1) Rückmeldung über die Lehrenden

In nachfolgender Tabelle sind zwei zentrale Ergebnisse aufgeführt. Um den Schülerinnen und Schülern einen Referenzpunkt zu ermöglichen, wurden sie jeweils um einen Vergleich mit der von ihnen zuvor besuchten Schule gebeten. Zentrales Interesse war hierbei, (1) wie die Schülerinnen und Schüler die Zusammenarbeit der Werkschulteams erleben und (2) wie die Schülerinnen und Schüler die Bereitschaft der Werkschulteams erleben, sie zu unterstützen (vgl. Tabelle 14).

Die Befragung der Werkschulteams ergab bereits, dass die Teamarbeit gut funktioniert und aufgrund der Konstanz der Teams feste Bezugspersonen für die Schülerinnen und Schüler bestehen (vgl. Tabelle 7 & 8, oben). Die Schülerinnen und Schüler nehmen diese funktionierende Zusammenarbeit wahr: Wird die Bewertung der Werkschule mit der Bewertung der zuvor besuchten Schule verglichen, ergibt sich ein statistisch höchst signifikanter Unterschied; im Vergleich werden die Werkschulteams von den Schülerinnen und Schülern deutlich besser bewertet (vgl. Tabelle 14).

Tabelle 14: Rückmeldungen über die Lehrenden

Kategorie	Schule	N	MW	SD	p <
Umgang der Lehrenden mit Lehrenden					
Fachliche Absprachen	Werkschule	193	3,94	0,78	.001
	Abgebende Schule	190	3,29	1,21	
Klima im Team	Werkschule	194	4,59	0,67	.001
	Abgebende Schule	194	3,86	1,11	
Umgang der Lehrenden mit Schüler/innen					
Bereitschaft, den Schülerinnen und Schülern zu helfen	Werkschule	194	4,51	0,70	.001
	Abgebende Schule	194	3,44	1,19	
Skala von 1 = niedrig bis 5 = hoch; MW = Mittelwert, SD = Standardabweichung, p = Irrtumswahrscheinlichkeit					

Quelle: Eigene Darstellung

(2) Rückmeldung über den Unterricht

Um den Schülerinnen und Schülern einen Referenzpunkt zu geben, wurden sie erneut um einen Vergleich mit der von ihnen zuvor besuchten Schule gebeten. Uns interessierten hierbei folgende Gesichtspunkte: (1) Wie schätzen die Schülerinnen und Schüler die Verzahnung von Praxis und Theorie ein? (2) Wie bewerten die Schülerinnen und Schüler ihre Möglichkeit, selbstständig zu agieren? (3) Welche Emotionen (hierbei: Freude und Langeweile) erleben die Schülerinnen und Schüler? (4) Inwiefern fühlen sich die Schülerinnen und Schüler sozial eingebunden? In Tabelle 15 sind die Rückmeldungen der Schülerinnen und Schüler aufgeführt.

Tabelle 15: Rückmeldung über den Unterricht

Kategorie	Schule	N	MW	SD	p <
Praxis-Orientierung					
Praktische Veranschaulichung von Theorie	Werkschule	194	3,85	0,95	**.001**
	Abgebende Schule	194	2,41	1,07	
Selbstständigkeit					
Ermutigung durch die Lehrenden zu mehr Selbstständigkeit	Werkschule	194	4,17	0,77	**.001**
	Abgebende Schule	194	3,11	1,27	
Erlaubnis der Lehrenden, selbstständig zu handeln	Werkschule	194	3,52	1,10	**.001**
	Abgebende Schule	194	2,69	1,23	
Emotionen					
Freude	Werkschule	194	3,94	0,94	**.001**
	Abgebende Schule	194	2,62	1,31	
Langeweile	Werkschule	194	2,25	1,10	**.001**
	Abgebende Schule	194	3,33	1,28	
Soziale Einbindung					
Gefühl, zur Klasse zu gehören	Werkschule	194	4,24	0,99	**.001**
	Abgebende Schule	194	3,52	1,36	
Gefühl, von den Lehrenden verstanden zu werden	Werkschule	194	4,11	0,91	**.001**
	Abgebende Schule	194	2,92	1,23	
Skala von 1 = niedrig bis 5 = hoch; MW = Mittelwert, SD = Standardabweichung, p = Irrtumswahrscheinlichkeit					

Quelle: Eigene Darstellung

Auffällig ist zunächst die deutlich positivere Einschätzung im Vergleich zur zuvor besuchten Schule: die praktische Veranschaulichung der Theorie wird besser bewertet, die Schülerinnen und Schüler fühlen sich stärker ermutigt, selbstständig zu handeln, ohne dass dies in ein einfaches „Laufenlassen" abgleitet. Die Schülerinnen und Schüler erleben zudem häufiger Freude und seltener Langeweile und fühlen sich sozial eingebunden, da sie sich einerseits als Teil der Klasse erleben und andererseits das Gefühl haben, von den Lehrenden verstanden zu werden.

4. Zusammenfassung und Empfehlungen

Die Befragung der Werkschulteams ergab, dass die Werkschulteams das Konzept der Werkschule sowie dessen Gestaltungsspielraum positiv bewerten. Praktisch bedeutsam erscheint zwischen den Berufsgruppen ein Mittelwertunterschied hinsichtlich des Bewerbungsverfahrens: Die Lehrmeisterinnen und Lehrmeister sowie die Sozialpädagoginnen und Sozialpädagogen wünschen sich eine stärkere Einbindung in den Prozess der Bewerbung. Mit dieser Rückmeldung wird ein kritischer Punkt deutlich: Der Entwurf einer Verordnung für die Werkschulen sieht vor, dass, insofern die Zahl der Anmeldungen für eine Werkschule deren Aufnahmekapazität übersteigt, die Aufnahme in die angewählte Werkschule durch ein Losverfahren erfolgt (Senatorin für Bildung und Wissenschaft 2012, S. 6). Dieses nach Einschätzung der Senatorin für Bildung und Wissenschaft justiziable Verfahren (ebd., S. 3) führt u. E. zu individuellen Nachteilen: Das Zufallslos entscheidet darüber, ob ein Schüler oder eine Schülerin die Werkschule besuchen kann; keine Rolle spielen hierbei die sinnvolle Passung des Konzepts sowie der besondere Bedarf der Schülerinnen und Schüler. Erforderlich wäre u. E. hingegen eine *kriteriengeleitete Auswahl der Schülerinnen und Schüler*. Wie das Beispiel Probezeit zeigt (siehe oben), besteht ein solcher Ansatz im bestehenden Konzept bereits – bislang jedoch erst nach der Hürde „Losverfahren".

Nach Meinung der Werkschulteams besteht eine überwiegend gute strukturelle Einbettung der Werkschulen. Hierbei ergibt sich ein differenziertes Bild: Einerseits ist die Einbettung in die Berufsschulzentren nach Meinung der Werkschulteams weitgehend gelungen. Ein zentraler Erfolgsfaktor hierbei war und ist, wie die Rückmeldungen zeigen, das hohe Engagement der Schulleitungen. Andererseits bestehen zwischen den Bildungsgängen und insbesondere zwischen dem jeweiligen Personal scheinbar nur wenige Berührungspunkte. Wünschenswert wäre, dass sich die Werkschulen *in den berufsbildenden Schulen stärker vernetzen*. Beispielhaft könnte das Modell „Brücke" erprobt werden: Im Rahmen des Projekts „Brücke" begleiten Lehramtsstudierende der Universität Bremen zeitweise einzelne Werkschulklassen und einzelne Schülerinnen und Schüler[3]. Ggf. sind ähnliche Modelle auch innerhalb der berufsbildenden Schulen vorstellbar, da Schülerinnen und Schüler von anderen Bildungsgängen älter und damit in der Regel auch persönlich gereifter sind. Über diesen Ansatz kämen sodann auch die Lehrenden miteinander in Kontakt, womit ein solches Modell vielfältige positive Effekte haben könnte. Hinsichtlich der notwendigen Ressourcen in den Werkschulteams erscheint eine stärkere Vernetzung, insbesondere im Krankheitsfall,

---

3 Vgl. http://www.fb12.uni-bremen.de/de/bildung-und-sozialisation/forschung/bruecke.html; online: 25.02.2013, 11:40

ebenfalls sinnvoll und notwendig. Als verbesserungsfähig wurde zudem die Einbettung in den Stadtteil bewertet. Dieses Ergebnis überrascht, da die Werkschulen von den Stadtteilen eingerichtet wurden. In den Gesprächen mit den Werkschulteams ergab unsere Rückfrage, dass diese Schwachstelle, nach Meinung der Werkschulteams, der notwendigen Innenorientierung in der Frühphase geschuldet ist. In der Pilotphase ging es zunächst um die Formierung der Teams und den Aufbau des Unterrichts. Es bleibt abzuwarten, wie sich diese Struktur entwickelt. Anzunehmen ist, dass sich dieser Kontakt verbessern wird, da das Werkschulkonzept aufgrund seiner Produkt- und Dienstleistungsorientierung explizit eine Außenorientierung vorsieht. Nicht vorgesehen ist im Konzept bislang allerdings ein *beratender Beirat*, in dem Vertreter der zentralen Stakeholder (u. a. Betriebe, Stadtteil) mitwirken. Ein solcher Beirat könnte helfen, die Einbettung der Werkschule strukturell zu verbessern.

Der Ansatz „Arbeiten in Teams" ist ein bedeutender Bestandteil des Konzepts und er funktioniert: Es besteht eine hohe Konstanz in den zumeist kleinen Teams, weshalb diese klare Referenzen und Bezüge für die Schülerinnen und Schüler schaffen können. Ein weiterer Pluspunkt der funktionierenden Teamarbeit ist die Flexibilität in der Unterrichtsführung, die eine enge Absprache im Team erfordert. Die Schülerinnen und Schüler nehmen diese funktionierende Zusammenarbeit wahr und honorieren sie. Wird die Bewertung der Werkschule mit der Bewertung der zuvor besuchten Schule verglichen, ergibt sich ein statistisch höchst signifikanter Unterschied: Im Vergleich werden die Werkschulteams in den Dimensionen „Fachliche Absprachen", „Klima im Team", „Bereitschaft, den Schülerinnen und Schülern zu helfen" sowie „Praktische Veranschaulichung der Theorie" deutlich besser bewertet. Dieser Kontext ist wiederum maßgeblich dafür verantwortlich, dass die Schülerinnen und Schüler nach eigener und auch nach Meinung der Werkschulteams eine hohe Identifikation mit der Werkschule entwickeln. Diese positive Bewertung setzt sich fort: Die Schülerinnen und Schüler bewerten ihr Kompetenzerleben, das Erleben von Autonomie und Selbstbestimmung sowie das Erleben sozialer Einbindung an den Werkschulen durchweg positiv und im Vergleich mit den abgebenden Schulen deutlich positiver. Dieser Vergleich, den wir in unserer Erhebung explizit erfragten, könnte als Kritik der Arbeit an den abgebenden Schulen missverstanden werden. Einerseits wurde die geleistete Arbeit an den abgebenden Schulen nicht untersucht. Andererseits ging es uns hierbei *nicht* um die abgebende Schule, sondern *nur* um die Wahrnehmung der Schülerinnen und Schüler. Insofern diese einen Unterschied berichten, berichten sie von einem Aspekt, der für den Erfolg des Werkschulkonzepts entscheidend ist – von einer Unterbrechung und Veränderung ihrer bisherigen negativen Lernbiographie: Schülerinnen und Schüler, deren Abschluss noch wenige Jahre zuvor gefährdet war, entwickelten wieder den Wunsch, einen Abschluss zu schaffen; Schülerinnen und Schüler, die an ihrer alten Schule sozial nicht mehr zurechtgekommen sind, entwickeln nun wieder Lernbereitschaft und mit dieser Bereitschaft ihre sozialen Kompetenzen; Schülerinnen und Schüler, die aufgrund verschiedener Probleme die abgebende Schule verlassen mussten, identifizieren sich nun wieder mit der Institution Schule. Diese positive Entwicklung führte sodann zu einem entsprechend positiven Ergebnis: 85,56 Prozent der Schülerinnen und Schüler des ersten Jahrgangs verließen die Werkschule mit einem Schulabschluss.

Abschließend möchten wir auf einen Punkt hinweisen, der uns trotz der guten Ergebnisse nachdenklich stimmt: Zentrale Zukunftchancen, wie die Integration in den Arbeitsmarkt/Ausbildungsmarkt sowie die Integration in die Gesellschaft, bewerten die Werkschulteams bislang nur mittelmäßig. In dieser Rückmeldung drückt sich u. E. *die Grenze des bisherigen Ansatzes* aus: Das Konzept Werkschule steht bislang noch für sich allein und die weiterführenden Strukturen sind noch wenig angeglichen an die Strukturen und Bedingungen, die die Werkschule bietet. Es besteht die Gefahr, dass die Schülerinnen und Schüler nach der Werkschule in das sogenannte „Übergangssystem" wechseln. Dies zu verhindern, würde eine Ausbildungsform erfordern, die den präventiven Ansatz der Werkschule fortführt.

Mit den Werkschulen gelang in Bremen eine Innovation im Bereich der Berufsorientierung. Es bleibt zu hoffen, dass ein ähnlicher Ansatz für die Berufsausbildung geschaffen wird – intendiert ist dies: „Das Ende des ESF-Projektes bedeutet nun, die Fortsetzung im Aufbau und die durchgängige Umsetzung des Konzeptes weiter zu forcieren." (Senatorin für Bildung und Wissenschaft 2013, S. 3).

Literatur

Bortz J. & Döring N. (2006). *Forschungsmethoden und Evaluation für Human- und Sozialwissenschaftler. 4. Auflage*. Berlin, Heidelberg: Springer.

Gessler, M. & Kühn, K. (2013). Werkschulen in Bremen – ein präventiver Ansatz zur Integration lernbenachteiligter Jugendlicher. *Zeitschrift für Berufs- und Wirtschaftspädagogik*, 109 (2), 262-277.

Gessler M., Kühn, K. & Uhlig-Schoenian, J. (2011). Werkschule und/oder Produktionsschule? Zwei Länderkonzepte zur Integration benachteiligter Jugendlicher im Vergleich. *bwp@ Spezial 5*

– *hrsg. v. Friese, M., Benner I.*, *1–13*. http://www.bwpat.de/ht2011/ft02/gessler_etal_ft02-ht2011.pdf. Zugegriffen: 16.02.13.

Senatorin für Bildung und Wissenschaft (2005/2009). *Bremisches Schulgesetz (BremSchulG) vom 28. Juni 2005, zuletzt geändert durch Gesetz vom 17. Juni 2009.* Bremen: SfBW.

Senatorin für Bildung und Wissenschaft (2009). *ESF-Projekt FöJu (Entwicklung und Implementation eines Konzeptes zur Förderung lernbenachteiligter Jugendlicher durch praxisorientiertes Lernen) als Vorbereitung für die Werkschule Bremen.* Bremen: SfBW.

Senatorin für Bildung und Wissenschaft, Partnerinnen und Partner des Ausbildungspakts aus dem Land Bremen (2010). *Bremer Vereinbarungen für Ausbildung und Fachkräftesicherung 2011–2013.* Bremen: SfBW.

Senatorin für Bildung und Wissenschaft (2011). *Bremer Schulentwicklungsplan.* Ergebnisse der Arbeit des Fachausschusses „Schulentwicklung" der Deputation für Bildung. 2. Auflage. Bremen: SfBW.

Senatorin für Bildung und Wissenschaft (2012). *Entwurf einer Verordnung für die Werkschule.* Vorlage Nr. L-52-18 für die Sitzung der Deputation für Bildung am 10. September 2012. Bremen: SfBW.

Senatorin für Bildung und Wissenschaft (2013). *Bericht Abschluss des ESF-Projekts Werkschule und Ausblick.* Vorlage Nr. G-18-62 für die Sitzung der Deputation für Bildung am 7. Februar 2013. Bremen: SfBW.

„Und Sie bewegt sich doch" – Das Hamburger Ausbildungsmodell und die Veränderungen im Übergangssystem

Stephan Stomporowski

Abstract

Seit Jahrzehnten fristet das so genannte Übergangssystem politische Abstinenz und befördert nachhaltig entlang eines kaum zu durchdringenden Strukturgeflechts gesellschaftliche Exklusion. Statt Übergang in Ausbildung zementieren die berufsvorbereitenden Bildungsgänge hochsubventionierte Warteschleifen. An diesem Zustand ist von berufspädagogischer Seite in den letzten Jahren wiederholt Kritik geäußert worden, da sich die Frage nach einem ernstzunehmenden Erziehungsauftrag kaum noch positiv beantworten lässt. Das politische Interesse ist hingegen vor allem durch die verursachten Kosten von um die fünf Milliarden Euro geprägt – Ausgaben, die den Reformdruck erheblich erhöht haben. Ein Beispiel ist die Einführung des Hamburger Ausbildungsmodells, das mittlerweile bundesweit Aufmerksamkeit gefunden hat. Insofern lässt sich nach den vielen Jahren des strukturellen Stillstandes nun doch anführen: Und sie bewegt sich doch – die Berufsschule im pädagogischen Zwischenraum, mit ihrem Verantwortungsbereich denjenigen gegenüber, die keinen Ausbildungsplatz erhalten haben. Aber auch gegenüber den Lehrerinnen und Lehrern, die in diesem Schulsegment verantwortungsvoll arbeiten und gemeinsam mit den Jugendlichen daran wirken, für sie eine berufliche Zukunftsperspektive aufzubauen. Im vorliegenden Beitrag wird ein erster Ausschnitt auf das so genannte „Hamburger Ausbildungsmodell" skizziert, um über die hier eingeleiteten Reformmaßnahmen des Übergangssystems zu informieren.

1. Der „pädagogische Zwischenraum" – Chancenlosigkeit durch Bildung

Historisch betrachtet wurde zwar mit dem Übergang der Fortbildungsschule zur Berufsschule Anfang des 20. Jahrhunderts die viel diskutierte Lücke zwischen Volksschule und Heeresdienst geschlossen, doch gleichzeitig eine neue begründet, die bis heute durch eine Vielzahl an Bildungsmaßnahmen für Jugendliche

ohne Ausbildungsvertrag provisorisch abgedichtet wird. Es handelt sich um das
so genannte *Übergangssystem*, das seit jeher zum Aufgabenbereich der Berufsschulen gehört, zumal die Berufsschule „als Pflichtschule jenen Überschuss an
zeitgenössischen Erwartungen nicht abweisen konnte, der sich aus der Themati-
sierung der Fortbildungsschule als Element der Vergesellschaftung des jugendlichen Lebenszyklus, seiner Sozialisation und Kontrolle schlechthin" ergibt (Harney 1991, S. 387). Entscheidendes Problem ist die schon immer privatrechtlich
organisierte Zugangsregelung zum Dualen System, wodurch sich für die Berufsschule das *Problem der Beschulung Ungelernter* ergibt (Stomporowski 2007, S.
46ff.). Als wohl bekanntester Protagonist für eine Ausgrenzung der *Ungelernten*
aus der sich gerade begründenden staatlichen Institution Berufsschule steht wohl
Kerschensteiner, der ein berufsbildungstheoretisches Problem öffentlich machte:
„Ungelernte Arbeit ist kein Beruf, für welche ein Mensch innerlich berufen werden kann" (Kerschensteiner 1929, S. 39). Da den *Ungelernten* kein Berufsbild zugeordnet werden konnte, steht der Entwicklungsprozess der Berufsschule zugleich
auch traditionell für die schwierige Frage des Umgangs mit Personen ohne Ausbildungsvertrag und im Kontext der Gestaltung sinnstiftender Bildungsangebote.
Doch schon in den 1950er Jahren attestiert Abel ein bildungspolitisches und be-
rufspädagogisches Desaster, zumal es seit den 1920er Jahren nicht gelungen sei
„das Jungarbeiterproblem im Berufsschulwesen" zu lösen (Abel 1955, S. 321f.).
Zwar sei die Berufsschule durchgehend für die Beschulung dieser Personengrup-
pe zuständig gewesen, doch habe sie das nie als ihre originäre Aufgabe begriffen.
Dahinter steckt nach Abel ein Dilemma, weil die Berufsschule nicht gleichzeitig dem berufsbildungspolitischen Interesse der beruflichen Eingliederung aller
Jugendlichen und ihrem Selbstverständnis als „Lehrlingsschule" folgen konnte.
Letztendlich war sie „mit diesem Problem völlig überfordert" (Stratmann 1974,
S. 110), trotz zahlreicher organisatorischer Freiheiten und pädagogischer Gestal-
tungsspielräume. So blieben diese Jugendlichen in der Wahrnehmung vieler Pädagogen schon früh die Stief- bzw. Sorgenkinder der Berufsschule (Abel 1961).
    Dabei handelt es sich um kein einheitlich organisiertes Bildungssegment, das
über die Ländergrenzen hinweg vergleichbare Strukturen aufweist, sondern um
einen *pädagogischen Zwischenraum*, der nur grundsätzlich die Lücke zwischen
dem allgemein bildenden und berufsausbildenden System schließen soll (Stomporowski 2007). Dabei entscheiden die Länder über die gesamte Erscheinungsform
der hier verorteten Bildungsmaßnahmen, weshalb sich ein Maßnahmendschungel
ausgeweitet hat, der von kaum einem Experten noch zu durchdringen ist. Dieses
Konglomerat an verschiedenen Organisationsformen war seit jeher in der Diskussion, zumal es zu keinem Zeitpunkt ernsthaft gelungen ist, dem bildungspolitisch

formulierten Zweck der Vorbereitung *auf* Ausbildung und damit verbunden, dem Übergang *in* Ausbildung zu genügen. Stattdessen handelt es sich um *teure* Warteschleifen für diejenigen Jugendlichen, die aus unterschiedlichen Gründen keinen Ausbildungsplatz gefunden haben. Wie hoch die Kosten zur Wiedereingliederung in Arbeit sind, zeigen Berechnungen der Bundesagentur für Arbeit und anderer Institutionen, nach denen es sich um eine Summe von über fünf Milliarden Euro / Jahr handelt (Bertelsmann Stiftung 2012, S. 22). Nach Berechnungen der OECD belaufen sich „die durchschnittlichen Kosten für Berufsbildungsprogramme in Vollzeitschulen, einschließlich des Berufsgrundbildungsjahrs auf 5.800 Euro pro Schüler und für das Berufsvorbereitungsjahr 6.900 Euro pro Schüler" (Hoeckel und Schwartz 2010, S. 18). Ebenso dramatisch ist die maßnahmenbedingte Verweildauer. So kommt Münk zu dem Ergebnis, „dass zwischenzeitlich mit rund 40 Prozent eine sehr erhebliche Zahl Jugendlicher relativ dauerhaft in diesem ‚Zwischenraum' verbleibt, um danach in Maßnahmekarrieren der Arbeitsverwaltung erneut auf weiteren Irrwegen Schleifen zu drehen" (Münk 2008, S. 33). Eine so teure Form der *Bildungsparkplätze* ist aber auch aus berufspädagogischer Sicht unehrenhaft, zumal sich Berufsbildung ja grundsätzlich zum Ziel setzt, über Bildungsprozesse den Erwerb von gesellschaftlicher Teilhabemöglichkeit zu befördern und nicht, wie Felix Rauner anmerkt, die „Entmutigungs- und Versagenserlebnisse" der Jugendlichen noch zu verstärken (Eckert et al. 2000, S. 11, 13; Rauner 2003, S. 226). Tatsächlich aber haben zahlreiche Untersuchungen in den letzten Jahren gezeigt, dass es dem „Übergangssystem" mit der Vielzahl an unterschiedlich organisierten berufsvorbereitenden Bildungsmaßnahmen aufgrund der strukturell fehlenden Anbindung an das duale Ausbildungssystem nur zu einem unzureichendem Prozentsatz gelingt, Jugendliche in eine berufliche Ausbildung zu vermitteln. So kommt z. B. die BIBB-Übergangsstudie 2006 zu dem ernüchternden Ergebnis (BIBB 2010, S. 96):

„Insgesamt ist festzustellen, dass nach der Teilnahme an einem Bildungsgang des Übergangssystems nur relativ wenige Jugendliche sehr rasch in eine vollqualifizierende Ausbildung einmündeten. Über einen längeren Zeitraum gesehen gelang der Übergang in eine Ausbildung dann jedoch einem großen Teil. Allerdings haben schätzungsweise 20 Prozent bis 30 Prozent der Teilnehmer / -innen selbst nach 3 Jahren noch keine Berufsausbildung aufgenommen. Hier zeigen sich problematische Verläufe: Diese Jugendlichen besuchten häufig weitere Übergangsmaßnahmen, jobbten, waren arbeitslos oder aus privaten Gründen zu Hause. Die Gefahr, auf Dauer ohne Ausbildung zu bleiben und somit keine tragfähige Integration ins Erwerbsleben zu erreichen, war für diese Jugendlichen sehr groß".

Maßnahme-Karrieren münden zudem oft in unsichere Beschäftigungsverhältnisse ein und manifestieren eine dauerhafte biografische Belastungssituation. Bestätigt werden diese Angaben von den jährlich erscheinenden Studien des IAB zur

qualifikationsbezogenen Arbeitslosenquote, wonach „Personen ohne Berufsabschluss am Arbeitsmarkt nach wie vor das größte Arbeitslosigkeitsrisiko tragen"
(Weber und Weber 2013, S. 4).

Das „Übergangssystem" erweist sich bislang von seiner strukturellen Verankerung als *pädagogischer Zwischenraum* sehr stabil. Der Grund liegt in der
politisch vereinbarten Organisation des Ausbildungssegments, deren Zugangsregelung im Bereich des *Dualen Systems* ausschließlich im Verantwortungsbereich der Betriebe liegt. Ein staatlich verbrieftes Recht auf Ausbildung ist von
dieser formal-juristischen[1] Perspektive nicht wirksam und politisch auch nicht gewollt, zumal sich hierüber ja die eigentliche Stärke des *dualen Ausbildungssystems* zementiert: große marktbezogene Flexibilität, starke Kompensationsfähig-
keit, hohe Innovationsleistung usw. Insofern werden Vorschläge zur Reform des
Übergangssystems auch stets unter dem Motto gestellt, das „Duale System stärken" (Bertelsmann Stiftung 2012, S. 16). Kritik am Dualen System ist insofern
unerwünscht, sowohl aus bildungspolitischer als auch aus berufspädagogischer
Sicht, rüttelt diese ja am *Herzstück* der deutschen Berufsbildung. Dazu nochmals
Münk (Münk 2008, S. 44f.):

> „Insbesondere berufsbildungspolitisch ist diese Fokussierung auf das Duale System (…) durch-
> aus verhängnisvoll, wenn man dieses Segment des bundesdeutschen Berufsbildungssystems
> einmal nicht aus der Perspektive einer immer noch beträchtlichen Absorptionsquote und sei-
> ner Übergangs- und Integrationspotenziale, sondern gleichsam von unten betrachtet […] In
> dieser Perspektive präsentiert sich das System beruflicher Bildung als eine durchaus rigide
> und effektive Struktur der Inklusion und Exklusion und damit der sozialen Abgrenzung, der
> Zuteilung bzw. Schließung sozialer Chancen."

Die Kehrseite des Dualen Systems konstituiert insoweit eine Bestandsgarantie
des Übergangssystems, die notwendig wird, um nicht vermittelte Abgänger der
allgemein bildenden Schulen zumindest die Absolvierung ihrer Schulpflicht zu
gewährleisten. Dies endet in so genannten Bildungsmaßnahmen, deren Ansprüche sehr vielfältig formuliert werden und von der Ausbildungsvorbereitung bis
zur Förderung sprachlicher Kompetenzen reichen. Im weiteren Sinne gewährleistet so Bildung nicht Teilhabe, sondern die Vorbereitung auf gesellschaftliche
Exklusion. Dies kann aus pädagogischer Sichtweise kaum verantwortet werden.
Hier ist noch immer Karlwilhelm Stratmann Recht zu geben, der nach Einführung des Berufsvorbereitungsjahres Anfang der 1980er Jahre anmerkt, dass diese
Form der Bildung einem Parkhaus gleichkomme, „in dem die Gesellschaft einen
großen Teil eines Altersjahrgangs gleichsam abstellt, um sich dadurch obendrein

---

1   Ein Ausbildungsvertrag ist eine privatrechtliche Angelegenheit und garantiert damit dem
     Arbeitgeber die Wahrnehmung der Vertragsfreiheit.

der weiteren pädagogischen Verantwortung ihm gegenüber für entbunden zu halten" (Stratmann 1981, S. 172).

2. Quantitative Veränderungen: Kehrtwende?

Der Nationale Bildungsbericht 2006 schildert die Situation im „Übergangssystem" noch sehr dramatisch (Konsortium Bildungsberichterstattung 2006, S. 80):

> „Die möglicherweise folgenreichste und auch problematischste Strukturverschiebung signalisiert die starke Expansion dessen, was in diesem Bericht als Übergangssystem bezeichnet wird. Diese Mischform aus allgemein bildender Schule und qualifizierter Berufsausbildung hat im letzten Jahrzehnt seine Teilnehmerzahl um 43 Prozent erhöht. In ihr drücken sich die zunehmenden Schwierigkeiten aus, mit denen Jugendliche im Übergang von Schule in Ausbildung und/oder Beschäftigung konfrontiert sind."

Diese Entwicklung hat sich glücklicherweise in den vergangenen Jahren nicht fortgesetzt. Nach Angaben des Statistischen Bundesamtes ist ein massiver Rückgang bei den Anfängerzahlen im Übergangsbereich nachzuweisen. Der Berufsbildungsbericht 2013 bestätigt diese positive Bilanz (BMBF 2013, S. 32):

> „In den letzten Jahren ist es gelungen, die Anfängerzahlen im Übergangsbereich deutlich zu reduzieren. 2011 begannen mit 284.922 erstmals weniger als 300.000 junge Menschen eine entsprechende Maßnahme. 2012 sind die Anfängerzahlen im Übergangsbereich weiter gesunken, und zwar um -18.190 (-6,4 %) auf 266.732. Verglichen mit 2005 (417.647) konnte somit ein Rückgang der Anfängerzahlen um -150.915 bzw. -36,1 Prozent erreicht werden".

Die Ursachen des quantitativen Rückgangs können jedoch nicht auf einfache, kausal-logische Wirkungsmechanismen zurückgeführt werden. Das Übergangssystem ist zu komplex und umfasst zu unterschiedliche, in den Ländern jeweils anders verfasste Maßnahmeformen, deren Entwicklungen von demografischen Faktoren über dem Angebot an Ausbildungsplätzen bis zur Integration der Berufsvorbereitung in das System der allgemein bildenden Schulen reicht. Absehbar ist hier lediglich die Demographie, nach der auch in den kommenden Jahren ein weiterer Rückgang der Teilnehmerzahl im Übergangssystem zu verzeichnen sein wird (BMBF 2013, S. 35). Darüber hinaus wird explizit von Arbeitsmarktexperten darauf verwiesen, dass die Hauptursache für die Expansion des Übergangssystems das unzureichende Angebot an Ausbildungsstellen markiert. Dazu Joachim Gerd Ulrich: „Selbst wenn alle Jugendlichen ‚ausbildungsreif' gewesen wären, hätte das Ausbildungsplatzangebot nicht ausgereicht" (Ulrich 2008, S. 10).

Doch trotz der erfreulichen Entwicklung im quantitativen Bereich bleiben die Probleme quasi im Inneren des „Übergangssystems" ungelöst: Personen mit niedrigem oder keinem Schulabschluss stellen die Hauptgruppe der Betroffenen dar, wobei der Anteil der Jugendlichen mit Migrationshintergrund und die Gruppe der Ausländer überproportional hoch ist. Zudem bleibt das Problem der so genannten Altbewerber und das der Warteschleifen – also dem Mehrfachdurchlauf von verschiedenen Maßnahmen sowohl an den berufsbildenden Schulen als auch bei Maßnahmeanbietern der freien Bildungsträger. Hinzu kommen Aspekte der Nichtanrechenbarkeit bestimmter Qualifizierungsleistungen, unterschiedliche Länderregelungen, kaum existierende Curricula und wenig Absprachen unter den Anbietern (Stomporowski 2007, Ulrich 2008, S. 11ff; S. 79ff; BMBF 2013, S. 30ff.). Virulent auch weiterhin das Problem eingestellter Bemühungen um einen Ausbildungsplatz (BMBF 2013, S. 27):

> „Unbefriedigend bleibt die mit 89.933 vergleichsweise hohe Anzahl von Bewerbern und Bewerberinnen aus der BA-Statistik, die keine weitere aktive Hilfe bei der Ausbildungssuche mehr nachfragten und für die keine Informationen zum Verbleib vorliegen, aber auch keine Vermittlungsbemühungen mehr laufen (‚andere ehemalige Bewerber mit nicht näher bekanntem Verbleib‘). Hier ist nicht auszuschließen, dass für einen Teil dieser jungen Menschen das Risiko besteht, dass sie ‚quasi unbemerkt‘ aus dem Bildungssystem herausfallen".

Insofern besteht nach wie vor die berechtigte Forderung nach einer Veränderung der Strukturen des Übergangssystems: „Das bedrückende Schicksal dieser quantitativ alles andere als gering besetzten Gruppe macht es dringend erforderlich, neue Zugangswege in Ausbildung und Arbeitswelt zu institutionalisieren" (Ulrich 2008, S. 18).

3. Das „Hamburger Ausbildungsmodell"

3.1 Politische Entwicklungslinien der Reform der beruflichen Bildung in Hamburg

Ausgangspunkt der Reform des Hamburger Schulwesens ist der Koalitionsvertrag zwischen der ehemaligen schwarz-grünen Regierung von 2008. Vereinbart wurde, „die Berufsvorbereitung und die teilqualifizierende Berufsfachschule neu [zu] gestalten" sowie: „Für Risikoschülerinnen und -schüler sind vollzeitschulische Ausbildungsgänge mit Kammerprüfung einzurichten, sofern dadurch nicht duale Ausbildungsgänge gefährdet werden"[2]. Grundlage dieser Vereinbarung bilden die Ergebnisse der bereits 2006 auf Antrag der SPD- und der GAL-Fraktion ei-

---

2   Vertrag vom 17. April 2008 über die Zusammenarbeit in der 19. Wahlperiode der Hamburgischen Bürgerschaft zwischen der Christlich Demokratischen Union, Landesverband Hamburg und Bündnis 90/Die Grünen, S. 10.

gesetzten Enquete-Kommission, die in den „Konsequenzen der neuen PISA-Studie für Hamburgs Schulentwicklung" eindeutige Empfehlungen für eine Reform
des Übergangssystems machen: „Das Übergangssystem Schule-Beruf-Arbeits-
welt ist zu verbessern", wobei auch eine entscheidende Begründung an anderer
Stelle des Dokuments folgt: „So entstehen derzeit Kosten für Übergangssysteme
von ca. 5.200 Euro pro Schülerin bzw. Schüler und Jahr. Würde man diese Sum-
men in die Sekundarstufe I verlagern, so wäre eine Fördersumme von 900 Euro
pro Jahr über den Zeitraum von fünf bis sechs Jahren ab Klasse 5 präventiv ein-
setzbar" (Drucksache 18/6000, S. 50, 66). Der Kostenfaktor zeigt sich auf besondere Weise entlang der Warteschleifenproblematik, da immer mehr Jugendliche
als so genannte Altbewerber in die teilqualifizierende Berufsfachschulen einmünden und auf diese Weise enorme Kapazitäten beanspruchen. In einer Mitteilung
der Bürgerschaft heißt es (Drucksache 19/8472, S. 1):

> „In Hamburg wurden 2008/09 ca. 3.500 Jugendliche, denen der Übergang in eine duale Aus-
> bildung nicht gelang, in eine der verschiedenen Einrichtungen der Berufsvorbereitungsschu-
> le aufgenommen. Zusätzlich traten etwa 2.500 Jugendliche in eine teilqualifizierende Berufs-
> fachschule ein, von denen – das zeigen die langjährigen Untersuchungen zur „Erhebung der
> Lernausgangslagen und der Kompetenzentwicklung (ELKE)" – durchschnittlich nur etwa
> zwei Drittel das angestrebte Ziel des erfolgreichen Abschlusses mit anschließendem Über-
> gang erreichten".

Neben dem Kostenfaktor wurden aber weitere Gründe für die Reformbedürf-
tigkeit des Hamburger Übergangssystems benannt. Dazu zählen (Drucksache
19/8472, S. 1):

- das insgesamt ungenügende Angebot an Ausbildungsplätzen,
- die oft fehlende berufliche Orientierung nach Verlassen der allgemein bildenden Schulen,
- die bei Jugendlichen ohne Schulabschluss und mit schwachen Hauptschulabschluss oftmals erkennbare fehlende „Ausbildungsreife" und
- die fehlende Effektivität des bestehenden Übergangssystems.

Gleichzeitig wird zur Kenntnis genommen, dass sich der Hamburger Arbeitsmarkt strukturell in Richtung Hochqualifizierung verändert und immer weniger Arbeitsplätze für gering qualifizierte Personen zur Verfügung stehen. Hinzu
kommt ein potenziell gesellschaftspolitisch-kulturelles Problem, das mit der hohen Repräsentanz an ausländischen Jugendlichen und Jugendlichen mit Migrationshintergrund in den Bildungsmaßnahmen der Berufsvorbereitung zusammen-
hängt. Danach haben nach der Herbststatistik von 2010 „knapp 50 Prozent der
Schüler in den Bildungsgängen der BVS einen Migrationshinweis" (BSB 2011,

S. 269). Angesichts der geringen Einmündungsquote in Ausbildung bedeutet dies sozialpolitischen Sprengstoff.

Vor diesem Hintergrund sollte sich die Struktur des gesamten Hamburger Bildungswesens verändern. Dies hat zu erheblichen politischen und öffentlichen Auseinandersetzungen geführt, in deren Zentrum jedoch die Reform der allgemein bildenden Schulen steht und deren Ende noch nicht abzusehen ist. Davon eher unbemerkt hat sich die Reform der beruflichen Bildung vollziehen können, deren Strukturveränderungen aber nicht weniger einschneidend sind.

Ausgangspunkt bildet das *Aktionsbündnis für Bildung und Beschäftigung Hamburg* (ABBH), dem Institutionen aus Wirtschaft, Politik und Verwaltung angehören und das 2009 das „Rahmenkonzept für die Reform des Übergangssystems Schule – Beruf" vorgelegt hat (BSB 2009). Die hierin aufgezeigten Maßnahmen sind insofern beachtlich, da sie die Frage der Übergänge als Gesamtproblem aller Schulformen bewertet. Daher wird eine gezielte Berufsorientierung bereits im allgemein bildenden Bereich vorgeschlagen, um die Berufswahlentscheidung nachhaltig positiv, aber vor allem realistisch unterstützen zu können (BSB 2009, S. 4):

> „Die Berufsorientierung an der Stadtteilschule, der Förderschule und am Gymnasium zielt ab auf die Klärung eigener Stärken und Schwächen, die Formulierung eigener Ziele und die Einschätzung realistischer Chancen auf dem Ausbildungs- und Arbeitsmarkt sowie der schulischen Bildungsangebote."

Zu diesem Zweck werden alle beteiligten Akteure stärker miteinander vernetzt, was in der Folgezeit u. a. zu einer neuen und verpflichtenden Kooperation zwischen Stadtteilschulen und Berufsschulen führt sowie der Installierung einer neuen „Berufs- und Studienorientierung" (BO/SO) für die Schulen im allgemein bildenden Bereich, in der die konkrete Umsetzung der Berufsorientierungsphase ausdifferenziert wird (Praktika, Kompetenzfeststellungsverfahren usw.). Als Ziel wird genannt (BSB 2013a, S. 2):

> „Dabei geht es auch darum, Schülerinnen und Schüler dazu zu befähigen, geschlechtsspezifisches Berufswahlverhalten zu hinterfragen und sich geschlechtsunabhängig das breite Spektrum der Berufswelt zu erschließen. Insbesondere soll jeder Jugendliche für sich klären, ob der gewählte Weg zu seinen individuellen Kompetenzen und beruflichen Vorstellungen passt und ob seine beruflichen Ziele auf diesem Weg erreichbar sind. Auf diese Weise soll die Klassenstufe zehn nahtlos in eine Ausbildung oder bei entsprechend positiver Prognose in die gymnasiale Oberstufe oder, sofern dies notwendig ist, in eine berufsbildende Qualifizierungsmaßnahme zur Ausbildungsvorbereitung führen."

Der starken Ausdehnung der Berufsorientierung in den Klassen 8-11 (Stadtteilschulen) folgt die verpflichtende (!) Kooperation mit den Berufsschulen als regionale Partnerschulen. Folge dieser Maßnahme ist u. a. die bereits erfolgte *Verlage-*

rung von 28 Lehrkräften berufsbildender Schulen an die Stadtteilschulen (HIBB 2012, S. 19). Dieser strukturelle Umbau an den Stadtteilschulen ist momentan in der Entwicklung – Ergebnisse von Modellversuchen u. a. werden zurzeit ausgewertet. Allerdings sind schon jetzt mit der Einbindung der Stadtteilschulen in das Problem des Übergangssystems Veränderungen vollzogen worden, deren besonderes Merkmal eine erhebliche organisatorische und personelle Annäherung zwischen den traditionell einst zu getrennten Schulformen der Berufsbildung und Allgemeinbildung darstellt. Letztlich ist das *know how* der Berufspädagogik gefragt, zumal die Berufsorientierung bislang in der Lehrerbildung der Allgemeinbildung eine kaum wahrnehmbare Rolle spielt. Damit verbunden sind ein Bedeutungszuwachs der Berufspädagogik und die Chance, positiven Einfluss auf die noch immer stark fachsystematisch aufgebauten Curricula der Allgemeinbildung zu nehmen. Zugleich eröffnet sich ein neues Professionsgebiet für angehende Berufsschullehrerinnen und Berufsschullehrer.

3.2 Erste Konturierung des „Hamburger Ausbildungsmodells"

Das „Hamburger Ausbildungsmodell" wird als Reformprojekt des Regierungsprogramms vom 17. April 2009 im „Rahmenkonzept für die Reform des Übergangssystems Schule – Beruf" vorgestellt. Grundsätzlich ist der „Abbau von Warteschleifen durch eine anrechenbare anschluss- und abschlussfähige berufliche Qualifizierung von Schulabgängerinnen und Schulabgängern" intendiert (BSB 2009, 10). Die vereinbarte *Anrechenbarkeit* von Leistungen sowie die Implementation einer staatlich finanzierten *Ausbildungsgarantie* mit der Übernahme in eine trägergestützte Ausbildung stellen den eigentlichen Kern dieser Reformmaßnahme dar. Dazu heißt es (BSB 2009, S. 10):

> „Das ‚Hamburger Ausbildungsmodell' bietet Jugendlichen bei Erfüllung der Eingangsvoraussetzungen direkten Zugang in berufliche Ausbildung an den Lernorten Berufsschule, Träger und Betrieb. Die Jugendlichen werden in anerkannten Ausbildungsberufen nach BBiG, HWO bzw. nach Landesrecht ausgebildet. Der Berufsschulunterricht findet nach Möglichkeit auch im ersten Ausbildungsjahr in den Regelklassen des jeweiligen Ausbildungsberufs statt. Die Dauer kann je nach Ausbildungsberuf zwei, drei oder dreieinhalb Ausbildungsjahre betragen".

Priorität besitzt die betriebliche Ausbildung im Dualen System, weshalb im ersten Jahr die Bemühungen in Richtung betriebliche Orientierung, Übergang in eine duale Ausbildung gerichtet sind. Kann dies nicht gewährleistet werden, so ist selbst die Anrechnung der Inhalte des ersten Ausbildungsjahres nach § 7 und 8 (1)

BBiG möglich[3]. Es folgt der Übergang in das zweite Ausbildungsjahr (i. d. R. bei einem öffentlich geförderten Bildungsträger) im angestrebten Ausbildungsberuf unter Abschluss eines Ausbildungsvertrages nach BBiG/ HwO. Die Finanzierung erfolgt nach den üblichen Sätzen. Die Grundlagen des „Hamburger Ausbildungsmodells" bildet aber die Reform des gesamten Übergangsbereichs – ein Prozess, der ebenfalls noch nicht vollständig abgeschlossen ist und derzeit z. b. auch von der Zusammenlegung einer Reihe an Berufsschulen geprägt ist (BSB/HIBB 2013).

3.2.1 Neue Übergangsstrukturen

Der Stand der Hamburger Beruflichen Bildungswege zwischen 2009 und 2013 hat sich im Hinblick auf das „Übergangssystem" erheblich verändert. Noch vor wenigen Jahren bestanden die traditionellen, oft auch in Deutschland üblichen beruflichen Bildungsangebote für Jugendliche mit geringem oder keinem Schulabschluss (Stomporowski 2007, S. 148ff). Dazu zählten (HIBB 2009):

- Berufsvorbereitungsjahr (BVJ)
- Berufsvorbereitung für Migranten mit gesichertem Aufenthaltsstatus (BVJ-M)
- Vorbereitung für Migrantinnen und Migranten ohne gesicherten Aufenthaltsstatus (VJ-M)
- Qualifizierung und Arbeit für Schulabgängerinnen und Schulabgänger (QuAS)
- Teilqualifizierende Berufsfachschule (BFS /tq)

Ziel der Bildungsgänge im Segment der Berufsvorbereitung war der Übergang in eine betriebliche Ausbildung – ein Ziel, das jedoch nur unzureichend erfüllt werden konnte. Die Reform der beruflichen Bildung in Hamburg hat diese Strukturen erheblich modifiziert. Ausgangspunkt bildet zunächst die Feststellung der so genannten *Ausbildungsreife*, nach der entschieden wird, in welche Bildungsmaßnahme ein Jugendlicher überhaupt einmündet. Aufschlussreich sicherlich die Antwort einer großen Anfrage der GRÜNEN in der Hamburger Bürgerschaft vom 12.03.2013 (Drucksache 20/6934, S. 13):

> „In AvDual [dualisierte Ausbildungsvorbereitung] wird der Begriff der Ausbildungsreife nicht losgelöst vom individuellen Entwicklungsprozess verwendet. Stattdessen wird mit dem Jugendlichen auf eine begründete Berufswahlentscheidung hingearbeitet. Eine begründete Berufswahlentscheidung liegt dann vor, wenn auf der Basis der praktischen Erfahrungen am Lernort Betrieb die eigenen Fähigkeiten, Fertigkeiten und Potenziale vom Jugendlichen im Dialog mit seinem Mentor so eingeschätzt werden, dass die Berufswahlentscheidung realistisch ist. Entscheidend für die Aufnahme einer Ausbildung ist, dass ein Jugendlicher berufs-

---

3   § 7 BBiG Anrechnung beruflicher Vorbildung auf die Ausbildungszeit/ § 8 BBiG Abkürzung und Verlängerung der Ausbildungszeit

wahlentschieden ist und sich eine Ausbildung zutraut. Je nach Unterstützungsbedarf wird dem Jugendlichen ein individuell passendes Ausbildungsangebot in Kooperation mit der Agentur für Arbeit gefunden."

Ergänzend ist anzumerken, dass dem Begriff Ausbildungsreife kein klares Kriterium zugeordnet werden kann, und es sich immer um individuelle Abwägungsprozesse handelt. Beachtenswert ist jedoch, dass in diesem Zusammenhang auch die im September 2012 erfolgte Gründung der Hamburger *Jugendberufsagentur* steht, deren Aufgabe die gezielte berufliche Beratung und deren Novum die Struktur der gemeinsamen Aufgabenwahrnehmung ist. Beteiligt sind (HIBB 2012, S. 6):

- Bundesagentur für Arbeit (BA)
- Jobcenter
- Behörde für Schule und Berufsbildung
- Behörde für Arbeit, Soziales, Familie und Integration
- sieben Bezirksämter
- Stadtteilschulen und Förderschulen
- Berufsbildende Schulen

Nach der Feststellung der Ausbildungsreife münden Jugendliche entweder in die Maßnahmen der Berufsvorbereitungsschule oder dem „Hamburger Ausbildungsmodell", das mit der Maßnahme der „Berufsqualifizierung" beginnt. Sofern aber keine Ausbildungsreife vorliegt, werden Jugendliche in der so genannten Berufsvorbereitungsschule (BVS) beschult, wobei sich hier, trotz aller Reformbemühungen, auch die alten traditionellen Schulformen wiederfinden. Zur Berufsvorbereitungsschule gehören:

- Berufsvorbereitung (BV)
- dualisierte Ausbildungsvorbereitung (AV)
- Berufsvorbereitung für Migranten mit gesicherten Aufenthaltsstatus (BVJ-M)
- Vorbereitung für Migrantinnen und Migranten ohne gesicherten Aufenthaltsstatus (VJ-M)
- Produktionsschulen

Abbildung 1:   Übergang allgemein bildende Schulen in berufliche
Bildungswege Hamburg 2013

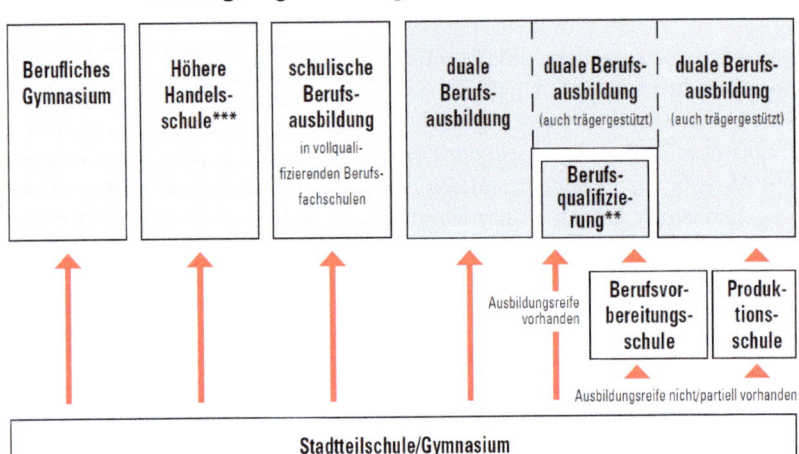

** Anerkennung als ersten Ausbildungsjahr möglich/ *** Die Höhere Handelsschule wird zum Schuljahr 2013/14
weiterentwickelt.

Quelle: HIBB 2013, S. 7

Die Maßnahmen der BVS münden anschließend in eine duale Berufsausbildung,
geförderte duale Berufsausbildung, schulische Berufsausbildung in vollqualifizierenden Berufsfachschulen oder in die Berufsqualifizierung im Hamburger
Ausbildungsmodell. Neu ist die dualisierte Ausbildungsvorbereitung (AV-Dual), die sich an Jugendliche nach der Jahrgangsstufe 10 der Stadtteilschule bzw.
neun Jahre in einer Förder- oder Sonderschule richtet und einen hohen Praxis-
anteil aufweist. Ziel ist die Berufswahlentscheidung und Berufsreife nachhaltig
positiv zu unterstützen, indem nach individualisierten Lehr- und Lernkonzepten
gearbeitet wird. Hinsichtlich der Schülerzahlen aus dem AV-Dual liegen bereits
die ersten Ergebnisse vor:

Tabelle 1: Schülerzahlen an Standorten in Hamburg im AV-Dual

AvDual-Standort	Organisationszahlen	Ist (Stand 09.08.2012)
H 06	70	73
H 19	80	95
G 03	110	124
H 12	90	106
G 01	80	65
G 12	150	130
H 03	100	67
H 13	70	86
W 02	70	112
H 18	130	146
W 08	90	90
G 09	70	80
G 06	140	115
G 07	180	211
G 08	180	190
G 19	90	121
W 01	60	55
W 04	70	88
G 13	100	64
G 20	180	184
Summe	**2.110**	**2.202**

Quelle: Drucksache 20/6934, S. 6

Seit 2009 existieren zudem sieben Produktionsschulen, die ebenfalls praxisori-
entiert ausgerichtet sind und deren Ziel ebenso der Übergang in eine betriebliche Ausbildung darstellt.

Schule	Profil	Plätze/ 2012
Altona Produktionsschule	– Gastronomie und Service – Medien / Internet – Medien / Grafik – Tischlerei – Malerei – Malerei / Lackierer – Garten- und Landschaftsbau – Gastronomie und Service	96
Produktionsschule Bergedorf	– Lager und Vertrieb – Druck und Kreativ – Holzverarbeitung und Holztechnik – Catering und Service	50

Produktionsschule „Bille-Service"	– Handwerkliche Dienstleistungen (Holz und Metall) – Textil und Hauswirtschaft – Büro und Verwaltung – Gesundheit, Pflege und Erziehung	50
Produktionsschule „Maritime Welten"	– Holz und Metall / Kunststoff – Lager / Logistik – Verwaltung / Büro – Handel / Verkauf	50
Produktionsschule „Stylz Prod."	– Tischlerei – Metall – Gastronomie – Schulküche (Robert-Koch-Schule) – Malerei – Veranstaltungstechnik	50
Produktionsschule Manufaktur	– Holz / Metall – Einzelhandel – Gastronomie – Schulküche (Schule an der Burgweide) in geringem Umfang: Hausmeisterei / Lager und Logistik / Informations- und Kommunikationstechnologien	40
Produktionsschule „World of Energy"	– Metall / Kunststoff / Holz – Elektro / Anlagenmechanik – Einkauf / Vertrieb / Handel / Marketing	50

Keinerlei Veränderung hat sich hingegen bei den Schulformen BVJ-M und VJ-M ergeben – Maßnahmen, die sich speziell an Jugendliche mit Migrationshintergrund und ausländische Jugendliche mit und ohne Aufenthaltsstatus richten.

Die Berufsqualifizierung (BQ)

Die Berufsqualifizierung (BQ) richtet sich an schulpflichtige Jugendliche, die trotz Ausbildungsreife und mehrfachen Bewerbungsversuchen im jeweiligen Berufsfeld keinen Ausbildungsplatz erhalten haben. Die Jugendlichen bewerben sich dann bei einer im Berufsfeldwunsch zuständigen berufsbildenden Schule auf einen BQ-Platz. Die Jugendlichen müssen nachweisen, dass sie die Berufswahlentscheidung getroffen haben und für die gewählte Berufsausbildung geeignet sind. Entscheidend ist, dass die Berufsqualifizierung (BQ) das erste Ausbildungsjahr eines dualen Ausbildungsberufs nach Berufsbildungsgesetz oder Handwerksordnung in enger Kooperation mit Betrieben vollständig abdeckt. Es bietet insofern eine *anrechenbare und anschlussfähige Qualifizierung* für die duale Berufsausbildung. Inhaltlich sowie zeitlich wird damit das erste Ausbildungsjahr des jeweiligen Ausbildungsberufes vollständig abgedeckt (HIBB 2012, S. 17):

> „Im Anschluss an die Berufsqualifizierung folgt entweder eine duale Berufsausbildung im Betrieb oder, sofern kein betrieblicher Ausbildungsvertrag abgeschlossen werden konnte, eine trägergestützte Berufsausbildung mit einem Ausbildungsvertrag".

Dabei besteht zwischen dem Angebot der teilqualifizierenden Berufsfachschule und der Berufsqualifizierung (BQ) ein wechselseitiges Zusammenwirken. So wird die Schülerzahl der teilqualifizierenden Berufsfachschule der Ausweitung an Ausbildungsplätzen in der Berufsqualifizierung (BQ) entsprechend angepasst. Die Ausbildung im Rahmen der Berufsqualifizierung (BQ) startet mit einem mehrwöchigen Berufsschulunterricht und wird durch parallel laufende Betriebspraktika ergänzt (1-2 Tage Berufsschule und 3-4 Tage Betrieb). Die Lehr- und Lerninhalte entsprechen denen des ersten Ausbildungsjahrs in der dualen Berufsausbildung.

Abbildung 2: Hamburger Berufliche Bildungswege 2013

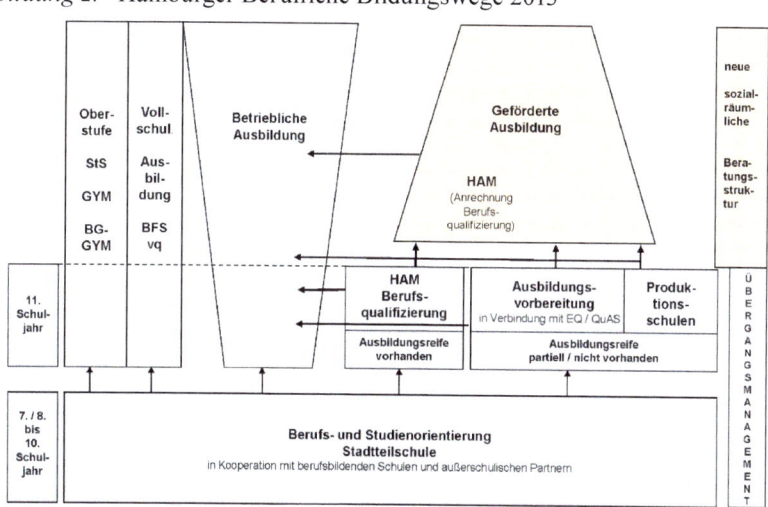

Quelle: Drucksache 19/8472, S. 3

4. Zwischenstand

Das Hamburger Ausbildungsmodell besteht erst seit wenigen Jahren und wird derzeit noch durch die Auswertungen auslaufender Pilotprojekte punktuell nachgebessert. Insgesamt zeigt sich aber die verantwortliche Behörde zufrieden (HIBB 2012, S. 22):

> „Die Neuausrichtung hin zu einer Anschlussorientierung und Intensivierung der Berufs- und Studienorientierung in den allgemeinbildenden Schulen, die individuelle Begleitung im Übergangssystem, die Konzentration auf Angebote mit Berufsperspektive sowie die enge Zusammenarbeit mit den Betrieben verbessern für die Schülerinnen und Schüler den Zugang zur Berufsausbildung, und damit zu besseren Berufs- und Lebensperspektiven."

Die neue dualisierte Ausbildungsvorbereitung wird ebenso als Erfolg gewertet, zumal es 2012 gelungen sei, ausreichend betriebliche Partner für das Angebot an Praktikumsplätzen zu rekrutieren und eine zufriedenstellende Übergangsquote zu erzielen (HIBB 2013, S. 9):

> „Rund 43 Prozent der Schülerinnen und Schüler, die AvDual im Sommer 2012 verließen, konnten eine Berufsausbildung beginnen oder in Beschäftigung übergehen. Das sei ein wichtiges und gutes Ziel, bestätigt Ties Rabe"[4].

Die Aufschlüsselung der Übergangszahlen im Bereich Av-Dual bestätigt diese positive Darstellung hingegen nur bedingt.

Nach dieser Auswertung gelingt es zunächst nur 22,8 Prozent der Jugendlichen einen Ausbildungsvertrag zu erhalten. Inwieweit damit auch ein Abschluss erreicht wird, kann nicht aufgeschlüsselt werden. Die 43,6 Prozent beziehen sich hingegen auch auf weitere Berufsvorbereitungsmaßnahmen anderer Träger. Ein für diese Schulform nicht unüblich hoher Prozentsatz an unbekannt verbliebenen Jugendlichen mit 10,6 Prozent sowie an bekannt verbliebenen Jugendlichen, die sich aber nicht mehr in schulischen Maßnahmen befinden, von 19,6 Prozent ist dennoch dramatisch hoch. Ebenfalls ergänzungsbedürftig, aber bislang von der Statistik nicht gesondert ausgewiesen, ist der Anteil der Jugendlichen mit Migrationshintergrund.

Die angegebenen Zahlen sind jedoch insgesamt für die Übergänge nicht ungewöhnlich. Hierzu ein Vergleich einer BVJ-Absolventenbefragung des Jahrgangs 2003/2004 einer städtischen Berufsschule in München.

---

4   Ties Rabe ist Hamburger Schulsenator.

Tabelle 2: Anschlüsse nach der Hamburger Ausbildungsvorbereitung (Stand 12.09.2012)

		An-zahl	Pro-zent	Summe %
Ausbildung	Ausbildungsvertrag	511	22,8	
	überbetriebliche Ausbildung mit Vertrag	125	5,6	
	Berufsfachschulausbildung mit Vertrag	20	0,9	
Beschäftigung	Freiwilliges Soziales Jahr, etc.	27	1,2	
	Arbeit	65	2,9	
	Bundeswehr	11	0,5	
Berufsvorberei-tung (Träger/ BVB)	Produktionsschule mit Vertrag	50	2,2	
	Arbeits- und Berufsorientierung (ABO)	31	1,4	
	Praktikerqualifizierung und alternative Maßnahmen	36	1,6	
	Berufsorientierte Ausbildungsvorbereitung (BeOA)	4	0,2	
	Berufsvorbereitende Bildungsmaßnahmen der Agentur für Arbeit (BVB)	76	3,4	
	Einstiegsqualifizierung (EQ)	22	1,0	43,6
weiterführen-der schulischer Bildungsgang	Sekundarstufe II	37	1,7	
	BFS mit Anmeldebestätigung	77	3,4	5,1
schulpflichtig im 2. Jahr AV	2./3. Jahr AV	472	21,1	21,1
Verbleib bekannt	in Beratung	330	14,7	
	Schulpflichtbefreiung	15	0,7	
	Abmeldung Hamburg	39	1,7	
	Sonstiges (Psychische, chronische oder akute Erkrankungen, Schwangerschaft, Mutterschutz, Elternzeit, Haft etc.)	55	2,5	19,6
Verbleib unbe-kannt	Schülerinnen und Schüler, die von der Jugendberufsagentur aufgesucht und beraten werden	238	10,6	10,6
Gesamtzahl Jugendliche in AV:		2.241	100,0	100,0

Quelle: Drucksache 20/5658, S. 3

Tabelle 3: Anschlüsse nach dem BVJ 2003/2004 eines BVJ in München

Verbleib N = 169	Ausbildung	Arbeit	Maßnahme	Praktikum	Schule	Suche	Sonstiges
Prozent	64	40	26	2	3	29	5
	38%	24%	15%	1%	2%	17%	3%

Quelle: Erban und Schelten 2008, S. 160

Eine weitere Betrachtung ergibt sich aus der Übergangsstatistik im Segment der
z. T. neu eingerichteten Produktionsschulen. Auch hier spricht die Behörde von
einem Erfolg, da es gelungen sei, „die in der Bürgerschaftsdrucksache 19/2928
vorgegebene, sehr anspruchsvolle Übergangsquote von 60 Prozent im Betriebs-
jahr 2010/11" zu erfüllen (BSB 2013b, S. 52).

Tabelle 4: Übergangszahlen 2010/2011 (01.09.2010 – 15.10.2011),
(Produktionsschule Altona, Produktionsschulen der 1. Tranche
in Barmbek, Bergedorf, Billstedt-Horn, Steilshoop sowie der 2.
Tranche in Eimsbüttel, Harburg und Wilhelmsburg)

	absolut	Anteil in Prozent
Gesamtzahl	370	
davon: nicht angetreten bzw. Abbruch in der Orientierungsphase	37	
Austritte gesamt	**333**	**100,0**
Übergänge und Übergangsquote 0 (bezogen auf Gesamt-TN-Zahl und Übergangszahlen lt. Drs. 19/2928)	202	54,6
Übergänge in ungeförderte Ausbildung	29	8,8
Übergänge in geförderte Ausbildung	25	7,6
Übergänge in Arbeit/Beschäftigung	34	10,2
Übergänge in Weiterqualifizierung	73	21,9
Übergangsquote 1 (bezogen auf Übergangszahlen lt. Drs. 19/2928)	**202**	**60,7**
Freiwilliger Wehrdienst/FSJ	5	1,
Übergänge in geeignete(re) und passgenau(ere) Angebote anderer Träger	24	7,3
Austritte aus gesundheitlichen oder familiären Gründen	33	10,0
Austritte bzw. Unterbrechungen wg. Therapie bzw. Antritt von Haftstrafen	18	5,5
Übergangsquote 2 (mit Berücksichtigung der Zielgruppe und weiterer Anschlüsse)	**282**	**84,7**

Quelle: BSB 2013b, S. 53

Die Zahl der Übergänge in ungeförderte Ausbildung von 8,8 Prozent ist eher niedrig, weshalb auch hier eine differenzierte Bewertung der Übergangsquote zielführend wäre.

Einen Überblick über den Verbleib der Hamburger Schulabgänger aus dem allgemein bildenden Schulen zeigt die offizielle Schulabgängerbefragung von 2012.

Tabelle 5:   Verbleib der Schulabgänger in Hamburg zum 04.09.2012

Übergang Schule-Beruf nach SEK I 2012	
weiterer allgemeinbildender Schulbesuch	5.043
betriebliche Ausbildung	918
außerbetriebliche Ausbildung	28
Berufsqualifizierung (BQ)	170
vollqualifizierende Berufsfachschule	222
teilqualifizierende Berufsfachschule	1.241
Ausbildungsvorbereitung (AV Dual)	1.734
Produktionsschule	290
berufsvorbereitende Maßnahmen	77
Freiwilliges Soziales Jahr/Bundeswehr/etc.	133
schulpflichtig, Beratungsergebnis offen	30
schulpflichtig, Verbleib unbekannt	10
nicht mehr schulpflichtig, Beratungsangebot	454
	10.350

Quelle: Drucksache 20/5658, S. 1

Eine Bewertung dieser Zahlen ist insofern schwierig, als die Quantitäten nach den allgemeinen Zulassungsbedingungen bemessen werden müssen. Dazu folgendes Beispiel: Für das Schuljahr 2012/2013 ist eine Organisationszahl für das Av-Dual von 2.110 Schülern ausgegeben worden Tatsächlich mündeten 2.202 Schüler/innen in diese Schulform (Drucksache 20/6934, S. 6). Dies zeigt nicht nur einen quantitativen Anstieg verglichen mit 2012, sondern auch, dass die Einmündungsquoten entsprechend erhöht wurden. Auffällig ist, dass auch weiterhin die teilqualifizierende Berufsfachschule stark frequentiert wird und somit der klassische *zweite Bildungsweg* erhalten bleibt. Zudem wird deutlich, dass die 170 Übergänge in die Berufsqualifizierung (BQ) insgesamt nur einen kleinen Bereich der geförderten Bildungsangebote markiert.

Bewertet werden die Zahlen vom zuständigen Hamburger Institut für Berufliche Bildung (HIBB) wie folgt (HIBB 2013, S. 19):

1. Zu wenigen Schulabgängern gelingt nach den Klassen 9 und 10 der zügige Übergang in Berufsausbildung (25 Prozent).

2. Die erhobenen Zahlen bestätigen grundsätzlich die Ausrichtung und die Notwendigkeit der eingeleiteten Reformmaßnahmen zur beruflichen Bildung in Hamburg.

3. Mit den erhobenen Zahlen und dem Wissen, welche Wege Jugendliche nach der Schule nehmen, können Angebote und Übergänge zukünftig besser geplant und nachhaltig verbessert werden.

Eine Bewertung der *Berufsqualifizierung (BQ)* kann ebenfalls noch nicht abschließend erfolgen, da die entsprechenden Zahlen fehlen bzw. noch nicht hinreichend belastbar sind. Eine erste Auswertung der zuständigen Behörde zeigt folgendes Bild (BSB 2013, S. 57):

> „Von insgesamt 106 BQ-Teilnehmerinnen und Teilnehmern im Schuljahr 2011/12 haben 81 BQ-Teilnehmerinnen und -Teilnehmer (entsprechend 76,4 Prozent) einen Ausbildungsvertrag abgeschlossen. 73 oder rd. 90 Prozent der Ausbildungsübergängerinnen und -übergänger konnten eine ungeförderte Berufsausbildung in einem Wirtschaftsunternehmen aufnehmen, und zwar 66 (entsprechend 81,5 Prozent) im gewählten BQ-Beruf, in 27 Fällen (entsprechend einem Drittel) mit einer Anrechnung von Ausbildungszeiten. Sieben weitere Teilnehmerinnen und Teilnehmer schlossen einen Ausbildungsvertrag mit einem Unternehmen in einem anderen Beruf ab, einige davon in einem anderen Bundesland. Acht Teilnehmerinnen und Teilnehmer nehmen zum September 2012 eine trägergestützte Berufsausbildung auf.“

5. Fazit

Das Hamburger Ausbildungsmodell wird nicht nur von der zuständigen Behörde sehr positiv bewertet, sondern findet auch überregional und über die Parteigrenzen hinweg große Beachtung. Bereits 2011 hat sich in ihrer Stellungnahme die Gruppe der Beauftragten der Arbeitnehmer zum Berufsbildungsbericht sehr positiv zum Hamburger Modell geäußert (BMBF 2011, 74):

> „Das so genannte Hamburger Modell ist ein Beispiel, wie der Übergang in eine Ausbildung sinnvoll strukturiert werden kann. Hierbei wird von den Jugendlichen, die keinen Ausbildungsplatz finden, in einer Berufsschule ein erstes Ausbildungsjahr absolviert. Mit dem nächsten Ausbildungsjahr wechseln die Jugendlichen entweder in eine duale oder eine außerbetriebliche Ausbildung unter Anerkennung der bisher absolvierten Ausbildungsinhalte“.

Zwei Jahre später wird ebenfalls im Berufsbildungsbericht 2013 positiv Stellung bezogen hinsichtlich der Einführung der Jugendberufsagentur (BMBF 2013, S. 132):

„Um jungen Menschen den Übergang von der Schule in die Ausbildung zu ermöglichen, bieten ihnen viele Einrichtungen und Akteure unterschiedlichste Hilfen an. Diese Angebote existieren aber weitgehend unabhängig voneinander. So sind für Menschen, die jünger als 25 Jahre sind, drei Sozialleistungsträger zuständig: Die Agenturen für Arbeit, die Grundsicherungsstellen und die Jugendhilfe. Es fehlt eine zentrale Anlaufstelle, die die Jugendlichen umfassend informiert und ihnen damit Beratung aus einer Hand bietet. Hierzu sind Jugendberufsagenturen nach dem Hamburger Vorbild einzurichten".

Insgesamt erfährt die Reform des Hamburger Übergangssystems große Zustimmung. Eine differenziertere Aufschlüsselung der statistischen Angaben zeigt jedoch, dass trotz der eingeleiteten Maßnahmen auch weiterhin der Übergang von der allgemein bildenden Schule in eine Berufsausbildung für einen Teil der Jugendlichen schwierig bleibt. Diesbezüglich fehlen leider Angaben über bestimmte Zielgruppen, um z. B. Auskunft über die Veränderungen bei der Einmündungsquote von Personen mit Migrationshintergrund und Ausländern zu erhalten. Kritisch ist ebenso zu beurteilen, dass die Angabe zu den Übergängen in *Arbeit und Beschäftigung* oftmals als positives Merkmal eines gelungenen Übergangs beurteilt wird. Diesbezüglich handelt es sich jedoch i. d. R. um unsichere Beschäftigungsverhältnisse, wie z. B. Zeitarbeit, Leiharbeit u. ä. Die Bundesagentur für Arbeit verweist hier auf die damit verbundenen kurzfristigen und unsicheren Arbeitsverhältnisse, zumal ca. die Hälfte der Zeit- und Leiharbeitsverhältnisse nach gerade mal drei Monaten beendet wird (BA 2013, S. 17).

Dennoch ist die Reform als richtiger Schritt in Richtung eines strukturellen Umbaus des Übergangssystems einzuschätzen. Hervorzuheben ist die bildungspolitisch sinnvolle Perspektivierung aller beteiligten Akteure, indem vor allem auch die Schulen der Allgemeinbildung am Reformprozess beteiligt sind und sich so neue Kooperationsformen zum Zwecke der frühzeitigen Berufsorientierung erschließen. In Hamburg wächst die Zusammenarbeit zwischen Berufsschule und den neu eingerichteten Stadtteilschulen und fruchtet bereits in veränderten organisatorischen, personellen, aber auch inhaltlichen Entwicklungen. Dazu zählen der vermehrte Blick auf Formen der individuellen Begleitung sowie der Einsatz von Berufspädagogen an Stadtteilschulen. Die Anrechnung eines schulischen ersten Ausbildungsjahres ist sicherlich ein bildungspolitisches, wohl aber sinnvolles Wagnis, zumal nicht nur die Bereitschaft von Betrieben an ihrer Mitwirkung und Anerkennung vorausgesetzt wird, sondern auch ein organisatorisch ausgebautes und anschlussfähiges Ausbildungsmodell von Bildungsanbietern in freier Trägerschaft. Aber auch hier rücken quasi die bislang eher nebeneinander arbeitenden Akteure des Übergangssystems dichter zusammen – eine Entwicklung, die eine gemeinsame Aufgabenwahrnehmung im Sinne der Jugendlichen zumindest erhoffen lässt. Es bleibt abzuwarten, inwieweit diese Reform Bestandsgarantie

erfährt, zumal alte wie neue Herausforderungen bereits anstehen: Inklusion, Rekrutierung eines veränderten personellen Unterbaus (Sozial- und Sonderpädago-
gen), verstärkte Integration Jugendlicher mit Migrationshintergrund.

Literatur

Behörde für Schule und Berufsbildung [BSB] & Hamburger Institut für Berufliche Bildung [HIBB]
(Hrsg.) (2013). *Referentenentwurf zur Schulentwicklungsplanung der berufsbildenden Schu-
len Juni 2013*, Hamburg.
Behörde für Schule und Berufsbildung [BSB] & Hamburger Institut für Berufliche Bildung [HIBB]
(2013). *Referentenentwurf zum Schulentwicklungsplan 2013*, Hamburg.
Behörde für Schule und Berufsbildung [BSB] (2013a). *Berufs- und Studienorientierung in den Jahr-
gangsstufen 8, 9 und 10 in der Stadtteilschule*, Hamburg.
Behörde für Schule und Berufsbildung [BSB] (2013b). *Ausbildungsreport 2012*, Hamburg.
Behörde für Schule und Berufsbildung [BSB] (2011). *Bildungsbericht Hamburg 2011*, Hamburg.
Behörde für Schule und Berufsbildung [BSB] (2009a). *Rahmenkonzept für die Reform des Über-
gangssystems Schule – Beruf*, Hamburg.
Bertelsmann-Stiftung (Hrsg.) (2012). *Übergänge mit System*, Gütersloh.
Bundesagentur für Arbeit [BA] (2013). *Arbeitsmarktberichterstattung: Der Arbeitsmarkt in Deutsch-
land, Zeitarbeit in Deutschland – Aktuelle Entwicklungen*, Nürnberg.
Bundesinstitut für Berufsbildung [BIBB] (Hrsg.) (2010). *Datenreport zum Berufsbildungsbericht
2010*, Bonn.
Bundesministerium für Bildung und Forschung [BMBF] (Hrsg.) (2013). *Berufsbildungsbericht
2013*, Bonn/Berlin.
Bundesministerium für Bildung und Forschung [BMBF] (Hrsg.) (2011). *Berufsbildungsbericht
2011*, Bonn/Berlin.
Eckert, M., Rost, C., Böttcher, U. & Malling, K. (2000). *Die Berufsschule vor neuen Herausforde-
rungen*, Heidelberg.
Erban, T. & Schelten, A. (2008). Was kommt danach? Eine Untersuchung des Verbleibs von benach-
teiligten Jugendlichen nach dem Berufsvorbereitungsjahr. In D. Münk, J. Rützel & C. Schmidt
(Hrsg.), *Labyrinth Übergangssystem* (S. 156-176). Bonn: Pahl-Rugenstein.
Hamburger Institut für Berufliche Bildung [HIBB] (Hrsg.) (2013). *Berufliche Bildung Hamburg*, 23.
Jahrgang, Heft 2/2013, Hamburg.
Hamburger Institut für Berufliche Bildung [HIBB] (Hrsg.) (2012). *Berufliche Bildung Hamburg*,
Hamburg.
Hamburger Institut für Berufliche Bildung [HIBB] (Hrsg.) (2009). *Berufliche Bildungswege 2009*,
Hamburg.
Harney, K. (1991). Fortbildungsschulen. In C. Berg (Hrsg.), *Handbuch der deutschen Bildungsge-
schichte 1870-1918 Band 4* (S. 380-389), München: C.H. Beck.

Hoeckel, K. & Schwartz, R. (2010). *Lernen für die Arbeitswelt OECD-Studien zur Berufsbildung Deutschland.*
www.oecd.org/berlin/publikationen/oecd-studiezurberufsbildunglernenfurdiearbeitswelt.htm Zugegriffen 24.06.2013

Kerschensteiner, G. (1929). Das Problem der Erweiterung der allgemeinen Schulpflicht. In *Schriften der Gesellschaft für soziale Reform: Das neunte Schuljahr 13,* 37-58.

Konsortium Bildungsberichterstattung (Hrsg.) (2006). *Bildung in Deutschland. Ein indikatorengestützter Bericht mit einer Analyse zu Bildung und Migration,* Bielefeld: Bertelsmann.
http://www.dipf.de/de/projekte/pdf/steufi/bildung-in-deutschland-ein-indikatorengestuetzter-bericht-mit-einer-analyse-zu-bildung-und-migration-zentrale-befunde-des-nationalen-bildungs-berichts-in-12-thesen/view. Zugegriffen: 20.06.2013.

Münk, D. (2008). Berufliche Bildung im Labyrinth des pädagogischen Zwischenraums: Von Eingängen, Ausgängen, Abgängen – und von Übergängen, die keine sind. In: D. Münk, J. Rützel & C. Schmidt (Hrsg.), *Labyrinth* Übergangssystem (S. 31-52), Bonn: Pahl-Rugenstein.

Rauner, F. (2003). Die Ausbildungskrise – ein Sieben-Punkte-Programm zu ihrer Lösung. *Die berufsbildende Schule* 55/Heft 7-8, 225-229.

Stratmann, K. (Hrsg.) (1981). *Das Berufsvorbereitungsjahr: Anspruch und Realität.* Hannover: Schroedel Verlag.

Stratmann, K. (1974). *Ausbildung und Qualifikation der Jungarbeiter.* In R. Crusius, W. Lempert & M. Wilke (Hrsg.), *Berufsbildung – Reformpolitik in der Sackgasse?* (S. 108-117). Reinbek bei Hamburg: Rowohlt Verlag.

Stomporowski, S. (2007). *Pädagogik im Zwischenraum – Acht Studien zur beruflichen Bildung Benachteiligter an berufsbildenden Schulen,* Paderborn: EUSL Verlag.

Ulrich, D. (2008). Jugendliche im Übergangssystem – eine Bestandsaufnahme. *Hochschultage Berufliche Bildung 2008. Workshop 12 Produktionsschulen.* http://www.bwpat.de/ht2008/ws12/ulrich_ws12-ht2008_spezial4.pdf. Zugegriffen: 20.06.2012.

Weber, B. & Weber, E. (2013). Bildung ist der beste Schutz vor Arbeitslosigkeit. *IAB Kurzbericht 04/2013,* Nürnberg.

Drucksache der Bürgerschaft der Freien und Hansestadt Hamburg:

Drucksache 20/6934; 12.03.2013
Drucksache 20/5658; 02.11.12
Drucksache 19/8472 ; 18.01.2011
Drucksache 18/6000; 16.03.2007s

Zielkonflikte beruflicher Qualifizierung zwischen Bildungs-, Wirtschafts- und Sozialpolitik

Dieter Münk

Abstract

Seit mindestens zehn Jahren ist die berufsbildungswissenschaftliche und –politische Debatte dominiert von vielfältigen „Übergangsproblemen" im Übergangssystem. Die Debatten um Verbesserung und Modernisierung des Dualen Systems als Kernbereich anspruchsvoller beruflicher Qualifizierung in Deutschland erfolgt dabei weitgehend parallel und unabhängig von den Problemlagen im Übergangssystem, obwohl beide Segmente strukturell eng zusammenhängen, weil das Übergangssystem – ob gewollt oder nicht – als Instrument der Abgangsselektion jahrzehntelang Engpässe im über Marktprozesse gesteuerten dualen System abgefedert hat. Vor diesem Hintergrund beschäftigt sich der Beitrag mit den Zielkonflikten beruflicher Bildung zwischen Qualifizierung und integrationsorientierter Betreuung. Als klassisches Dilemma widerstreitender Ziele ist dieser negative Zusammenhang allein mit den Instrumenten beruflicher Qualifizierung letztlich nicht aufzulösen. Immerhin zeigt der Blick in die Zukunft, dass der demographische Wandel und die resultierende Verknappung an jungen Menschen dazu führen könnte, dass durch die Steigerung vor allem der betrieblichen Ausbildungsanstrengungen die Zahl jener Jugendlichen, die im Bildungs- und Beschäftigungssystem langfristig ohne Chancen bleiben, sinken wird.

Seit mindestens 10 Jahren ist die berufsbildungswissenschaftliche und –politische Debatte dominiert von vielfältigen „Übergangsproblemen" im Übergangssystem. Die Debatten um Verbesserung und Modernisierung des Dualen Systems als Kernbereich anspruchsvoller beruflicher Qualifizierung in Deutschland erfolgt dabei weitgehend parallel und unabhängig von den Problemlagen im Übergangssystem, obwohl beide Segmente strukturell eng zusammenhängen, weil das Übergangssystem – ob gewollt oder nicht – als Instrument der Abgangsselektion jahrzehntelang Engpässe im über Marktprozesse gesteuerten dualen System abgefedert hat. Vor diesem Hintergrund beschäftigt sich der Beitrag mit den Zielkonflikten beruflicher Bildung zwischen Qualifizierung und integrationsorientierter Betreuung. Als klassisches Dilemma widerstreitender Ziele ist dieser negative Zusammenhang allein mit den Instrumenten beruflicher Qualifizierung letztlich nicht aufzulösen. Immerhin zeigt der Blick in die Zukunft, dass der demographische Wandel und die resultierende Verknappung an jungen Menschen dazu führen könnte, dass durch die Steigerung vor allem der betrieblichen Ausbildungsanstrengungen die Zahl jener Jugendlichen, die im Bildungs- und Beschäftigungssystem langfristig ohne Chancen bleiben, sinken wird.

1. Vorbemerkungen

Neulich in Bochum, tief im Westen sozusagen: Eine Tagung, ausgerichtet von der Konrad Adenauer Stiftung, versehen mit dem ebenso sinnreichen wie hoffnungsfrohen Titel: „Aus Schulabbrechern werden Facharbeiter"; ergänzt mit dem einfallsreichen und wegweisenden Zusatz: „Potenziale nutzen – Zukunft sichern" (Konrad Adenauer Stiftung/Initiativkreis Ruhr 2012). Der Titel verrät: Es handelt sich um eine der in den letzten drei bis vier Jahren fast inflationär gewordenen „Fachtagungen" zu dem berufsbildungspolitischen Sorgenkind „Übergangssystem". Ganz nebenbei bemerkt, fand nicht einmal drei Wochen später ebenfalls in Bochum an der dortigen Universität eine von der Mercator Stiftung finanzierte große Tagung mit dem übergreifenden Thema – ja, genau – : „Übergänge" statt.

Jene erstgenannte kleinere Tagung der Konrad-Adenauer Stiftung allerdings war durchaus ebenfalls prominent besetzt: Einleitend die (Ex-)Bundes-Bildungsministerin Anette Schavan, die als Keynote gleich mit Verve versicherte, das „Übergangssystem werde in spätestens drei Jahren nicht mehr existieren" und sei als Problemfall insoweit absehbar obsolet. Eigentlich hätte man also nach diesem fulminanten Einstieg gleich nach Hause gehen können.

Glücklich indes waren diejenigen, die diesem daraus eigentlich fast zwangsläufig resultierenden Impuls, die Tagung angesichts solch rosiger Perspektiven („Potenziale nutzen – Zukunft sichern") sofort zu verlassen, nicht folgten; denn dann hätte man erstens auf die inklusiven Schnittchen verzichtet und zweitens – und vor allem – nicht nur die nachfolgenden wegweisenden bzw. besser: zukunftsorientierten Tagungsbeiträge, sondern auch noch das ebenfalls prominent besetzte Abschluss-Podium versäumt; hier nämlich gingen Personalvorstände großer Unternehmen, Vertreter der Gewerkschaften sowie der Präsident des BIBB der durchaus interessanten und zukunftsweisenden Frage nach: „Wie finden wir die

Facharbeiter der Zukunft?" Aufmerksamen Lesern dürfte dabei nicht entgangen sein, dass diese zentrale Frage der Podiumsdiskussion eigentlich in der Fragestellung der Tagung („Aus Schulabbrechern werden Facharbeiter") eigentlich schon final beantwortet und gleich durch einen weiteren „Reformvorschlag" („der erfolgreiche Weg zum Berufsabschluss") bestens unterfüttert war.

Aus dieser (zugegebenermaßen etwas unwissenschaftlich) zugespitzten Zusammenfassung könnte man ableiten, dass – wie heißt es doch häufig in Vorstandskreisen – „am Ende des Tages" diese weitere Tagung zum Übergangssystem eigentlich nichts besonders Bemerkenswertes erbracht hatte; aber mit Blick auf Verlauf und Ergebnis in der Summe durchaus auch nicht messbar weniger als andere „Fachtagungen" dieses Kalibers.

Wohlgemerkt: könnte man ableiten; der Konjunktiv wäre durchaus angebracht, wäre da nicht der damalige Vorsitzende der RAG-Stiftung Wilhelm Bonse-Geuking gewesen, der nach einem ganzen Tag Diskussion zu den ungeheuren Chancen und der zukunftsorientierten Reformierung des Übergangssystems – auch noch auf dem Podium – augenscheinlich völlig unbeirrt vom Verlauf der Tagung sinngemäß formulierte, dass es natürlich schön, gesellschaftspolitisch unbedingt notwendig, ja sogar ehren- und erstrebenswert sei, all den vielfältig benachteiligten Jungs und Mädels im Übergangssystem zu helfen; und dass man den einen oder anderen (es handelt sich ja in der Tat mehrheitlich um männliche Jugendliche) ja auch vielleicht durchaus zu Facharbeitern machen könne; aber „am Ende des Tages" (sic) und unter den Bedingungen „internationalen und globalen Wettbewerbs" komme es letztlich auf eine Qualifizierung und Berufsbildung an, die sich als „Facharbeit" völlig „kompromisslos durch höchste Qualität" auszeichnet.

An sich sind diese Formulierungen aus der Perspektive von Vorständen und Managern zugegebenermaßen nicht gerade Neologismen oder gar innovative bzw. (natürlich) „zukunftsorientierte" Qualifizierungsstrategien; aber es ist mindestens erstaunlich, dass man am „Ende eines Tages", in dessen Verlauf gezielt über die Benachteiligten im Gesellschafts- und Berufsbildungssystem diskutiert und über Fragen der Integrationsfähigkeit nachgedacht wurde, gerade das betont, was bei systematischem Nachdenken eigentlich selbstverständlich ist: Dass nämlich eine berufliche Qualifizierungsstrategie, die den Ansprüchen des Marktwettbewerbs nicht genügt, den Anspruch, den sie selbst erhebt, nicht glaubhaft und wirksam erfüllen kann.

Auch wenn dieser kurze „Erlebnisbericht" möglicherweise das Gegenteil insinuiert: „Am Ende des Tages" war diese Tagung zum Übergangssystem und dessen inhärenten Zukunftschancen nicht besser oder schlechter, jedenfalls keineswegs ergebnisärmer als die Vielzahl der anderen Fachtagungen und Kongresse, die sich in den vergangenen Jahren mit diesem zentralen Strukturproblem unseres Berufsbildungssystem beschäftigt haben. Erwähnenswert ist dieser „Erlebnisbericht" einer Tagung eher deshalb, weil der Spannungsbogen vom hoffnungsvollen Anfang „Aus Schulabbrechern werden Facharbeiter") und vom ministerialen Problemlösungsvollzug bis zur schlichten, aber vollkommen richtigen Erkenntnis „wettbewerbsfähige Facharbeit erfordert kompromisslose Qualität" die ganze Widersprüchlichkeit der Diskussion auf den Punkt bringt. Genau diesem fundamentalen Dilemma soll nachfolgend auf den Grund gegangen werden.

Die Aufforderung, diesen Beitrag zu verfassen, wurde mir nämlich angetragen, weil ich andernorts eine These vertreten habe (Münk 2008; Münk 2010, Münk und Schmidt 2010), die besagte, dass vieles dafür spreche, dass das Übergangssystem letztlich nur eine Art Kollateralschaden der dominanten, gleichsam systemwirksamen dualen Berufsausbildung sei.

2. Die These vom Übergangssystem als Kollateralschaden der dualen Berufsausbildung

Um diese These zu verstehen, muss man einen kurzen Blick auf europäische Strategien des Überganges und der Integration benachteiligter bzw. lernschwacher Jugendlicher werfen (Münk und Schmidt 2010): Während in anderen Ländern Europas und der OECD Mitgliedstaaten vorsichtig, aber – wie schon die europäische Diskussion zeigt – zunehmend deutlicher von „school-to-work-transitions" gesprochen und hierbei an fließende, flexible Übergänge gedacht wird, die durch unterschiedliche „pathways" (Teichler 1999 sowie OECD 1999) strukturiert und die – wie etwa das Konzept der „employability" (z. B. Lutz 2003) – auf mehrgleisige und unterschiedliche Zielsetzungen hinsteuern, fokussiert das bundesdeutsche, hier mit einem Labyrinth verglichenen „Übergangssystem" also ein einziges exklusives Ziel, nämlich die Einmündung in einen Ausbildungsberuf.

Dabei leidet dieses Konzept des Übergangs zwischen zwei getrennten ‚Subsystemen' seit der beginnenden Expansion des Übergangssystems in den 1970er Jahren darunter, dass in diesem Segment des Bildungssystems nach wie vor ein erheblicher Teil von jungen Menschen in einer Art ‚Labyrinth' herumirrt, weil er herkunfts- und qualifikationsbedingt ganz offenkundig nicht in das (höherwertige und dominante) Duale System integrierbar ist. Denn durch die hohen Anforderungen eines großen Teils der dualen Ausbildungsberufe sowie durch das grundlegende Prinzip der beruflichen Verfasstheit von Arbeit definieren das Duale System und – in dieser Perspektive dann auch die Schulberufe – Zugangsschwellen, die für die hier in Rede stehenden Zielgruppen schlicht unerreichbar bleiben.

Die unangemessene und – angesichts der unstrittig abnehmenden Absorptionsquote des Dualen Systems (z. B. Arbeitsgruppe Bildungsbericht 1994; Autorengruppe Bildungsberichterstattung 2008) auch nicht gerechtfertigte – Fokussierung auf das Duale System zeigt sich schon in der Sprache, mit welcher dieses im Wortsinne ,eigentliche' Segment auch in der Wissenschaft charakterisiert wird: Etwa wenn das Duale System als «Königsweg» für den Übergang auf der zweiten Schwelle in den nicht akademischen Arbeitsmarkt charakterisiert wird (Feller 2006, S. 284; Reinisch 2001, S. 54); weitere Varianten dieser Charakterisierung finden sich auch bei Baethges Beschreibung als „Prunkstück" (2003, S. 526) oder bei der „Arbeitsgruppe Bildungsbericht am Max-Planck-Institut für Bildungsforschung" (1994, S. 550), die von dem «Herzstück» der deutschen Berufsbildung spricht.

Insbesondere berufsbildungspolitisch ist diese Fokussierung auf das Duale System und (allenfalls auch noch) auf die Schulberufe (Dobischat 2007; 2009) durchaus verhängnisvoll, wenn man dieses Segment des bundesdeutschen Berufsbildungssystems einmal nicht aus der Perspektive einer immer noch beträchtlichen Absorbtionsquote und seiner Übergangs- und Integrationspotenziale, sondern gleichsam von unten betrachtet. Von hier aus erhält dann auch die eingangs als irreführend charakterisierte Formel von einem – in diesem Sinne ,uneigentlichen' „Übergangssystem" ihre semantische Begründung: In einem Zwischensegment des Berufsbildungssystems, das wesentlich dadurch definiert ist, dass es keine Berufsabschlüsse vermittelt, sollen Potenziale für Übergangschancen geschaffen werden, die primär darauf zielen, die Einmündung in eine berufliche Ausbildung in einem anerkannten Ausbildungsberuf nach BBiG zu ermöglichen.

Wie die als Effektivitätsmaßstab herangezogenen Übergangsquoten belegen, erfüllt dieses Zwischensegment des Berufsbildungssystems diese Funktion für einen beträchtlichen Teil der Schülerschaft sehr deutlich und seit langem nicht. De facto wirkt das „Übergangssystem" mindestens für die an der Systemlogik gescheiterten Schüler als hervorragend funktionierendes Instrument der Abgangsselektion, dessen Effekte – drastisch formuliert – ziemlich genau jenem Sachverhalt entspricht, der in der Militärsprache als „Kollateralschaden" bezeichnet wird. Gemeint sind hiermit die in der räumlichen Umgebung eines Ziels entstehenden, nicht intendierten, indes billigend in Kauf genommenen Schäden durch eine militärische Aktion.

Aus dieser Perspektive betrachtet, ist der in seiner historischen Entwicklung mäandrierende und in seinen Ausprägungen in unterschiedlichen Bundesländern äußerst differenzierte Bereich des Bildungssystems ein Flickenteppich, der vornehmlich deshalb ausgebessert wird, weil das Berufsprinzip und das damit verknüpfte Duale und das Schulberufssystem aus vielerlei Gründen – unter anderem auch schlicht wegen tarifpolitisch konfligierender Interessenlagen der Sozialpartner – nur mit großer Vorsicht problematisiert werden darf. In dieser politisch bemerkenswert unflexiblen Positionierung (vgl. zu alternativen Ansätzen: Euler und Severing 2007) spiegelt sich im Übrigen – um dies ebenfalls gleichsam nebenbei zu ergänzen – ein Großteil der berufsbildungspolitischen Probleme, welche der Bundesrepublik Deutschland seit mehr als 20 Jahren aus der europäischen Debatte erwachsen (etwa Münk 2008; 2004; 2002).

3. Das strukturelle Dilemma eines weltweit anerkannten Qualifizierungskonzeptes

Nimmt man die These vom Übergangssystem als Kollateralschaden des strukturell, inzwischen, d. h. nach dem deutlichen Rückgang der Zahlen auf unter 300.000 Jugendlichen im Übergangssystem (Autorengruppe Bildungsberichterstattung 2012) auch wieder quantitativ dominanten Dualen Systems ernst, wird mindestens zweierlei deutlich: Erstens, dass beide ‚Subsysteme' untrennbar miteinander zusammenhängen; und zwar nicht nur aus historischen Gründen, insoweit der gesamte Bereich der beruflichen Orientierung anfangs der 1970er Jahre wegen zunehmend deutlicher erkennbaren Dysfunktionalitäten überhaupt erst eingeführt wurde und das vorhergehende Modell der „Jungarbeiterklassen" ersetzte. Vielmehr sprechen zweitens auch strukturelle Gründe dafür, dass das Übergangssystem vor allem in seiner Eigenschaft als die gleichsam ‚dunkle Seite' des Dualen Systems seinen Sinn bzw. seine Funktion überhaupt erst erhält. Hans Dietrich hat zusammen mit Hannelore Plicht in einem Projekt des Instituts für Arbeitsmarkt- und Berufsforschung (IAB) schon 2009 in „Analysen zu den Determinanten des Übergangs aus BvB-Maßnahmen in Ausbildung und Beschäftigung" „Effekte individueller, maßnahmespezifischer und regionaler Faktoren auf die individuelle Übergangswahrscheinlichkeit aus BvB-Maßnahmen in Ausbildung und Beschäftigung beforscht" und konstatiert, dass es sich bei diesen Prozessen im Kern um eine spezifische Form der „Abgangsselektion" handelt (Dietrich et al. 2009, S. 355; vgl. ebenso und mit Bezug auf Dietrich: Schmidt 2011). Der Forderung nach der „Inklusionsfähigkeit" der beruflichen Bildung im Allgemeinen und jener des Übergangssystems im Speziellen steht mithin die Kritik der (mehr oder weniger systemisch bewirkten) „Abgangsselektion" gegenüber. Für diesen Befund spricht die rückläufige quantitative Entwicklung des Übergangssystems von gut 485.000 Jugendlichen in 2005 (Konsortium Bildungsberichterstattung 2010, S. 96) auf 294.000 Jugendliche in 2012 (Konsortium Bildungsberichterstattung

2012, S. 102); denn die Notwendigkeit der Selektion sinkt mit dem Anstieg der Absorptionsquote des Dualen Systems die von 2005 mit 43,3 Prozent aller Neuzugänge (517.341) bis 2011 auf 49,7 Prozent (524.946) aller Neuzugänge gestiegen ist (Konsortium Bildungsberichterstattung 2012, S. 102). Steigender Bedarf an Jugendlichen im dualen ‚Kern' des Berufsbildungssystems, gekoppelt mit antizipierbaren und größer werdenden Engpässen, die dem demographischen Wandel geschuldet sind (Konsortium Bildungsberichterstattung 2010) mindern den Druck zur Selektion, d. h. – um im Bild zu bleiben – die Kollateralschäden werden geringer, was künftig ohne Zweifel auch Auswirkungen auf die Definition dessen haben dürfte, was gemeinhin als „mangelnde Ausbildungsreife" diagnostiziert wird (hierzu kritisch Dobischat et al. 2012).

Höchst aufschlussreich ist indes, dass ein Berufsbildungssystem, welches vorrangig der beruflichen Qualifizierung auf möglichst hohem fachlichen Niveau dient, überhaupt dem ‚Vorwurf' ausgesetzt werden kann, es weise eine „nachlassende soziale Inklusionsfähigkeit auf" (Schmidt 2012). Dies hängt wesentlich damit zusammen, dass „Nachfrageüberhänge (…) in Deutschland im Unterschied zu anderen Ländern ohne starke duale Ausbildungssysteme ein erstrangiges Politikum" darstellen (Bosch 2009, S. 52, vgl. ähnlich: Bosch 2008). Dieser „starke Fokus der Politik auf die unversorgten Jugendlichen", so Bosch (2009, S. 52) weiter, habe „ eine einseitige Sicht auf das Duale System gefördert", „denn jede politische Diskussion über das Duale System" ende „… unweigerlich bei der Frage: Was machen wir mit den schwächeren Jugendlichen?" (Bosch 2009, S. 53). Bosch wirft in diesem Zusammenhang die mindestens genauso interessante Frage auf, warum in dieser eher sozial- als berufsbildungspolitischen Debatte „für Fragen nach der Qualität der Ausbildung" oder „nach dem Beitrag der Berufsausbildung zu Innovation und Produktivität … oft kein Platz mehr" bleibe (Bosch S. 53). Boschs Erklärung ähnelt in gewisser Weise der These vom ‚Übergangssystem als Kollateralschaden', wenn er konstatiert, dass der „Politik auf den Ausbau eines Übergangssystems an berufsvorbereitenden Maßnahmen ausgewichen" sei, weil „dem Ausbau von Parallelstrukturen Grenzen gesetzt sind, wenn man das Duale System nicht infrage stellen will" (Bosch 2009, S. 53). Folgerichtig kritisiert er auch, dass „fast die Hälfte der Jugendlichen im Übergangssystem" „sogenannte Marktbenachteiligte" seien, also „ausbildungsreife Jugendliche, denen nichts fehlt als ein Ausbildungsplatz".

Bosch geht als Arbeits- und Wirtschaftssoziologe also an einem wichtigen Punkt noch weiter, indem er deutlich darauf verweist, dass wesentliche Teile der (z. B.: berufspädagogischen) Kritik an den Unzulänglichkeiten des bundesdeutschen Systems der Berufsausbildung sozialpolitisch oder auch: sozialpädagogisch motiviert seien, während es bei der Frage der Ausbildung anspruchsvoller und international wettbewerbsfähiger industrieller Facharbeit doch vornehmlich um anspruchsvolle Qualifizierung auf möglichst hohem Niveau gehen müsse (vgl. ähnlich und ebenfalls mit Blick auf den Zusammenhang von Dualem System und Übergangssystem: Rauner 2010).

Zuzustimmen ist Bosch auch in der Diagnose, dass das bundesdeutsche Berufsbildungssystem und insbesondere das Duale System weder international wettbewerbsfähiger, noch im internationalen Vergleich als Ausbildungsmodell deshalb attraktiver wird, weil es umfassende und zunehmend wachsende Aufgaben übernimmt, die eher dem Feld wohlfahrtsstaatlicher Sozialpolitik oder – mit Blick auf die Akteure z. B. an den berufsbildenden Schulen – einem umfassenden sozialpädagogischen impetus geschuldet sind. Es ist schließlich kein Zufall, wenn beispielsweise die OECD, seit langem bekannt dafür, dass sie shopfloorbasierte Bildungsformen bevorzugt, in ihrer international vergleichenden Analyse mit dem Titel „Learning for jobs" diagnostiziert: „Strong vocational programmes increase competitiveness but many programmes fail to meet labour market needs. Increasingly, countries are recognising that good initial vocational education and training has a major contribution to make to economic competitiveness" (OECD 2010, S. 9).

Das Dilemma, mit dem insbesondere die qualifizierten und anspruchsvollen Bildungsgänge der beruflichen Bildung zu kämpfen haben, besteht also vor allem darin, dass ihre Funktion nicht klar bestimmt ist. Der Blick der Arbeits- und Wirtschaftssoziologie ist primär fokussiert auf die ökonomische Kernfunktion der beruflichen Bildung als anspruchsvolle, für das Beschäftigungssystem quantitative wie qualitativ passgenaue und ökonomisch wettbewerbsfähige Qualifizierung eines möglichst großen Anteils der Jugendlichen. In dieser Perspektive ist das Übergangssystem als wirkungsvolles Instrument der Abgangsselektion tatsächlich funktional; es bleibt zwar ein ‚bedauerlicher' Kollateralschaden (s. o.), aber die sozialpolitisch zu beklagenden Dysfunktionen wiegen die Vorteile nicht auf, weil berufliche Qualifizierung in ihren wettbewerbsrelevanten Kernbereichen naturgemäß nicht primär sozialpolitisch intendiert sein kann. Auf der anderen Seite findet sich die – sozusagen berufs- und wirtschaftspädagogisch intendierte – Lesart des gleichen Sachzusammenhangs ebenfalls im Forschungsstand: Zwar zielt (natürlich) auch diese sehr spezifische Interpretation von Sinn und Zweck beruflicher Qualifizierung auf ökonomische Optimierung und „Brauchbarkeit", d. h.: auf Passungsfähigkeit im Beschäftigungssystem. Aber sie ist eingebunden in zahllose strukturelle Zwänge des Bildungssystems; z. B. könnte man kritisch fragen, mit welchem Grund ausgerechnet das System der beruflichen Bildung die

Verantwortung als Reparaturbetrieb für die in der Sekundarstufe I verursachten Schäden übernehmen soll. Diese Perspektive ist überdies in hohem Maße geprägt von einem Verständnis, welches Berufsbildung mindestens in gleichem Maße als Qualifizierungsstrategie wie auch als sozialpolitisches bzw. sozialpädagogisches Instrument definiert.

Für beides gibt es natürlich Erklärungen, und zwar vornehmlich historische: Stomporowski (2007 und 2009) hat in seiner umfassenden Bestandsaufnahme der vielfältigen Strukturen der „Pädagogik im Zwischenraum" des bundesdeutschen Berufsbildungssystems klar herausgearbeitet, dass es politischen Entscheidungen der Jahrhundertwende (1900) zu verdanken ist, dass die sozialpolitische Fürsorge aus der allgemeinen Bildung heraus- und in die berufliche Bildung hineingenommen wurde.

Auch Kerschensteiner, Spranger und Fischer haben als Ahnen der später so genannten „Berufsbildungstheorie" der im oben beschriebenen Sinne funktionalen „Überfrachtung" der beruflichen Qualifizierung teils bewusst, teils nicht intendiert Vorschub geleistet, indem staatspolitische, mit Blick auf das Ziel sozialer und politischer Integration auch direkt ideologische Funktionen an die berufliche Qualifizierung im Rahmen und Kontext der beruflichen Fortbildungsschulen gebunden wurden. Dies gilt ganz ähnlich auch für die sozialistische Variante der kritischen Interpretation der Zeitgemäßheit und Sinnhaftigkeit des Berufskonzepts, wie sie mit kritischem Blick auf Kerschensteiners Überlegungen in den 1920er Jahren etwa von Anna Siemsen vertreten wurde (Siemsen 1926). Bemerkenswerterweise weniger gilt dies für die in den zwanziger Jahren des letzten Jahrhunderts aus schierer Notwendigkeit entstandene industrielle Lehrlingsausbildung sowie für die damit zusammenhängende Entstehung der industriellen Lehrwerkstätten im historischen Kontext der Weimarer Republik (Schütte 1992); und es gilt – bezeichnenderweise – auch nicht für den Modernisierungsschub, den vor allem die gewerblich-technische, besonders natürlich die industrielle Berufsausbildung in der modernisierten und technologisch hochgerüsteten Kriegswirtschaft des Dritten Reiches erfahren hat (vgl. etwa den Überblick bei Kipp und Miller-Kipp 1995) – womit mit Verweis auf Carl Arnhold und das DINTA bzw. die DAF natürlich keineswegs gesagt sein soll, dass die bemerkenswerte Expansion der industriellen Berufsausbildung im Dritten Reich frei von ideologischen Zielen gewesen sei (vgl. dazu ebenso ausführlich Kipp und Miller-Kipp 1995).

Auch nach 1945 blieb die bundesdeutsche Berufsbildungspolitik dem doppelten strategischen Ziel beruflicher Qualifizierung und sozialer Integration bzw. (dann auch noch und im Zuge der bildungspolitischen Reformära) der gesellschaftlichen Teilhabe verhaftet – und zwar bezeichnender Weise, ohne dass die-

ser mehrfache Zweck beruflicher Tüchtigkeit, gesellschaftlicher Integration und –
seit 1968 – beruflicher Mündigkeit danach ernsthaft in Frage gestellt worden wäre.
So verweist etwa Lipsmeier (1998, S. 454) in seinem historischen Überblick
zur Nachkriegsgeschichte der bundesdeutschen Berufsbildung auf kritische Überlegungen Abels („Grundsätzliches Denken aber heißt hier: die Berufsausbildung
aus ihrer Isolierung herauszulösen und als integrierenden Faktor in der Erziehung des jungen Menschen zu erkennen" (Abel und Groothoff 1959, S. 65 f, hier
zit. nach Lipsmeier 1998, S. 454) sowie auf die Empfehlung der OECD-Studie
von 1971, in der es hieß: „Die Aufgabe lautet: Das bestehende industrieorientierte
System der Berufsausbildung so zu verändern, dass seine neue Struktur die Bedürfnisse des Individuums stärker berücksichtigt"(OECD 1973, S. 45f., hier zit.
nach Lipsmeier 1998, S. 454). Dies passte nahtlos in den Duktus der bildungspolitischen Reformära der ausgehenden 1960er und 1970er Jahre und läutete die nun
ernsthaft beginnende Diskussion um Chancengleichheit, Durchlässigkeit sowie
Gleichwertigkeit von Allgemeinbildung und Berufsbildung ein. So hieß es – die
gesamte Debatte gleichsam zusammenfassend – im „Strukturplan des Deutschen
Bildungsrates" (Deutscher Bildungsrat 1970, S. 182), das Ziel der Berufsausbildung bestehe im „Erwerb von tätigkeitsbezogenen Qualifikationen" und im Erwerb
der „Fähigkeit zur demokratischen Mitbeteiligung in Betrieb und Gesellschaft".

Und im Kontext der Darstellung der Ausdifferenzierung des beruflichen
Schulwesens in den 70er Jahren verweist Lipsmeier (1998, S. 462) auf die Vorläufer von Jungarbeiterklassen und BVJ anfangs der dreißiger Jahre („Grundlehrgän-
ge, Berufsfindungsjahre, Förderklassen"), um dann für die Einführung des heu-
tigen „Übergangssystems" in den frühen 70er Jahren zu konstatieren, dass diese
zunächst durch die Einführung des BVJ ersichtlichen Bestrebungen der „Kultus-
verwaltungen … vorwiegend zum Zwecke der Eindämmung der Jugendarbeitslosigkeit (Jungarbeiterproblematik), besonders für Lernschwache oder lernunge-
wohnte Schulabgänger" diente.

Insoweit ist es praktisch von Anbeginn zentraler Bestandteil der Geschichte
des deutschen Modells der Berufsausbildung, dass neben dem zentralen fachlichen Ziel beruflicher Tüchtigkeit immer auch wirtschaftliche, bildungspolitische
und sozialpolitische Zielsetzungen und Anforderungen an das System gestellt
wurden. (Greinert 2013; Greinert 1984 und 2006). Die Diskussion, die wir heute führen, wenn über Zusammenhänge zwischen dem Übergangssystem und Dualem System nachgedacht wird (sei es in Form von Selektionsaufgaben oder von
sozialpädagogischen (Zusatz-)funktionen des Übergangssystems, sei es in Form
von exklusiver Qualifizierungsfunktion auf hohem Niveau oder der Integrations-
funktion, die dem Berufskonzept des Dualen Systems nachgesagt wird), ist in-

sofern bereits einhundert Jahre alt und sie ist in ihrem sachlichen Kern bis heute nicht geklärt, auch wenn Bosch (2010, S. 57) zu der sehr eindeutigen Position gelangt, dass „die Berufsausbildung in Deutschland vorrangig nicht ein sozialpolitisch motiviertes Auffangbecken für lernschwache Jugendliche ist, sondern Bestandteil des Innovationssystems einer modernen Wirtschaft".

Denn der Befund, dass das bundesdeutsche Berufsbildungssystem durch anspruchsvolle Facharbeiter-Qualifizierung zu international wettbewerbsfähigen und innovativen Produkten entscheidend beiträgt, ist ebenso historisch gewachsen und zutreffend, wie der (ganz andere) Befund, dass die bundesdeutsche Berufsbildung – gleichfalls historisch gewachsen, s. o.) – zentrale Funktionen sozialer und gesellschaftlicher Integration sowie auch Aufgaben der Persönlichkeitsentwicklung für schwache Jugendliche übernommen (Lempert 2002) und sich zudem in den letzten 40 Jahren zu einem eigenständigen Segment innerhalb des Berufsbildungssystems entwickelt hat.

Wir werden uns also auch weiterhin mit den vielfältigen, zum Teil auch gegensätzlichen Funktionen (vor-)beruflicher Qualifizierung befassen müssen. Dazu gehört die Stärkung des Dualen Systems im Zeichen hoher Qualitätsanforderungen an berufliche Qualifikation, dazu zählt aber ebenfalls die sozialpolitische und sozialpädagogische Seite des Problems, die jene Jugendlichen betrifft, die diese Standards nicht im ersten Anlauf bewältigen können. Dieser Spagat zwischen Qualität und Sozialpolitik berührt auch die zentrale Frage der Professionalisierung des Bildungspersonals (vgl. die Empfehlungen der Sektion BWP der DGfE 2009), derzeit vor allem in den beruflichen Schulen, mit steigendem Druck des demographischen Wandels aber sicher auch auf der betrieblichen Seite der dualen Ausbildung.

Unterstellt man, dass die ausbildende Wirtschaft angesichts knapper werdender Personalressourcen, d. h.: bei sinkenden Jahrgangsstärken zunehmend auf die ergänzende Strategie der Rekrutierung von Auszubildenden auch aus dem Kreis schwächerer Jugendlicher gezwungen sein wird, dann wird deutlich, dass in absehbarer Zukunft nicht länger nur die beruflichen Schulen allein vor der Herausforderung stehen werden, sich um die besonderen Anforderung der Qualifizierung schwacher Jugendlicher zu stellen. Hier schließt sich dann der Kreis, denn die Forcierung des betrieblichen Engagements für neue Zielgruppen wäre unter diesen Kontextbedingungen von Knappheit nicht länger exklusiv sozialpolitisch oder sozialpädagogisch, sondern direkt ökonomisch motiviert, weil diese betriebliche Strategie der Ausschöpfung bisher nicht genutzter Ressourcen Ergebnis betrieblicher Rationalität wäre.

4. Fazit

Drei Dinge scheinen mit einiger Sicherheit festzuhalten zu sein:

Unsere ehemalige Bundesbildungsministerin hatte mit ihrer Keynote (s. o.) sehr eindeutig unrecht: Nachdem das bundesdeutsche Berufsbildungssystem seit mehr als 40 Jahren vergebens versucht, das anfangs der 1970er Jahre als „Übergangskonstruktion" eingeführte Phänomen „Übergangssystem" zu beseitigen, ist es wenig plausibel, anzunehmen, dass genau dies aufgrund von neuen Eckdaten in einer veränderten Berufsbildungspolitik von heute an gelingt. Der durchaus erfreuliche Rückgang, den wir im Übergangssystem seit 2009 verzeichnen, dürfte eher Folge externer Effekte wie z. B. des demographischen Wandels und verbesserter Rahmendaten wie etwa der konjunkturellen Entwicklung der letzten Jahre zu verdanken sein als etwa einer im Grundsatz erfolgreicheren Berufsbildungspolitik. Zudem – und bei aller Kritik an einem ideologisch belasteten Konzept von „Ausbildungsreife" – ist fest davon auszugehen, dass in jedem Fall eine Restgröße von Jugendlichen bleibt, die auf einigermaßen ‚normalen' Wegen nicht integrierbar sind; jedenfalls nicht in ein Regelsystem, dass sich auch nur halbwegs ernsthaft um berufliche Qualifizierung bemüht.

Das bedeutet zweitens, dass die Grenzen der im Rahmen des Berufsbildungssystems vertretbaren sozialpolitischen bzw. sozialpädagogischen Zielsetzungen, die auf dem Wege der Berufsbildungspolitik realistisch erreichbar scheinen, klar markiert sind. Dies schon wegen der Kernaufgaben des Systems beruflicher Qualifizierung, die im Kontext einer modernen Industriegesellschaft sicher nicht in erster Linie in sozialpolitischen Unterstützungsfunktionen liegen. Zwar waren die politischen, die sozialpolitischen und – in gewissem Umfang – auch die sozialpädagogischen Nebenwirkungen, welche an die Berufsbildung schon bei Kerschensteiner und damit in den Anfängen der dual organisierten Berufsbildung seit den beruflichen Fortbildungsschulen geknüpft waren, von Anfang an ein zentrales Merkmal der deutschen Variante beruflicher Qualifizierung. Dies wird im Kontext der Debatte um die fortdauernde Beruflichkeit von Arbeit gerade auch im internationalen Vergleich noch heute immer wieder als komparativer Wettbewerbsvorteil des bundesdeutschen Berufsbildungssystems hervorgehoben (Sozialisation, Integration, Aufstiegschancen, Chancen zur gesellschaftlichen Teilhabe usw.). Aber obwohl diese Integrations- oder sogar „Inklusionschancen" (Schmidt 2012) des bundesdeutschen Modells beruflicher Qualifizierung die Charakteristik der Berufsausbildung entscheidend mitprägen, können sie dennoch nicht deren Kern ausmachen. Dies verbietet sich aufgrund externer, gesellschaftlicher und volkswirtschaftlicher Logiken (internationaler Wettbewerb). Aber es widerspricht zugleich auch der internen Logik des Dualen Systems, da betriebliche Ausbildung (und das meint vor allem: die Bereitschaft der Betriebe, bei vollem Risiko in Ausbildungsplätze zu investieren) nur dann funktionieren kann, wenn diese Investition langfristig zur Erhaltung der betrieblichen Wettbewerbsfähigkeit beiträgt und entsprechende Renditen verspricht.

Insoweit kann man drittens feststellen, dass der eingangs zitierte Wilhelm Bonse-Geuking als ehemaliger Vorsitzende des Vorstandes der RAG-Stiftung mit seiner Forderung, berufliche Ausbildung und Qualifizierung zu industrieller Facharbeit müsse auf höchsten Anspruchsniveau erfolgen, recht hat. Denn nur diese garantiert die Aufrechterhaltung der nationalen und vor allem der internationalen Wettbewerbsfähigkeit. Das bedeutet in der Kehrseite leider auch, dass – trotz aller beruflicher Fördermaßnahmen – auch weiterhin unterschiedliche Formen leistungsbezogener Selektion erfolgen müssen und dass diejenigen Jugendlichen, die diese hohe Zugangsschwelle nicht im ersten Anlauf bewältigen können, der Unterstützung, der Förderung und der Vorbereitung bedürfen. Diese Förderung muss keineswegs zwingend innerhalb der Grenzen des Berufsbildungssystems erfolgen, aber die historische Tradition des bundesdeutschen Systems hat im Verlauf der letzten einhundert Jahre genau zu dieser Zuständigkeitsverteilung geführt.

Nur weniges spricht dafür, diese wieder aus der beruflichen Bildung herauszunehmen, allenfalls – und dieser Weg wird in jüngster Zeit verstärkt befolgt – kann der berufsbildende Bereich erwarten, dass in die vorgängige Phase der Sekundarstufe I curricular, didaktisch und methodisch ein höheres Maß an arbeitsorientierenden und berufsvorbereitenden Maßnahmen etabliert wird, als dies in den letzten 40 Jahren der Fall war.

Und letztens: Der im Titel dieses Beitrags formulierte Spagat zwischen Qualifizierung und integrationsorientierter Betreuung mit mindestens partiell sozialpädagogischer Orientierung lässt sich als klassisches Dilemma widerstreitender Ziele letztlich nicht auflösen, auch nicht mit den Mitteln intervenierender bzw. ‚gestaltender‘ Bildungspolitik. Immerhin ist für die Zukunft zu antizipieren, dass der demographische Wandel und die damit einhergehende, spürbarer werdende Knappheit an jungen Menschen dazu führen könnte, dass durch die Steigerung vor allem der betrieblichen Ausbildungsanstrengungen die Zahl jener Jugendlichen, die langfristig ohne Chancen bleiben, sinken wird.

Sicher aber scheint auch: Die Zahl jugendlicher ‚dropouts‘ wird und kann nicht gegen Null sinken; die entscheidende Frage, was dann mit dieser ‚Restgröße‘ nicht integrierbarer Jugendlicher geschehen soll, kann nur sozialpolitisch, sicher auch durch sozialpädagogische Instrumente beantwortet werden.

Literatur

Abel, H. & Groothoff, H. H. (1959). *Die Berufsschule. Gestalt und Reform*. Darmstadt 1959

Arbeitsgruppe Bildungsbericht am Max-Planck-Institut für Bildungsforschung (Hrsg.). (1994). *Das Bildungswesen in der Bundesrepublik Deutschland. Strukturen und Entwicklungen im Überblick*. Hamburg.

Autorengruppe Bildungsberichterstattung (2008). *Bildung in Deutschland 2008. Ein indikatorengestützter Bericht mit einer Analyse zu Übergängen im Anschluss an den Sekundarbereich I*. Im Auftrag der Ständigen Konferenz der Kultusminister der Länder in der Bundesrepublik Deutschland und des Bundesministeriums für Bildung und Forschung. Bielefeld: Bertelsmann.

Autorengruppe Bildungsberichterstattung im Auftrag der Ständigen Konferenz der Kultusminister der Länder in der Bundesrepublik Deutschland und des Bundesministeriums für Bildung und Forschung (2010). *Bildung in Deutschland*. Bielefeld Bertelsmann.

Autorengruppe Bildungsberichterstattung im Auftrag der Ständigen Konferenz der Kultusminister der Länder in der Bundesrepublik Deutschland und des Bundesministeriums für Bildung und Forschung (2012). *Bildung in Deutschland*. Bielefeld.

Baethge, M. (2003). Das berufliche Bildungswesen am Beginn des 21. Jahrhunderts. In K. S. Cortina,. J. Baumert, A. Leschinsky, K. U. Mayer & L. Tommer (Hrsg,), *Das Bildungswesen in der Bundesrepublik Deutschland. Strukturen und Entwicklungen im Überblick* (S. 525-580). Hamburg: Rowohlt.

Bosch, G. (2009). Herausforderungen für das deutsche Berufsbildungssystem. In G. Zimmer & P. Dehnbostel (Hrsg.), *Berufsausbildung in der Entwicklung – Positionen und Leitlinien* (S. 47-68). Bielefeld: Bertelsmann.

Bosch, G. (2010). Zur Zukunft der dualen Berufsausbildung in Deutschland. In G. Bosch, S. Krone & D. Langer (Hrsg.), *Das Berufsbildungssystem in Deutschland. Aktuelle Entwicklungen und Standpunkte* (S. 37-62). Wiesbaden: VS Verlag.

Deutscher Bildungsrat (1970). *Strukturplan für das Bildungswesen. Deutscher Bildungsrat. Empfehlungen der Bildungskommission*. Stuttgart

Dietrich, H., Dressel, K., Janik, F. & Ludwig-Mayerhofer, W. (2009). Ausbildung im dualen System und Maßnahmen der Berufsvorbereitung. In J.Möller & U. Walwei (Hrsg.), *Handbuch Arbeitsmarkt 2009* (S. 317-357). Bielefeld: Bertelsmann.

Dobischat, R. (2007). *Fachschulische Berufsausbildung – eine gleichwertige Alternative (zum dualen System)?* Vortrag zur Ringvorlesung „Reform des dualen Systems der Berufsausbildung" an der Hochschule der Bundeswehr Hamburg (11.12.2007).

Dobischat, R., Milolaza, A. & Stender, A. (2009). Vollzeitschulische Berufsausbildung – eine gleichwertige Alternative zur dualen Berufsausbildung? In G. Zimmer & P. Dehnbostel (Hrsg.), *Berufsausbildung in der Entwicklung – Positionen und Leitlinien* (S. 121-152). Bielefeld: Bertelsmann.

Dobischat, R., Kühnlein, G. & Schurgatz, R. (2012). *Ausbildungsreife – Ein umstrittener Begriff beim Übergang Jugendlicher in eine Berufsausbildung*. Hans-Böckler-Stiftung, Düsseldorf.

Euler, D. & Severing, E. (2007). *Flexible Ausbildungswege in der Berufsbildung. Ziele. Modelle. Maßnahmen*. Bielefeld: Bertelsmann.

Feller, G. (2006). Ausbildung sichern – die Mühen der Länder. Länderumfrage zur Berufsbildung an Schulen. *Zeitschrift für Berufs- und Wirtschaftspädagogik 2*, 283-291.

Greinert, W.-D. (1984). *Das Berufsgrundbildungsjahr. Weiterentwicklung oder Ablösung des „Dualen Systems" der Berufsausbildung?* Frankfurt: Campus Forschung.

Greinert, W.-D. (2006). Geschichte der Berufsbildung in Deutschland. In R. Arnold & A. Lipsmeier (Hrsg.), *Handbuch der Berufsbildung* (Zweite überarbeitete Auflage) (S. 499-508). Wiesbaden: VS Verlag.

Greinert, W.-D. (2013). *Humanistische versus realistische Bildung. Eine Studie zur Ergänzung der Geschichte der „deutschen Sonderwege".* Hohengehren: Schneider Verlag.

Kipp, M. & Kipp., G. (1995). *Erkundungen im Halbdunkel. Einundzwanzig Studien zur Berufserziehung und Pädagogik im Nationalsozialismus.* Kassel: Gesellschaft zur Förderung arbeitsorientierter Forschung.

Konrad Adenauer Stiftung/Initiativkreis Ruhr (2012). *Aus Schulabbrechern werden Facharbeiter! Potenziale nutzen – Zukunft sichern.* Fachtagung am 12. November 2012, BP Europa SE in Bochum.

Lempert, W. (2002). *Berufliche Sozialisation oder was Berufe aus Menschen machen.* Hohengehren: Schneider Verlag.

Lipsmeier, A. (1998). Berufsbildung. In C. Führ & C.-L. Furck (Hrsg.), *Handbuch der deutschen Bildungsgeschichte. Band VI: 1945 bis zur Gegenwart. Erster Teilband Bundesrepublik Deutschland* (S. 447-489). München: C.H. Beck.

Lutz, B. (2003). Employability – Wortblase oder neue Herausforderung für die Berufsbildung? In U. Clement & A. Lipsmeier (Hrsg.), *Berufsbildung zwischen Struktur und Innovation.* (ZBW-Beiheft 17) (S. 29-38). Stuttgart: Steiner Verlag.

Münk, D. (2002). Beruf und Kompetenz. In U. Clement & R. Arnold (Hrsg.), *Kompetenzentwicklung in der beruflichen Bildung* (S. 203-228). Opladen: Leske + Budrich.

Münk, D. (2004). On the continent, they drive on the wrong side of the road – Perspektiven und Perspektivität der europäischen Berufsbildungspolitik aus bundesdeutscher Sicht. In H. Reinisch, M. Eckert & T. Tramm (Hrsg.), *Studien zur Dynamik des Berufsbildungssystems. Forschungsbeiträge zur Struktur-, Organisations- und Curriculumentwicklung* (S. 45-62). Wiesbaden: VS Verlag.

Münk, D. (2008). Berufliche Bildung im Labyrinth des pädagogischen Zwischenraums: Von Eingängen, Ausgängen, Abgängen – und von Übergängen, die keine sind. In D. Münk, J. Rützel & C. Schmidt (Hrsg.), *Labyrinth Übergangssystem. Forschungserträge und Entwicklungsperspektiven der Benachteiligtenförderung zwischen Schule, Ausbildung, Arbeit und Beruf* (S. 31-52). Bonn: Pahl-Rugenstein.

Münk, D. (2010). Selektivität und Dysfunktionalität der vorberuflichen Bildung. Anmerkungen zum Zusammenhang zwischen dem „Übergangssystem" und der amerikanischen NBA. *Berufsbildung in Wissenschaft und Praxis 5,* 40-45.

Münk, D. & Schmidt, Chr. (2010). Das Übergangssystem: Labyrinth und Kollateralschaden dualer Ausbildung. In: A. Fischer, M. Ehrke, G. Hahn & K-D. Mertineit (Hrsg.), *Die soziale Dimension von Nachhaltigkeit – Beziehungsgeflecht zwischen Nachhaltigkeit und Benachteiligtenförderung. Berufliche Bildung und zukünftige Entwicklung* (S. 19-30). Hohengehren: Schneider Verlag.

OECD (1973). *Bildungswesen: mangelhaft. BRD-Bildungswesen im OECD Examen.* Frankfurt: Diesterweg.

OECD (Hrsg.) (1999). *Preparing Youth for the 21st Century. The Transition from Education to the Labour Market.* Paris.

OECD (2010). *Learning for jobs. Synthesis report of the OECD Reviews of Vocational Education and Training.* Paris.

Rauner, F. (2010). Berufsbildung in Deutschland. Krise, Kontinuität, neue Konzepte. In G. Bosch, S. Krone & D. Langer (Hrsg.), *Das Berufsbildungssystem in Deutschland. Aktuelle Entwicklungen und Standpunkte* (S. 63-90). Wiesbaden: VS Verlag.

Reinisch, H. (2001). Zur Entwicklung kaufmännischer Berufsbildung in schulischen Bildungsgängen in Deutschland. Ein Überblick von den Anfängen bis in die zweite Hälfte des 20. Jahrhunderts. In D. Fromberger, H. Reinisch & M. Santema (Hrsg.), *Berufliche Bildung zwischen Schule und Betrieb. Stand und Entwicklung in den Niederlanden und in Deutschland* (S. 11-64). Markt Schwaben.

Schmidt, C. (2011). *Krisensymptom Übergangssystem. Die nachlassende soziale Inklusionsfähigkeit beruflicher Bildung.* Bielefeld: Bertelsmann.

Schütte, F. (1992). *Berufserziehung zwischen Revolution und Nationalsozialismus. Ein Beitrag zur Bildungs- und Sozialgeschichte der Weimarer Republik.* Weinheim: Grin Verlag.

Sektion BWP der DGfE (Hrsg.). (2009). *Memorandum zur Professionalisierung des pädagogischen Personals in der Integrationsförderung aus berufsbildungswissenschaftlicher Sicht.* Bonn.

Siemsen, A. (1926). *Beruf und Erziehung.* Berlin: Laub'sche Verlagsbuchhandlung.

Stomporowski, S. (2009). Quo vadis Berufsvorbereitung? Historische Wurzeln, aktuelle Problemfelder und Herausforderungen. *Zeitschrift für Berufs- und Wirtschaftspädagogik 4,* 622-638.

Stomporowski, S.(2007). *Pädagogik im Zwischenraum. Acht Studien zur beruflichen Bildung Benachteiligter an berufsbildenden Schulen.* Paderborn: Eusl Verlagsgesellschaft.

Teichler, U. (1999). The Contribution of Education and Training to the Employability of Youth: Changing Concerns, Debates and Measures. In OECD (Hrsg.), Entry of Young People into Working Life (S. 215-261).

Das Übergangsgeschehen – ein neues „Dispositiv der Macht"? Bericht über eine Verblüffung

Arnulf Bojanowski

[...] Er lächelte und sagte: „Von mir willst du den Weg erfahren?"
„Ja", sagte ich, „da ich ihn selbst nicht finden kann."
„Gibs auf, gibs auf", sagte er [...]
Franz Kafka

Abstract

Beim Übergangsgeschehen „Schule – Beruf" finden wir eine merkwürdige Gemengelage: Es gibt eine extreme Heterogenität von Trends, Prozessen, Diskursen. Vieles ist im Fluss, sei es die verstärkte Berufsorientierung im Sekundarbereich I, sei es die Stabilisierung des „Förderdschungels", sei es das „Regionale Übergangsmanagement" als Versuch durch kommunale Steuerung das Übergangsgeschehen zu verbessern. Die Betrachtung eines solchen zerfurchten Feldes treibt zu neuen Überlegungen: Entstehen hier nicht neue Technologien und Praktiken, die eine bestimmte Bevölkerungsgruppe zu erfassen und disziplinieren suchen? Diese Fragen führen zu der These, dass wir uns hier grundsätzlich mit neuartigen Vergesellschaftungsmustern auseinandersetzen müssen, die auf Machtkonstellationen beruhen. Der Übergangsbereich entwickelt sich zu einem neuen Dispositiv der Macht, in dessen Folge sich neue Praktiken und Technologien des Selbst im Sinne Foucaults entfalten.

1. Einleitung

Zweifellos sind in den letzten Jahren und Jahrzehnten die Übergänge von der Schule ins Erwerbsleben schwieriger geworden. Diese Unsicherheit in Blick auf die Übergänge ins Erwerbsleben bedeutet besonders für die Lebensgeschichten junger Menschen gravierende Veränderungen. Die bekannten Muster „Schule – Ausbildung – Beruf" bröckeln. Deutschland organisiert den Übergang ins Erwerbsleben durch ein strukturiertes System beruflicher Bildung, das sich gemäß

Vorschlag der Nationalen Bildungsberichte (Konsortium Bildungsberichterstattung 2006; Autorengruppe Bildungsberichterstattung 2012) in drei Sektoren erfassen lässt: Duales System – Schulberufssystem – „Übergangssystem". Während die beiden ersten Sektoren ordnungsrechtlich geregelt sind und korporatistisch verwaltet werden, ist das „Übergangssystem" eher durch Diffusität gekennzeichnet: ein Wirrwarr von Maßnahmen und Institutionen im vorberuflichen und berufsvorbereitenden Bereich. Zudem verdeckt dieser Begriff, dass weder die Übergänge der jungen Menschen organisiert noch systematisch Bildungsgänge oder Laufbahnen vorgehalten werden (Bojanowski et al. 2007; Münk et al. 2008; Bojanowski und Eckert 2012). Das „Übergangssystem" gilt auch als eine Reaktion auf die Ausbildungskrise der 1990er und 2000er Jahre; Martin Baethge wies schon vor Jahren angesichts sinkender Ausbildungsbereitschaft auf das fehlende „commitment der Betriebe" hin (Baethge et al. 2008). Damit ist es auch eine Antwort der Politik auf den demographischen Druck und zudem ein Versuch wohlmeinender politischer Akteure, erwerbsarbeitsnahe Übergänge zu schaffen, um die Jugendarbeitslosigkeit zu mindern. Zwar haben also die Nationalen Berichte das „Übergangssystem" öffentlich gemacht, gleichwohl sind weder bildungswissenschaftlich noch bildungssoziologisch die Konturen dieses Bereichs schon angemessen abgesteckt.

2. Eine merkwürdige Gemengelage

Eine merkwürdige Gemengelage hat sich da mit dem sog. „Förderdschungel" des Übergangssystems herausgebildet. Denn allein die Größenordnung dieses Wirrwarrs bereitet seit Jahren in Politik und Gesellschaft Unbehagen. Das Übergangssystem hat inzwischen die Bildungsbiographien hunderttausender benachteiligter Jugendlicher in Deutschland maßgeblich beeinflusst. Allerdings muss man analytisch das „Übergangssystem" weiter fassen: „Zum Übergangssystem zählen wir [...] allgemeinbildende und berufliche Schulen, Ausbildungsbetriebe, Leistungen, die den schulischen Unterricht und die betriebliche Ausbildung ergänzen und unterstützen (z. B. Berufsorientierung in außerbetrieblichen Einrichtungen, Praktika, ausbildungsbegleitende Hilfen usw.), Maßnahmen der Jugendhilfe (z. B. Kompetenzagenturen), der Arbeitsagenturen (z. B. BvB-Maßnahmen, Ausbildung in außerbetrieblichen Einrichtungen) und der Träger der Grundsicherung (z. B. Arbeitsgelegenheiten)" (Braun und Reißig 2012, S. 92f.). Diese „weite" Beschreibung wird dem Übergang Schule – Beruf sicherlich besser gerecht; daher scheint die Bezeichnung „Übergangssektor" oder „Benachteiligtenförderung" angemessener.

Was sind die treibenden Kräfte hin zu solch einem Sektor? Ein zentrales Entwicklungsmoment sind zweifellos – arbeitssoziologisch gesehen – *Veränderungen in den betrieblichen Arbeitsplätzen.* Die Anforderungen an die Fachkräfte steigen. Dies hat Auswirkungen auf die Berufsausbildung und die Erwartungen der Betriebe an ihre Auszubildenden. Arbeits- und industriesoziologische Befunde signalisieren: Der Rückgang der Einfacharbeitsplätze und die Abnahme der Zahl der Ausbildungsplätze, deren Anforderungen auch von benachteiligten Jugendlichen zu erfüllen sind, bilden einen Zusammenhang. Wenn der Sockel an Einfacharbeitsplätzen sich bei gut 20 Prozent aller Beschäftigten eingependelt hat (Bellmann und Stegmaier 2007, S. 12), dann haben An- und Ungelernte immer weniger Chancen auf einen Arbeitsplatz. Die Betriebe rekrutieren heute lieber ausgebildete oder auch fachfremde Fachkräfte; Arbeitsplätze von Nicht-Facharbeitern wurden schon 2002 zu rund 45 Prozent von Personen mit Ausbildungsabschluss besetzt (Weinkopf 2007, S. 27). Angesichts einer viel beschworenen „Forcierung des Humankapitals" sind solche Signale unüberhörbar: Schule und Arbeitswelt fordern viel – und (immer) mehr – von den Heranwachsenden. Entsteht nicht der Eindruck, dass junge Leute sich – unter Verzicht auf Muße oder Umwege – schleunigst auf Erwerbsleben vorbereiten sollen? Sie sollen sich rasch qualifizieren und sich möglichst schnell in das Erwerbsleben eingliedern.

Und dies entspricht offenbar der Realität: *Junge Menschen wollen eine Integration in den Arbeitsmarkt.* Diese Erwerbsarbeitsdominanz entspricht gemäß jugendsoziologischen Studien den Wünschen und Erwartungen der Jugend (Deutsche Shell 2002): Eine Orientierung an Ausbildung und Erwerbsarbeit ist und bleibt weiterhin im Zentrum ihres Lebensinteresses. Was jedoch für den „normalen" Jugendlichen – gewiss unter Schmerzen – unproblematisch zu sein scheint, wird für jugendliche Randständige zum schwer zu bewältigenden Hindernis. So ist bspw. die Zahl der „Altbewerber" (= Jugendliche aus Schulentlassjahren, die seit Jahren eine Ausbildungsstelle suchen) seit Jahren extrem hoch; sie sinkt allmählich seit dem Jahre 2010 – dies ist aber eher demographisch bedingt. Oder die Zahlen des Mikrozensus signalisieren: Ohne abgeschlossene Berufsausbildung waren 2008 14,9 Prozent aller Jugendlichen im Alter zwischen 20 und 29 Jahren (BIBB 2011, S. 245). Rein quantitativ ist die große Anzahl benachteiligter Jugendlicher erschreckend. Und gerade benachteiligte Jugendliche schaffen es erst in langwierigen Entwicklungsprozessen und Anstrengungen, ihren eigenen Identitätsentwurf auf Basis ihres sozialen Erbes herauszuarbeiten.

Die „merkwürdige Gemengelage" zeigt sich auch an den *differierenden Zuständigkeiten* in der Benachteiligtenförderung. So ist die Finanzierung über europäische, bundesstaatliche, länderspezifische und kommunale Programme organisiert. Auch die organisationell-rechtlichen Zuständigkeiten sind extrem zersplittert: Seien es die bundesweit agierende Arbeitsverwaltung oder die den Ländern unterstellten Berufsschulen oder die im Kern kommunal organisierte Jugendhilfe – Benachteiligtenförderung muss sich hier im Geflecht verschiedenster Zuständigkeiten und darüber hinaus verschiedenster rechtlicher Normierungen (SGB II, III und VIII) bewegen.

Die Tatsache einer schwierigen Berufsintegration eines Teils der Jugend hat inzwischen zu einer *verstärkten Berufsorientierung* im Sekundarbereich I geführt. Viele Haupt- oder Förderschulen haben in den letzten Jahren verstärkte Anstrengungen unternommen, die Berufseinstiegsprobleme der Heranwachsenden zu mindern: Man organisiert betriebliche Praktika, betreibt Potentialanalysen, nutzt außerschulische Berufsfindungsangebote in den Schulen, kooperiert mit der Arbeitsverwaltung, verstärkt den Arbeitslehreunterrichts, sucht Verbindungen mit nahen berufsbildenden Schulen etc. (*Marsch u. a.* 2012). Trotz der beeindruckenden Fülle der Maßnahmen ist es auch hier zu einem „Wirrwarr" gekommen, zu einem unkoordinierten und hektischen Nebeneinander verschiedenster Maßnahmeformen. Offenkundig hat sich der Förderdschungel nicht nur in einer neuen Dimension stabilisiert, sondern verstärkt. Nicht erkennbar ist, dass die Betroffenen, die Jugendlichen selber, dieses Durcheinander durchschauen können, zumal die Kernfrage, die Schaffung von Ausbildungsplätzen, natürlich nicht durch bildungsbezogene Anstrengungen kompensiert werden kann. Auch die durch die Hartz-IV-Gesetzgebung versuchte Steuerung, Jugendliche in sog. *Arbeitsgelegenheiten* (Ein-Euro-Jobs) unterzubringen rief bisher eher kontraproduktive Effekte hervor. Einerseits wurden Jugendliche aus Bedarfsgemeinschaften weniger in berufsvorbereitenden Maßnahmen gefördert (*Koch* 2008), andererseits waren sie den Sanktionen der Arbeitsverwaltung ausgeliefert, was erst in den letzten zwei Jahren durch Kritik aus der Arbeitsverwaltung selber (Götz et al. 2010) zurückgefahren wurde.

Andere Ansätze beziehen sich auf die *kommunale Ebene*. Konzepte wie „Lernen vor Ort" und „Regionales Übergangsmanagement" zielen auf eine örtlich-kommunale Steuerung des Übergangsgeschehens, am besten ausgedrückt in der „Weinheimer Initiative", in der Vertreter der Kommunen eine eigenständige Steuerung örtlicher Bildungsprozesse fordern (Kruse und Paul-Kohlhoff 2013). Die Vielzahl der bundesweiten Projekte kann aber nicht ihre strukturelle Schwäche überdecken, da die Kommunen im Bildungssystem nur eine subsidiäre Aufgabe und nur geringe Eingriffsmöglichkeiten haben. Die Studien zu der bisherigen Praxis zeigen oftmals eine Überforderung der Kommunen (Dobischat und Kühnlein 2009).

Insgesamt wird deutlich, dass der Übergangsektor von verschiedensten Einflussgrößen abhängig ist, die nur schwer abschätzbar sind. Hinzu kommen Einflussgrößen wie Demografie, Konjunktur oder von der Konjunktur abhängende betriebliche Rekrutierungsstrategien von Auszubildenden. So bleibt im Blick auf Heterogenität und Diffusität des Gegenstandsfelds festzuhalten: Die Aktivitäten zur Entschärfung der Übergangsproblematik reichen in keiner Art und Weise aus, um den „Sockel" benachteiligter Jugendlicher hinreichend abzubauen. Erzeugt nicht das durchaus von gesellschaftlichem Verantwortungsbewusstsein getragene Agieren wie das Haupt der Medusa immer neue Aktivitäten und Maßnahmen?

3. Wahrnehmungen und Diskurse

Angesichts solcher Zustände nimmt es nicht wunder, wenn das Übergangsgeschehen von verschiedensten gesellschaftlichen Akteuren massiv kritisiert wird. Exemplarisch steht dafür eine Bertelsmann-BIBB-Expertenbefragung, in der im Rahmen eines Delphi-Verfahrens Experten zum Zustand des Übergangssystems befragt wurden (Autorengruppe BIBB und Bertelsmann-Stiftung 2011). Die einhellige *Kritik* am Übergangssystem überrascht nicht. Über 80 Prozent der Experten drängen auf entschlossene Reformen dieses Bereichs. Eine in diesem Kontext entstandene wirtschaftsnahe Initiative, „Übergang mit System" (seitens der Bertelsmann-Stiftung; Sell 2011), kam jüngst nach vielfältigen Versuchen in mehreren Bundesländern zu dem durchaus überraschenden Ergebnis, es bedürfe einer gesamtstaatlichen Initiative, um die Übergänge junger Menschen zu verbessern.

Parallel existiert seit längerem ein intensiver gesellschaftlicher Diskurs über einen (befürchteten) *Fachkräftemangel*. Seit Jahren beklagen Betriebe und Kammern ein Fehlen von Fachkräften, zumeist ohne sektoral, branchenbezogen oder regional zu differenzieren. Dieser Diskurs reichte bisher aus, der Öffentlichkeit „einzureden", dass die Jugendlichen sich nur hinreichend anstrengen müssten, um in den Betrieben der Wirtschaft unterzukommen. In Wahrheit rekrutiert die Wirtschaft längst über andere Wege, etwa durch Werbung bei Abiturienten (15 Prozent der Auszubildenden sind inzwischen Absolventen eines Gymnasiums) oder durch Rekrutierung ausländischer Fachkräfte. Dagegen stehen einzig und allein Aktivitäten des Handwerkskammertags, der eine Weiterbildung für betriebliche Ausbilder installiert, damit diese besser mit benachteiligten Jugendlichen umgehen können. Insgesamt aber kann sagen: Verschiedene inkommensurable Diskursformationen laufen nebeneinander her, unkommentiert, unkoordiniert, öffentlich, ohne dass sie einander auch nur ansatzweise berühren.

Im Kontext heterogener Debatten und Praktiken muss die Benachteiligtenförderung unterschiedlichste Begründungen und Leitkonzepte integrieren bzw. balancieren, bspw. „Lebensweltorientierung versus Arbeitsmarktintegration". Aber nicht nur die Leitfigurationen, sondern auch die *pädagogischen Konzepte* der Benachteiligtenförderung sind heterogen. Sind sie bspw. von der Jugendsozialarbeit inspiriert, so rückt die Entwicklung des Subjekts ins Zentrum; ist die Arbeitsverwaltung Fördermittelgeber, gilt für die betroffenen Jugendlichen oft eindimensionales „Fördern durch Fordern". Berufsschulische Konzepte wiederum betonen die Bedeutung der Fachpraxis als Entwicklungsvehikel für benachteiligte Jugendliche; das Produktionsschulprinzip wiederum setzt auf produktive und ernsthafte Arbeit im Kundenauftrag im Kontext regionaler Märkte. Zusammengefasst: Ein integratives pädagogisches Gesamtkonzept steht noch aus (siehe aber auch Bojanowski 2005).

Eine weitere Facette im öffentlichen Diskurs und zugleich ein mächtiger Verstärker von Schuldzuweisungen an die Heranwachsenden ist der Kriterienkatalog der Bundesagentur, die *Ausbildungsreife* (Nationaler Pakt 2009). Bildungspolitisch lässt sich dies als eine Verschiebung der Lasten interpretieren: Durch einen sehr anspruchsvollen Katalog von Forderungen an die Jugendlichen über das, was Voraussetzung für eine betriebliche Ausbildung sein könnte, ist es innerhalb der Öffentlichkeit gelungen, nicht die sinkende Ausbildungsbereitschaft der Betriebe zu thematisieren, sondern den Jugendlichen gewissermaßen die Verantwortung zuzuschieben, sie seien noch nicht „reif" für eine betriebliche Ausbildung (Kühnlein und Dobischat 2012; Ratschinski und Steuber 2012). Diese von der Arbeitsverwaltung forcierte Umsteuerung auf Ausbildungsreife als Zugang zur Ausbildung hat dazu geführt, dass der Blick auf die individuellen Problemlagen benachteiligter Jugendlicher verloren ging. Ausbildungsreife als hoheitliches Konstrukt verwehrt unter dem Deckmantel der Legitimität Zugänge in Ausbildung und ins Erwerbsleben – ein sicherlich zweckrationaler und interessengeleiteter Steuerungsversuch, der allerdings den zukünftigen demographischen Entwicklungen nicht mehr gerecht werden wird. Denn die Bundesrepublik Deutschland wird, wie der Bildungsforscher Dieter Euler in einem Gutachten feststellt, auch in den nächsten zehn bis fünfzehn Jahren mit einem *Sockel benachteiligter Jugendlicher* leben müssen (Euler 2010).

Untermalt werden solcherlei Diskurse durch eine neue Herausforderung: *das Inklusionsgebot der Vereinten Nationen.* Die UN-Konvention zur Inklusion behinderter Menschen wurde 2008 vom Deutschen Bundestag verabschiedet und entfaltet Stück für Stück ihre Langzeitwirkung. Die Ländergesetzgebung muss neuerdings z. B. die integrative Beschulung behinderter Menschen ermöglichen

– und die Konsequenzen für eine Inklusion in der beruflichen Bildung sind derzeit überhaupt noch nicht abschätzbar.

Die *Nationalen Bildungsberichte* haben als Teil dieser öffentlichen Auseinandersetzungen anfangs durchaus das Ausmaß der Ausgrenzung benachteiligter Jugendlicher aus dem herkömmlichen Berufsbildungswesen offen gelegt. Am deutlichsten war der erste Nationale Bildungsbericht von 2006; er stellte fest: Das Übergangssystem sei „die möglicherweise folgenreichste und auch problematischste Strukturverschiebung" im deutschen Bildungswesen (Konsortium Bildungsberichterstattung 2006, S. 80); die Expansion des Übergangssystems sei eine „ernsthafte bildungspolitische Herausforderung" (82).

Danach wird die Kritik schwächer; man zieht sich darauf zurück, dass Bildungspolitik zur Abminderung solcher Ungleichheiten eher bei der vorschulischen Bildung ansetzen müsse. Aus dem dritten Bildungsbericht 2010 bleiben zwei Feststellungen erwähnenswert: Bei den Neuzugängen ins Übergangssystem gab es nur einen geringen Rückgang (Autorengruppe Bildungsberichterstattung 2010, S. 96) und es bleibe „ein Manko, dass über die Gründe für die Bewegungen im Übergangssystem genauso wenig Transparenz besteht wie über seine genauen Wirkungen" (98). Trotz solch durchschimmernden Unbehagens bleibt auch der vierte Nationale Bericht 2012 leidenschaftslos: „Obwohl im Vergleich zu 2008 fast 76.000 Jugendliche weniger in das Übergangssystem einmünden, hat sich an der relativen Größe ihres Anteils an der Gesamtheit der Neuzugänge nur begrenzt etwas geändert: Er bewegt sich zwischen einem Viertel und einem Drittel der Neuzugänge" (ebd. 2012, S. 102). Allerdings wird gefordert: Es bedarf „offensichtlich gezielter politischer Interventionen und (sozial-) pädagogischer Gestaltungsmaßnahmen in der Übergangs- und Berufseingangsphase, möglicherweise auch neuer Unterstützungsstrukturen für Betriebe zum Ausgleich kognitiver Defizite von Auszubildenden" (122).

Widersprüchlicher kann sich kaum eine Diskurs-Gemengelage darstellen. Verschiedenste mit dem Anspruch auf Rationalität geführte Debatten und Aktivitäten prallen aufeinander, kollidieren, umspielen sich, ignorieren sich – dies alles in guter Absicht, aber wenig „systemisch". Auch offizielle Bildungspolitik geht nach einem gewissen Erschrecken über Ausmaß und Langlebigkeit eines Übergangssektors rasch zur Tagesordnung über oder verharrt bei wenig konkreten Appellen.

4. Neue Machtkonstellationen?

Die Betrachtung eines solchen zerfurchten Feldes treibt zu neuen Überlegungen: Entstehen hier nicht neue Technologien und Praktiken, die eine bestimmte Bevölkerungsgruppe zu erfassen und disziplinieren suchen? Denn entgegen beschönigender Diskurse ist festzustellen: Größe, Langlebigkeit und Undurchschaubarkeit des Übergangssektors sind höchst besorgniserregend, ja bestürzend! Und es besteht die begründete Vermutung, dass es hier nicht um kurzzeitige Prozesse geht. Vielmehr hat sich aus der Gesellschaft heraus eine Entwicklung angebahnt, die zu wirklicher Sorge Anlass gibt, einer Sorge, die von vielen Fachleuten geteilt wird. Grundsätzlich gefragt: Kann eine moderne Gesellschaft damit leben, wenn ein gewichtiger Teil der nachwachsenden Generation ohne berufliche Perspektiven aufwächst? Ist es wirklich sinnvoll, junge Leute in Warteschleifen zu stecken, ohne ihnen etwas längerfristige Perspektiven zu bieten? Ist es sinnvoll, Zielgruppen noch weiter auszudifferenzieren oder durch Ausbildungsreifemerkmale zu klassifizieren? Die jüngste Initiative 2013 der Europäischen Kommission, ein Programm zur Bekämpfung der Jugendarbeitslosigkeit in Europa aufzulegen gibt ein deutliches, allerdings kein systematisches Signal, weil es auch hier wiederum nur um kurzfristige Programme geht. So bleibt erst einmal der Eindruck: Die öffentlichen Akteure sind steuerungs- und regulationsunfähig. Die Diskurse scheinen inszeniert und nutzlos zu sein.

Jedenfalls reichen schon solcherlei Unbehagen und Sorge aus, um zu fragen, ob es nicht tiefer liegende Motivzusammenhänge gibt. Dies führt zu der These, dass wir uns hier grundsätzlich mit neuartigen Vergesellschaftungsmustern auseinandersetzen müssen, die auf *Machtkonstellationen* beruhen. Diese These führte zu einer Re-Lektüre des Nietzscheaners Michel Foucault, der sich sein Leben lang mit Themen und Theorien auseinander gesetzt hat, die sich mit „impliziten" gesellschaftlichen Prozessen befassen. Foucault interessieren die Formen und die Mechanismen, die zur Durchsetzung einer bestimmten Formation des Überwachens und Strafens geführt haben, also das „Wie" der Macht. „Es handelt sich nicht um die List der großen Vernunft, die noch in ihrem Schlaf am Werk ist [...], sondern um die Listen der aufmerksamen „Böswilligkeit", die alle Wässerchen auf ihre Mühlen leitet. Die Disziplin ist eine praktische Anatomie des Details" (Foucault 1979, S. 178). Auf subtilen Wegen schleicht die Macht in das Denken und Handeln der Subjekte. „Aus diesen Kleinigkeiten und Kleinlichkeiten ist der Mensch des modernen Humanismus geboren" (181). In der Lektüre einer sich immer mehr durchsetzenden Festlegung von Machtverhältnissen gibt es keinen Akteur, kein Movens des historischen Prozesses, kein Subjekt, das die Prozesse koordiniert – wenn überhaupt ein Koinzidieren von Tendenzen und Konstellationen.

In diesem Bild der „Disziplinarmacht" erscheint die Macht als undurchdringlich: „ein Komplex von Instrumenten, Techniken, Prozeduren, Einsatzebenen, Zielscheiben" (277). In Foucaults Verständnis – so mag es scheinen – schleicht die Macht in uns hinein, sie formt uns, sie wird von uns ohne Willen exekutiert. Foucault hat später seinen Machtbegriff erweitert. „Unter Macht [...] ist zunächst zu verstehen: die Vielfältigkeit von Kräfteverhältnissen, die ein Gebiet bevölkern und organisieren" (Foucault 1983, S. 93). Es ergibt sich ein Bild der Machtverhältnisse, in denen alles alles beeinflusst, – mit Foucault: ohne „Subjekt", ohne „Generalstab" (95) – in dem „das Netz der Machtbeziehungen ein dichtes Gewebe bildet, das die Apparate und Institutionen durchzieht, ohne an sie gebunden zu sein" (97). Dieses Netz der Beziehungen zu durchdringen, bleibt ein Thema moderner Auseinandersetzungen.

Um in die doch oft metaphorischen und dunklen Beschreibungen von (Macht-) Verhältnissen etwas Regelhaftes einzuführen, gibt Foucault methodologische Ratschläge, etwa zu den Macht-Diskursen. Eine Machtanalyse sollte sich ihres Gegenstandsfelds gründlich versichern. Die Analyse müsste z. B. zentrale Konfliktfelder identifizieren oder sich klarmachen, was an imaginären Dialogen oder an unterdrückten Gefühlen zu finden wäre. Die spätere Weiterführung in Richtung *„Bio-Macht"* bietet weitere Anknüpfungspunkte. Hier geht es um Strategien, mit denen auf das „Leben" und die Bevölkerung gezielt wird. Mittels Strategien der „Bio-Politik" werden „Regulierungen der Bevölkerung" (135) betrieben, etwa durch „Abschätzung des Verhältnisses zwischen Ressourcen und Einwohnern um die Tabellierung der Reichtümer und ihrer Zirkulation" (135/136). Solche von Foucault dem 19. Jahrhundert zugeordnete Machttechniken und Wissensverfahren nehmen die „Prozesse des Lebens in ihre Hand, um sie zu kontrollieren und zu modifizieren" (137). Die Macht verstärkt sich und dringt in die Subjekte und ihre privatesten Regulationspraktiken ein.

Weder „Disziplinarmacht" noch „Bio-Macht" scheinen aber konkret genug zu sein. Foucault führt in seinen letzten Schriften den Begriff der *„Gouvernementalität"* ein. Dieser Begriff versucht die verschiedenen Machtverständnisse zusammenzufügen (als Kunstwort wird „Regierung" und „mentale Verhältnisse" integriert) und eine Beschreibung von Mechanismen zu liefern, die für die aktuelle Moderne Gültigkeit beansprucht. Foucault analysiert neue Techniken und Praktiken des Regierens einerseits (Einrichtung und Optimierung der staatlichen Prozesse) und des Umgang mit sich selbst andererseits: Selbstprüfungen und „Geständnisse". Letztlich erfordert eine moderne „Regierung" die freiwillige Mitarbeit des Individuums an seiner „Selbstregierung"; es geht um Selbstdisziplinierung und Selbstbeherrschung. Folgen wir insoweit Foucault, dann erscheint das Übergangsgeschehen wie ein „Dispositiv der Macht". Denn vieles von dem, was in und mit dem Übergang Schule – Beruf passiert, lässt sich mit den bestehenden Mustern nicht mehr erklären. Im Rückgriff auf Foucault gewinnt man verblüffende Einsichten.

Was ist ein „Dispositiv"? Vereinfacht gesagt bezieht sich ein Dispositiv auf drei Dimensionen (Höhne 2011): (1) Zunächst handelt es sich um einen Zusammenhang, der eine *strategische Antwort auf eine gesellschaftliche Notsituation oder einen gesellschaftlichen Krisenzustand* darstellt. Dies lässt sich beim Übergangssektor gut festmachen, der sich aus der Krise des Ausbildungsmarktes und der steigenden Jugendarbeitslosigkeit entwickelt hat. Und in der Tat ist die Entstehung dieses Sektors „ohne Subjekt" und ohne „Generalstab" abgelaufen. Der Übergangssektor nutzt zudem verschiedenste Diskurse und Praktiken, und greift so in die Bedingungen der Adoleszenz Jugendlicher ein. (2) Sodann ist ein weiteres Kennzeichen eines Dispositivs die *Verknüpfung heterogener Diskurse, Praktiken, Institutionen und wissenschaftlicher Aussagen*. Auch hier zeigt sich beim Übergangsgeschehen, wie vielfältig sich die Diskurse verschränken, kreuzen, parallel laufen oder sich ignorieren. Viele der öffentlichen Debatten zum Übergangsgeschehen scheinen eher taktische Qualität zu haben denn zur Aufklärung beizutragen. Das Dispositiv „Übergangssektor" greift tief ein ins jugendliche Subjekt: „Techniken der Disziplinierung" lassen sich am Exempel der Ausbildungsreife verifizieren, neuartige „Praktiken der Erfassung" und der „Bio-Macht" zeigen sich bei aktuellen Klassifizierungen der Arbeitsverwaltung oder bei Zielgruppensegmentierungen des Gesetzgebers. Finden wir nicht auch einen „Geständniszwang" durch amtliche Prozesse des Aushorchens privater Bereiche etwa bei der Sanktionierung von Hartz-IV-Jugendlichen? (3) Und schließlich zeigt sich ein Dispositiv durch die Eröffnung eines *„neuen Feldes der Rationalität"* – eine hohe Rationalität, in der die Akteure mit Gedankenfülle und manisch wirkender Genauigkeit alles zu regeln versuchen, anstatt Offenheit und Experimentieren zuzulassen. Was wollen uns die Sanktionsdrohungen des SGB II denn anderes lehren, als dass hier eine „subtile Strategie Einfluss nehmen" will, Einfluss auf die minimalsten Regungen der Seelen und der Körper?

Ohne solcherlei Skizzen fortsetzen zu wollen: Wenn diese Beschreibungen eines Dispositivs auf die Situation im Übergang Schule – Beruf auch nur ansatzweise zutreffen, dann lassen sie einen in höchster Verwunderung zurück: Greifen hier nicht Techniken und Praktiken Raum, die dem jugendlichen Subjekt signalisieren: Was auch immer du denkst und machst, du bist neuen Formen des Unterworfenseins ausgesetzt, die dir kaum Chancen lassen. Da liegt die Vermutung nahe: Im Übergangsgeschehen haben sich implizite Machtmechanismen etabliert.

Extrem hellsichtig hat Franz Kafka zu Beginn des 20. Jahrhunderts in seinem Text „Gibs auf!" einen solchen möglichen gesellschaftlichen Zustand angedeutet:

Es war sehr früh am Morgen, die Straßen rein und leer, ich ging zum Bahnhof. Als ich eine Turmuhr mit meiner Uhr verglich, sah ich, daß es schon viel später war, als ich geglaubt hatte, ich mußte mich sehr beeilen, der Schrecken über diese Entdeckung ließ mich im Weg unsicher werden, ich kannte mich in dieser Stadt noch nicht sehr gut aus, glücklicherweise war ein Schutzmann in der Nähe, ich lief zu ihm und fragte ihn atemlos nach dem Weg. Er lächelte und sagte: „Von mir willst du den Weg erfahren?" „Ja", sagte ich, „da ich ihn selbst nicht finden kann." „Gibs auf, gibs auf", sagte er und wandte sich mit einem großen Schwunge ab, so wie Leute, die mit ihrem Lachen allein sein wollen.

5. Biographische Risiken

Bleiben wir noch einen Moment bei Kafka und fragen uns, ob solcherlei Zumutungen für junge Menschen, die in der wohlgeordneten Moderne leben („Straßen rein und leer"), zu verarbeiten sind („ließ mich im Weg unsicher werden"). Könnte es nicht sein, dass die ambivalenten Reaktionen von Staat und Gesellschaft auf die Situation im Förderdschungel („Schutzmann"; „er lächelte"; „so wie Leute, die mit ihrem Lachen allein sein wollen") den Jugendlichen das Fürchten lehren? Ich will an vier Themen nachdenken, ob nicht Konsequenzen im Jugendleben absehbar werden, wenn das Übergangsgeschehen normierend als „Dispositiv der Macht" in die Sozialisationsprozesse und in die Biografien der Jugendlichen eingreift.

1. Junge Menschen investieren in den Maßnahmen des Übergangssektors viel *Lebenszeit*; sie absolvieren oft mehrere Maßnahmen nacheinander. Diese „Maßnahmeketten" sind aber keine „Förderketten". Junge Menschen stecken eher im Bildungswesen fest, als dass sie Perspektiven für weiterführende Bildungsgänge oder für die Arbeitsmarktintegration entwickeln. Ihre Lebenszeit ist gewissermaßen „eingefroren", ihre Chancen, gerade die offene Zeit des Jugendalters zur Selbstentdeckung zu nutzen, wird konterkariert. Man kann hier eine „Scherenentwicklung" innerhalb der Jugend konstatieren. „Zum einen zielen die gegenwärtigen Reformen im Bildungssystem auf die zeitliche Verdichtung von institutionellen Bildungs- und Lernzeiten: Die Stärkung der frühkindlichen Bildung durch eine frühere Einschulung, Abitur nach 12 Schuljahren und kürzere Studienzeiten durch die Einführung von sechssemestrigen Bachelorstudiengängen sind Belege hierfür. Zum anderen wird in den Bildungsberichten nachgewiesen, dass die Übergänge von der Schule in die Berufsbildung und in die Erwerbsarbeit immer mehr Zeit beanspruchen und damit eine genau gegenläufige Tendenz aufweisen"

(Sektion Berufs- und Wirtschaftspädagogik 2009). Zu befürchten ist, dass junge Menschen es nicht mehr schaffen, sich selbst auszuprobieren, sich selbst als „widersprüchlich" zu erleben, oder sich als Selbst-Gestalter zu erfahren. Sie vernutzen ihre Lebenszeit in sinnlosen Warteschleifen.

2.   Wer sich im Übergangssektor aufhält, dem droht zudem ein *biographisches Risiko*: Neben dem nutzlosen Verweilen in Bildungsinstitutionen bleiben angesichts der weiterhin schwierigen Ausbildungs- und Arbeitsmarktsituation für benachteiligte Jugendliche kaum andere Möglichkeiten, als sich nach den vorhandenen Angeboten zu richten. Können dann im Übergangssystem jugendaltersspezifische Entwicklungsaufgaben angegangen werden? Die herkömmlichen Unterstützungssysteme Schule und Familie, verbunden mit Peer-Aktivitäten, sind für die meisten „normalen" Jugendlichen ausreichend. Entwicklungsaufgaben brauchen ein Umfeld, in dem sie sich entfalten können und dies bieten zweifellos die herkömmlichen Sozialisationsinstanzen. Wie aber können benachteiligte Jugendliche ohne herausfordernde Entwicklungsaufgaben Kompetenzen erwerben? Wo gibt es Räume, in denen sie ihre Selbstwirksamkeit erfahren, in denen sie spüren, dass sie etwas können, dass sie ihr Wissen anwenden oder ihr Können einsetzen können?

Geht man von der entwicklungstheoretischen Grundannahme der Benachteiligtenförderung , dem *„Kompetenzansatz"* aus, dann hieße das: Junge Menschen sollten mit ihren (oft verschütteten) Fähigkeiten (mit ihren Stärken und Ressourcen) wahrgenommen werden, um entsprechende Förderstrategien zu entwickeln: *„Kompetenzbetonung statt Defizitausgleich"* (Ketter 2002). In der jetzigen Situation des Übergangssektors fehlt es dazu an Möglichkeiten: Kritische Analysen zeigen, dass hier zu wenig „pädagogische Zeit" herrscht; so sind die Bedingungen des außerschulischen Bereichs inzwischen durch Sparauflagen so schwierig geworden, dass keine personelle Konstanz besteht oder dass die räumlichen Bedingungen wenig beheimatend wirken.

3.   Generell wird der Jugend seit der Entfaltung der industriellen Moderne des 19. Jahrhunderts ein „gewisser" Schonraum zugestanden: das *„psycho-soziale Moratorium"*. Jugendsoziologie beschreibt die Entfaltung dieses Schonraums – ausgehend von den historisch schon länger vorhandenen Möglichkeiten der adligen und bürgerlichen Jugendlichen – als Entwicklungsprozess der männlichen Arbeiterjugendlichen des ausgehenden 19. Jahrhunderts (Münchmeier 2002): Industrialisierung und Modernisierung der Gesellschaft führten zur Notwendigkeit einer sich ausdehnenden Phase des Kompetenzerwerbs, ablesbar an der Einrichtung großer industriebetrieblicher Lehrwerkstätten und der Begründung und Einrichtung der Berufsschule durch Georg Ker-

schensteiner. Als fest stehender Topos der Jugendsoziologie galten bis in das ausgehende 20. Jahrhundert die Tatsache eines verlängerten Aufenthalts in Bildungsinstitutionen, ein Aufschub einer Verantwortungsübernahme im Erwerbsleben und eine Neukonfiguration einer peer-orientierten Jugendkultur als typische Merkmale dieses Moratoriums. Mit dem Entstehen eines expliziten Benachteiligtensektors indes verändern sich die Sozialisationsmodi benachteiligter Jugendlicher. Auch benachteiligte Jugendliche befinden sich in einem „Moratorium", auch sie haben idealiter die Möglichkeit, über das Verweilen in Bildungsmaßnahmen sich selbst zu finden oder eine berufliche Perspektive zu entwickeln. Aber mit der Fortexistenz eines Übergangssystems haben sich die Formen des Verweilens in den Bildungsinstitutionen des Übergangssystems grundlegend geändert (Bojanowski 2012). Benachteiligte Jugendliche sind nur *formal* in Bildungsinstitutionen untergebracht, ihre Form des Verweilens ist weniger ein Schonraum oder ein Experimentierraum als ein Raum des Stillstands. Diese neue Vergesellschaftungsform hat keine persönlichkeitsbildenden oder qualifikatorischen Implikationen mehr; vielmehr droht den Subjekten biographische Regression. Ist dieses „Ausgebremstwerden" durch die Institutionen des Übergangssektors vielleicht politisch gewollt, um den Jugendlichen in einer lebensgeschichtlich entscheidenden Phase „zu zeigen, wo die Harke hängt"? Sollen sie evtl. lernen, sich in einer Wartezeit einzurichten, sich auf ein Leben mit prekären Jobs einzustellen, sich mit einer Situation kultureller Entmündigung abzufinden?

4. Bei benachteiligten jungen Menschen stellt sich weiterhin die Frage: Können sie im Übergangsgeschehen *Identität und Selbstkonzept* entfalten? Wenn es ein Teil der Normalität der modernen Identitätsbildung darstellt, dass zum Identitätsentwurf im Jugendalter die Suche nach Kohärenz gehört (Keupp et al. 2002), dann ist zu fragen: Wie können eigentlich junge Menschen im Übergangssektor ohne reale Aufgaben, ohne reale Herausforderungen, ohne substantielle Bindungen und ohne langfristige Perspektiven solch ein Gefühl entwickeln? Folgen wir Honneths Anerkennungstheorie, dann bedarf es dreier Anerkennungsformen: rechtlicher, sozial-gesellschaftlicher und persönlicher (Honneth 1994). Auf *rechtlicher* Ebene haben die Jugendlichen nur einen Anspruch, versorgt zu werden, und zwar gemäß den jeweils aktuellen Imperativen der staatlichen Haushalte. Alle sozialen Leistungsgesetze beruhen auf Kann-Bestimmungen, Unterstützungen können gekürzt oder ganz gestrichen werden. Aber auch die *sozial-gesellschaftliche* Anerkennung fehlt benachteiligten Jugendlichen, sie können nicht auf gesellschaftlich anerkannte Berechtigungen (Zertifikate) zurückgreifen. Zwar ist seit dem Jahre 2010

im SGB III die Förderung des Hauptschulabschlusses ein Rechtsanspruch, aber für eine Vielzahl junger Menschen ist in diesem Alter „der Zug längst abgefahren". Besonders problematisch ist die *persönliche Anerkennung*. Gemäß Honneth brauchen die Menschen im sozialen Gefüge „Liebe". Damit ist gemeint, dass jedes Subjekt auf die Zuwendung anderer angewiesen ist, und zwar uneigennützige, nicht verrechenbare Zuwendung! Hier freilich bietet die außerschulische Benachteiligtenförderung zu wenig: Die dort tätigen Professionellen sind selber einem Prekarisierungsdruck ausgesetzt und müssen sich nur zu oft dem „hire and fire" der Bildungsträger beugen. Zu befürchten ist, dass langfristige Beziehungen und emotionale Bindungen zwischen den Pädagogen und benachteiligten Jugendlichen kaum möglich sind.

Frank Ahrens hat in einer Forschungsstudie herausgearbeitet, dass sich bei den Jugendlichen eine „diffuse Identität" herausbilden könnte (James Marcia), die wenig Perspektiven für das Selbst bildet. Nach Marcia müssen Jugendliche zur Herausbildung einer stabilen Identität explorationsfähig sein, sie müssen ihre Umwelt vielfältig erkunden, um sie später gestalten zu können (Ahrens 2012). Dieser Zusammenhang von Erkundungsfähigkeiten und Gestaltungsmöglichkeiten kann aber nur dann funktionieren, wenn Umwelten bereit stehen, die solcherlei Explorationen auch ermöglichen und aushalten. Junge Menschen mit „diffuser Identität" haben wenige Fähigkeiten zur Exploration herausgebildet. Sie sind den Bedingungen der Jetztzeit gewissermaßen schutzlos ausgeliefert. Lohnt es sich noch, erwachsen zu werden, wenn einem weder zukünftige Rollen im Erwerbsleben noch zukünftige Aufgaben in der Lebenswelt zugeschrieben werden? Wie sollen junge Menschen ihre Identität ausbilden, wenn sie zu wenig Gelegenheit haben, sich selbst etwas zu beweisen? Können sie das Gefühl herausbilden, dass sie „wirklich leben", dass sie einen authentischen Lebensentwurf gestalten?

6. Erklärungsversuche

Fasst man solcherlei Sorgen um benachteilige Jugendliche im Übergangssektor zusammen, so droht eine *„entberuflichte" Sozialisation*, eine für die mitteleuropäische Tradition der Beruflichkeit problematische Sozialisation. Anders als in den angelsächsischen und skandinavischen Ländern ist hierzulande die Figur des „Jobbers" unterausgeprägt. Der Übergangssektor tendiert zudem dazu, Jugendliche in schulförmigen Institutionen aufzubewahren, die aber zu wenig Ernsthaftigkeit oder Markt- und Kundennähe verkörpern. Schon vor Jahren beobachteten Barbara Stauber und Andreas Walther (2000) aufgrund ihrer europäischen

Forschungen zur Übergangsproblematik eine Tendenz zum *„Cooling-out"* benachteiligter Jugendlicher. Ist der Übergangssektor ein Bereich, in dem das zum zentralen Strukturmuster wird? Zugespitzt: Vielleicht hat sich längst ein gesellschaftlicher Bereich herausgebildet, dessen *„Kontingenzformel"* (Niklas Luhmann) lautet, dass es in ihm um das *„Abkühlen" von (Bildungs-) Aspirationen* geht: Das „Übergangssystem" und der „Förderdschungel" zwingen Jugendliche zu überlangen und unproduktiven Warteschleifen, die sie „abkühlen", die ihnen ihre Wünsche und ihre beruflichen Aspirationen austreiben, die ihnen kontinuierliche Bindungen und Anerkennungsformen verweigern. Zum Ende kann doch nur eins gemeint sein: Solcherlei Zumutungen sind eine Einübung in das Prekariat, sind Vorbereitungen auf einen grundlegend prekären Status zwischen den gesellschaftlichen Systemen, die schließlich zur Exklusion dieser Menschengruppen führen können.

Diese zeitkritischen Überlegungen zum Status des Übergangssektors bedürfen Ursachenerklärungen. Ich will es mit drei Überlegungen anzudeuten versuchen.

1. Zunächst vermute ich die gewaltig nachhallende *Wucht des neoliberalen Zeitalters*. Vergegenwärtigen wir uns einmal, unter welchen Motiven der Wohlfahrtsstaat angetreten ist. Es ging um die Not der Armen: das Für- und Vorsorgeversprechen des alten Europa. Der schwedische Sozialwissenschaftler Gösta Esping-Andersen hatte vor gut 20 Jahren klassische Merkmale des europäischen Wohlfahrtsstaates zusammengefasst: Zu den typischen Merkmalen aller Modelle gehören – in unterschiedlicher Ausprägung – a) ein *„impliziter Gesellschaftsvertrag"*: Jeder Bürger hat Anspruchsrechte mit der Tendenz, dass es ein gewisses Maß an Gleichheit geben muss. Sodann bedarf es b) wenigstens ansatzweise der *sozialen Verpflichtung des privaten Eigentums* verbunden c) mit einer *positiven Rolle des Staates*, der eine zweckmäßige Instanz des sozialen Ausgleichs darstellt. Und schließlich kommt hinzu d) eine enge Verknüpfung mit dem *„fordistischen Produktivitätspakt" zwischen Kapital und Arbeit*; die gemeinsamen Interessen von Arbeitnehmern und Unternehmen an ökonomischem Wachstum hatten sich Jahrzehnte lang eingespielt (Altvater und Mahnkopf 2007, S. 118f.). Längst hat sich in den gesellschaftlichen Diskurs etwas anderes eingeschlichen. Sichtet man die aktuellen „neorestriktiven Drohdiskurse", dann sind mindestens drei Diskurse mächtig geworden: Der Diskurs der „Effektivität" heißt: Alles kostet Geld, alles muss vergleichbar sein. Der Diskurs der „Prävention" meint eine Zunahme der Repressivität; junge Menschen sind selbst Verursacher sozialer Probleme und müssen präventiv diszipliniert werden. Und der Diskurs des „Risikomanagements" heißt: Die Bürger brauchen „Sicherheit" und rufen

nach individuellem Schutz, was die Konsequenz haben kann, dass die die Sicherheit Gefährdenden exkludiert werden (Koch et al. 2011, S. 5). Hinzu kommt eine Verdrängungsleistung der Bürger, auf die der Soziologe Heinz Bude aufmerksam gemacht hat: In Realisierung eigener Pläne für die eigenen Nachwachsenden tendieren die Bürger dazu, sich möglichst billig des Problems zu entledigen; die öffentlichen Diskurse tragen dann dazu bei, in seinem eigenen Handeln „unschuldig" bleiben zu können (Bude 2011). Damit aber wird das Generationenverhältnis als solidarisches Verhältnis zueinander ausgehebelt.

2. Die zweite Überlegung bezieht sich auf die *Mentalität von uns Bürgern selber*: Seit 20 bis 30 Jahren gelingt es offensichtlich, benachteiligte Jugendliche „still" zu halten. Wir haben uns daran gewöhnt, dass es benachteiligte Jugendliche gibt. Zugleich haben wir, als Bürger, gewaltige Angst vor dem „Aufstand der Straße" (deshalb der Diskurs über das „Risikomanagement"). Und das wäre unser – hochmodernes – Motiv: Es gilt, möglichst die am Rand stillzuhalten und nur so viel Geld reinzustecken, dass es noch gerade so läuft. Benachteiligtenförderung kostet Geld, aber es gibt keine wirklich etatisierten und etablierten Haushaltsposten, keine Verlässlichkeit in den Mittelzuweisungen. Wir haben uns also im Zuge der sich extrem modernisierenden Gesellschaft an den herrschenden Zustand gewöhnt. Seit 20 bis 30 Jahren wird eine Gruppe in der Größenordnung von 15 bis 20 Prozent der Jugend vom Beschäftigungssystem abgekoppelt, und es gelingt offensichtlich, diese Gruppe stillzuhalten. Wir haben uns daran gewöhnt. Eine Erklärung ist dieser Gesellschaft sozusagen inhärent: Alle Bereiche unterhalb der Facharbeit waren schon immer verpönt gewesen (Koch und Bojanowski 2013). Das war schon im 18. Jahrhundert so. Unsere Gesellschaft verfügte und verfügt über einen inneren Mechanismus, mit dem wir uns „von denen ganz am Rand" absetzen können. Solche alten Muster perpetuieren sich auch in der SGB II-Gesetzgebung mit ihrer „Fördern und Fordern"-Philosophie.

3. Wer kann dann noch regulieren? Es wirkt so, als ob offizielle Politik und Öffentlichkeit den Sachverhalt eines potentiellen Abkoppelns Benachteiligter *verdrängen*, als ob sie einen unliebsamen Sachverhalt gar nicht zum Thema machen wollen. So existieren gar keine angemessenen Diskurs-Arenen (Riemer 2012), in denen die besonderen Probleme des Übergangsgeschehens überhaupt zum Thema gemacht werden können. Hier geht es um das Aufrechterhalten einer glatten Oberfläche, um den schönen Schein einer nahezu geglückten Versorgung aller Berufsbildungsaspiranten. Dieses Muster begleitet seit langem die politischen Auseinandersetzungen in der beruflichen Bildung. Stehen

wir damit vor der *Postdemokratie,* wie der englische Politikwissenschaftler Colin Crouch warnt? Die Demokratie drohe im Spektakel, in Elitenherrschaft und im Konzerne-Einfluss verloren zu gehen (Crouch 2011). Projiziert man diese These auf unser Thema, so zeigt sich: Demokratische Politik ignoriert sträflich das Übergangsgeschehen, sie taumelt zwischen „Pseudostrategien" und „Besänftigungsritualen". Selbst das Foucaultsche Dispositiv verstand sich noch als Antwort auf eine Notsituation. Demokratische Politik kann aber die vieldimensionierte Steuerungslogik des Übergangssektors überhaupt nicht mehr regulieren. Die Vermutung liegt nahe: Der Übergangssektor ist ein Bereich, an dem die Grenzen der Reformierbarkeit demokratisch verfasster Gesellschaften sichtbar werden.

7. Fazit

Zum Abschluss: Meine Ausgangspunkte waren die Diffusität des Übergangssektors und die Sorge darüber, dass im Übergangsgeschehen so viel schief läuft. Eine Foucaultlektüre führte zu der Überlegung neuer Konstellationen bei benachteiligten Jugendlichen und zu einer tiefgreifenden Verblüffung: Könnte sich mit den Techniken, Praktiken und Diskursen zum Übergangssektor ein neuer Vergesellschaftungsmodus andeuten? Die Konsequenzen dieser Überlegungen zu einem „Dispositiv der Macht" sind noch nicht auszumachen. Aber in einem Buch, das im Blick auf das Übergangsgeschehen den Raum zwischen „Reformeifer und Ernüchterung" ausloten will, mag es erlaubt sein, innezuhalten und die „Übergänge in beruflichen Lebensläufen" neu zu betrachten – den einen zur Nachdenklichkeit, den anderen zur Warnung.

Literatur

Ahrens, F., (2012). „...wir lernen da zwar, aber nicht so schülerisch, sondern mehr so Spaß." Zur Bedeutung, Sichtbarmachung und Anerkennung informell erworbener Kompetenzen am Übergang von der Schule in die Arbeitswelt für benachteiligte Jugendliche. Lit, Münster

Altvater, E. & Mahnkopf, B. (2007). *Konkurrenz für das Empire – Die Zukunft der Europäischen Union in der globalisierten Welt.* Münster: Westfälisches Dampfboot.

Autorengruppe BIBB & Bertelsmann Stiftung (2011*). Reform des Übergangs von der Schule in die Berufsausbildung. Aktuelle Vorschläge im Urteil von Berufsbildungsexperten und Jugendlichen.* https://www.expertenmonitor.de/downloads/Ergebnisse_20110113.pdf. Zugegriffen: 19.03.2012.

Autorengruppe Bildungsberichterstattung (2010). Bildung in Deutschland 2010. Ein indikatoren-gestützter Bericht mit einer Analyse zu Perspektiven des Bildungswesens im demografischen Wandel. Bielefeld: Bertelsmann Verlag.

Autorengruppe Bildungsberichterstattung (2012). Bildung in Deutschland 2012. Ein indikatorenge-stützter Bericht mit einer Analyse zur kulturellen Bildung im Lebenslauf. Bielefeld: Bertelsmann.

Baethge, M., Solga, H. & Wieck, M. (2007*). Berufsbildung im Umbruch. Signale eines überfälligen Aufbruchs,* Berlin. http://library.fes.de/pdf-files/stabsabteilung/04258/studie.pdf. Zugegriffen: 19.03.2012.

Bellmann, L. & Stegmaier, J. (2007). Einfache Arbeit in Deutschland. Restgröße oder relevanter Beschäftigungsbereich? In: Abteilung Wirtschafts- und Sozialpolitik der Friedrich-Ebert-Stiftung (Hrsg.), Perspektiven der Erwerbsarbeit: Einfache Arbeit in Deutschland. Dokumentation einer Fachkonferenz der Friedrich-Ebert-Stiftung. WISO Diskurs 2007. Expertisen und Dokumentationen zur Wirtschafts- und Sozialpolitik, online, 64 Seiten. http://library.fes.de/pdf-files/asfo/04591.pdf. Zugegriffen: 19.03.2012.

BIBB (Bundesinstitut für berufliche Bildung) (2011). Datenreport zum Berufsbildungsbericht 2011. Informationen und Analysen zur Entwicklung der beruflichen Bildung, Bonn: Bundesinstitut für Berufsbildung.

Bojanowski, A. (2005). Umriss einer beruflichen Förderpädagogik. Systematisierungsvorschlag zu einer Pädagogik für benachteiligte Jugendliche. In: A. Bojanowski, G. Ratschinski & P. Straßer (Hrsg.), Diesseits vom Abseits – Studien zur beruflichen Benachteiligtenförderung (S. 330 – 362). Bielefeld: Bertelsmann Verlag.

Bojanowski, A. (2012)."Moratorium 2.0". Oder: Wie das Übergangssystem in Sozialisations- und Individuationsprozesse eingreift. In G. Ratschinski & A. Steuber (Hrsg.), Ausbildungsreife. Kontroversen, Alternativen und Förderansätze (S. 115-132). Wiesbaden: VS Verlag.

Bojanowski, A. & Eckert, M. (Hrsg.). (2012). Black Box Übergangssystem. Münster: Waxmann.

Bojanowski, A., Koch, M., Straßer, P. & Ratschinski, G. (2007). Der Teile genug! – Vision einer systematischen Benachteiligtenförderung. Ein Verfahrensvorschlag an die Fachszene. Jugend, Beruf, Gesellschaft 2, 105-118.

Braun, F. & Reißig, B. (2012). Regionales Übergangsmanagement Schule – Berufsausbildung: Handlungsfelder, Hindernisse und Problemlösungen. In A. Bojanowski & M. Eckert (Hrsg.), Black Box Übergangssystem (S. 91-103). Münster: Waxmann.

Bude, H. (2011). Bildungspanik. Was unsere Gesellschaft spaltet. München: Hanser.

Crouch, C. (2011). Das befremdliche Überleben des Neoliberalismus. Postdemokratie II. Frankfurt a. M.: Suhrkamp.

Deutsche Shell (Hrsg.). (2002). Jugend 2002. Zwischen pragmatischem Idealismus und robustem Materialismus. Frankfurt a. M.: Fischer Verlag.

Dobischat, R. & Kühnlein, G. (Hrsg.). (2009). Politische Gestaltung des kommunalen Übergangsmanagements an der Passage von der Schule in die Arbeitswelt. Dokumentation eines Expertenworkshops der Universität Duisburg-Essen, der Sozialforschungsstelle Dortmund und der Friedrich-Ebert-Stiftung, Bonn.

Euler, D. (2010). Einfluss der demographischen Entwicklung auf das Übergangssystem und den Berufsausbildungsmarkt. Expertise im Auftrag der Bertelsmann Stiftung. Gütersloh: Bertelsmann.

Foucault, M. (1979). Überwachen und Strafen. Die Geburt des Gefängnisses. Frankfurt a. M.: Suhrkamp.

Foucault, M. (1983). *Der Wille zum Wissen*. Frankfurt a. M.: Suhrkamp.

Götz, S., Ludwig-Mayerhofer, W. & Schreyer, F. (2010). Sanktionen im SGB II. Unter dem Existenzminimum. *IAB Kurzbericht 10/ 2010*.

Höhne, T. (2011). „Pädagogische Qualitologie". Zur Transformation von Bildungsforschung in Qualitätsforschung und deren (möglichen) Effekten auf erziehungswissenschaftliches Wissen. In N. Ricken, H.-C. Koller & R. Reichenbach (Hrsg.), *Erkenntnispolitik und die Konstruktion pädagogischer Wirklichkeiten* (S. 139-165). Paderborn: Schöningh.

Honneth, A. (1994). *Kampf um Anerkennung. Zur moralischen Grammatik sozialer Konflikte*. Frankfurt a. M.: Suhrkamp.

Ketter, P.-M. (2002). Der Kompetenzansatz in der Benachteiligtenförderung. In P. Fülbier & R. Münchmeier (Hrsg.), *Handbuch Jugendsozialarbeit, Geschichte, Grundlagen, Handlungsfelder, Organisation. Bd. 2*. Zweite Auflage (S. 821-826). Münster: Votum.

Keupp, H., Ahbe, T., Gmür, W., Höfer, R., Mitzscherlich, B., Kraus, W. & Straus, F. (2002). *Identitätskonstruktionen. Das Patchwork der Identitäten in der Spätmoderne*, Zweite Auflage. Reinbek: Rowohlt.

Koch, M. (2008). Kritische Bestandsaufnahme der außerschulischen Berufsvorbereitung. In A. Bojanowski, M. Mutschall & A. Meshoul (Hrsg.), *Überflüssig? Abgehängt? Produktionsschule: Eine Antwort für benachteiligte Jugendliche in den neuen Ländern* (S. 47-68). Münster: Waxmann.

Koch, M. & Bojanowski, A. (2013). Deklassierende Dispositive. Zur kulturgeschichtlichen Dimension des zeitgenössischen Übergangsgeschehens. In M. Maier & T. Vogel (Hrsg.), *Übergänge in eine neue Arbeitswelt? Blinde Flecke in der Debatte zum Übergangssystem Schule-Beruf* (S. 49-65). Wiesbaden: VS-Verlag.

Koch, J., Krause, H.-U. & Lindenberg, M. (2011). Vorwort IGfH/ Gilde Soziale Arbeit/ Hochschule für soziale Arbeit und Diakonie des Rauhen Hauses Hamburg. In U. Gintzel, U. Hirschfeld & M. Lindenberg (Hrsg.), *Sozialpolitik und Jugendhilfe* (S. 5-10). Frankfurt: IGfH-Eigenverlag.

Konsortium Bildungsberichterstattung (2006). *Bildung in Deutschland. Ein indikatorengestützter Bericht mit einer Analyse zu Bildung und Migration*. Bielefeld: Bertelsmann.

Kruse, W. & Paul-Kohlhoff, A. (Hrsg.). (2013). *Kommunale Verantwortungsübernahme im Übergang Schule – Arbeitswelt*. Stuttgart Kohlhammer. Im Erscheinen.

Kühnlein, G., Dobischat, R. & Schurgatz, R. (Hrsg.). (2012). *Ausbildungsreife. – Ein umstrittener Begriff beim Übergang Jugendlicher in eine Berufsausbildung*. Hans-Böckler-Stiftung., Düsseldorf.

Marsch, B., Poppe, M., Buchholz, C. et al. (2012). Das „Neustädter Modell" – ein präventives Übergangssystem! Berufliche Bildung für Haupt- und Realschüler. In G. Ratschinski & A. Steuber (Hrsg.), *Ausbildungsreife. Kontroversen, Alternativen und Förderansätze* (S. 247-266). Wiesbaden: VS Verlag.

Münchmeier, R. (2002). Strukturwandel der Jugendphase. In P. Fülbier & R. Münchmeier (Hrsg.), *Handbuch Jugendsozialarbeit, Geschichte, Grundlagen, Handlungsfelder, Organisation. Bd. 1* (S. 101-113). Zweite Auflage. Münster: Votum.

Münk, D., Rützel, J. & Schmidt, C. (Hrsg.). (2008). *Labyrinth Übergangssystem. Forschungserträge und Entwicklungsperspektiven der Benachteiligtenförderung zwischen Schule, Ausbildung, Arbeit und Beruf*. Bonn: Pahl-Rugenstein.

Nationaler Pakt für Ausbildung und Fachkräftenachwuchs in Deutschland (2009). *Kriterienkatalog zur Ausbildungsreife*. Bundesagentur für Arbeit. Nürnberg.

Ratschinski, G. & Steuber, A. (Hrsg.). (2012). *Ausbildungsreife. Kontroversen, Alternativen und Förderansätze*. Wiesbaden: VS Verlag.

Riemer, A. (2012). Ausbildungsversorgung und Ausbildungsreife im Policy-Prozess. In G. Ratschinski & A. Steuber (Hrsg.), *Ausbildungsreife. Kontroversen, Alternativen und Förderansätze* (S. 33-52). Wiesbaden: VS Verlag.

Sell, S. (2011). Auswege aus dem Labyrinth des „Übergangssystems". In C. Henry-Huthmacher & E. Hoffman (Hrsg.), *Aufstieg durch (Aus)Bildung – der schwierige Weg zum Azubi. Übergänge junger Menschen zu verbessern* (S. 287-313). Sankt Augustin: Konrad-Adenauer-Stiftung.

Sektion Berufs- und Wirtschaftspädagogik der Deutschen Gesellschaft für Erziehungswissenschaft (2009). *Memorandum zur Professionalisierung des pädagogischen Personals in der Integrationsförderung aus berufsbildungswissenschaftlicher Sicht*. Bonn: Pahl-Rugenstein.

Stauber, B. & Walther, A. (2000). Selektion und Cooling-Out durch das Benachteiligtenprinzip: Biografische Risiken durch institutionelle Strukturen und ihre ideologischen Grundlagen. In A. Pohl & S. Schneider (Hrsg.), *Sackgassen – Umleitungen – Überholspuren . Ausgrenzungsrisiken und neue Perspektiven im Übergang in die Arbeit* (S. 17-34). Tübingen: Neuling.

Weinkopf, C. (2007). Gar nicht so einfach?! Perspektiven für die Qualifizierung, Arbeitsgestaltung und Entlohnung. In Abteilung Wirtschafts- und Sozialpolitik der Friedrich-Ebert-Stiftung (Hrsg.), *Perspektiven der Erwerbsarbeit: Einfache Arbeit in Deutschland. Dokumentation einer Fachkonferenz der Friedrich-Ebert-Stiftung. WISO Diskurs 2007*. Expertisen und Dokumentationen zur Wirtschafts- und Sozialpolitik, online, 64 Seiten, verfügbar unter: http://library.fes.de/pdf-files/asfo/04591.pdf. Zugegriffen: 20.03.2012.

Strukturen – Diskurse – Entscheidungen. Unterschätzte Handlungsmächte in der Umwelt berufsbiographischer Entscheidungen

Axel Bolder

Abstract

Mit dem Beitrag soll auf ein Phänomen aufmerksam gemacht werden, das in der Diskussion zu Übergangssystem und Übergangsforschung zu kurz kommt: auf den Zusammenhang zwischen Systemstrukturen im Wandel, den einschlägigen wissenschaftlichen und politischen Diskursen und dem Entscheidungshandeln der Jugendlichen. Es geht konkret um die Frage, ob die Thesen zur Erosion der Erwerbsbiographien und der Berufsförmigkeit von Arbeit empirischer Überprüfung standgehalten haben und unabhängig von ihrem empirischen Gehalt in Bezug auf Berufsbildungspolitik, Berufswahlentscheidung und Karriereplanung handlungswirksam wurden. Daraus folgt die Frage, ob die „Gewissheiten" der Diskurse letztlich neue Institutionen und Strukturen schaffen können, die sich dann wieder auf die Handlungsentwürfe der Jugendlichen auswirken. Den Beitrag abschließend wird an ein heuristisches Konzept erinnert, das dazu beitragen könnte, den Fallstricken nicht kontext- und ebenenadäquater Aussagen auszuweichen, die solchen Thesen oft zugrunde liegen.

Einleitung

Mit diesem Beitrag soll auf ein Phänomen aufmerksam gemacht werden, das nicht nur, aber auch in der Diskussion zur Übergangsforschung merkwürdig unterbelichtet bleibt. Es geht um den Zusammenhang zwischen (System-)Strukturen, ihrem Wandel, dem Reden darüber in wissenschaftlichen und politischen Diskursen (der Interpretation des Geschehens auf der Makro- und Mesoebene und die Sprachregelungen der dort zu verortenden Institutionen) und dem Entscheidungshandeln der Betroffenen. Das sind im Fall des Übergangssystems die in ein System kanalisierten Jugendlichen, das als solches vielleicht gerade mal

ein Dutzend, eher weniger Jahre alt beziehungsweise im Bewusstsein der Öffentlichkeit angekommen ist.

Es geht hier konkret um die Frage, ob die Thesen der Diskontinuierung
der Erwerbsbiographien und der Erosion der Berufsförmigkeit von Erwerbsarbeit gerechtfertigt sind oder ob es sich doch eher nur um „gefühlte" Diskontinu-
ierungen und Erosionen handelt, die aber dennoch, aufgrund dessen, in Bezug
auf Berufswahlentscheidung und Karriereplanung handlungswirksam werden.
Die eingespielten Gewissheiten, so die hier aufgestellte These, sind der Interaktion zwischen Prozessen des Wandels von – tatsächlich immer fluiden – Strukturen einerseits und Diskursen über diese Prozesse geschuldet, die im transitorischen Bereich zwischen Wissenschaft und Politik stattfinden. Diese Diskurse,
die durchaus relativ unabhängig vom Geschehen ablaufen können, zeitigen dann
ihrerseits reale Konsequenzen, analog den Abläufen, wie sie das Thomas-Theorem (Thomas und Thomas 1928) oder Robert K. Mertons „self-fulfilling prophecy" (1965) so plastisch beschreiben. Sie können letztlich die „objektive" Welt
verändern, neue Institutionen und Strukturen schaffen, die dann, als Kontextda-
ten, wieder auf die Einzelnen und ihre Handlungsentwürfe und Handlungen zu-
rückwirken, sie rahmen. Genau das ist im Kontext der Erosionsdebatten, so die
hier vertretene These, geschehen.

Wirkungsmächtige Thesen wie die beiden Erosionsthesen sind nicht selten
Resultat von Forschungsdesigns, die die (Struktur- und Handlungs-)Ebenenpro-
blematik unterschätzen. Deshalb soll abschließend an ein gar nicht einmal neues,
aber angesichts der Entwicklungen offenbar umso aktuelleres heuristisches Konzept erinnert werden, das dazu beitragen könnte, den Fallstricken nicht ebenenadäquater Aussagen – denn darum handelt es sich hier nicht zuletzt – auszuweichen.

1. Zur Interaktion von Strukturen und Diskursen über Strukturen

Im berufs- und erwachsenenpädagogischen ebenso wie im soziologischen Diskurs haben in den letzten dreißig Jahren neben der Individualisierungsthese (Beck
1983) insbesondere zwei Thesen über makrogesellschaftliche Entwicklungen für
einigen Zündstoff gesorgt. Sie sind lange hin- und herdiskutiert worden, bis sie
sich schließlich im Mainstream als gegebene soziale Tatsachen durchsetzten: die
Thesen über die Erosion des Normallebenslaufs und des Berufs. Was nun seit
eben diesen drei Jahrzehnten fasziniert, ist die Rezeptionsgeschichte und ihre
Wirkungsmacht in Bezug auf den gesamtgesellschaftlichen Diskussions- und
schließlich Politikprozess, die weit über die diskutierten Themen hinausreicht

– und sich am Ende auch auf Prozesse und Institutionen, schließlich Strukturen zwischen Schule und Beruf erheblich ausgewirkt hat.

1.1 Zu den Diskursen über die Erosion des Normallebenslaufs und des Berufs und ihren Konsequenzen

Den beiden Erosionsdiskursen ist Einiges gemein: Beide sind ihrer jeweiligen empirischen Realität vorausgeeilt. Beide Thesen unterstellen idealtypische Vergangenheitszustände als empirische Faktizität, die einer sozialhistorischen Überprüfung nicht standhalten.

Beginnen wir mit der Erosion des Normallebenslaufs. Die „Normalbiographie" (Kohli, z. B. 1986) – mit dem Drei-Phasen-Modell schulischer und beruflicher Ausbildung bis zum Alter 16, 19 oder ca. 25 am Anfang, der Berufstätigkeit im erlernten Beruf ohne *erzwungene* Wechsel in der Mitte und Rente oder Pension ab 65 am Ende („Vorbereitungs-", „Erwerbs-" und „Ruhephase"; Kohli 1986, S. 184) und ihren „sozial einklagbaren individuellen Kontinuitätsansprüchen" (Lessenich 1995, S. 53) – ist, historisch gesehen, eine sehr junge und exemplarisch solitäre Erscheinung. Noch für die Generationen nach der Bismarckschen Sozialgesetzgebung war an so etwas wie eine „Normalbiographie" ebenso wenig zu denken wie für die Lohnarbeiter des Frühkapitalismus, die ihre Arbeitskraft auf von Strukturwandel, Konjunkturen und Krisen wechselhaft bestimmten Arbeitsmärkten anbieten mussten. Ein Großteil derer, die das Wachstum der „Gründerjahre" des ausgehenden 19. Jahrhunderts ermöglichten, waren ehemalige Landarbeiter und Tagelöhner, die ihre obsoleten, meist noch agrarisch bestimmten Lebensentwürfe aufgeben mussten, um in die Kohle- und Industrreviere zu wandern.

Dem Ersten Weltkrieg, in dessen Verlauf und Folge eine ganze Gesellschaftsstruktur mit ihren Lebensgewissheiten zusammenbrach, folgte eine längst legendäre Hyperinflation, die die Arbeitseinkommen jeweils auffraß, bevor sie ausgegeben werden konnten, und sich als existenzbedrohendes Szenario tief in das kollektive Gedächtnis der Deutschen eingrub. Und nach einer kurzen Prosperitätsphase von gerade einmal einem halben Dutzend Jahren markierte der Schwarze Freitag den Beginn der epochalen Arbeitslosigkeit der Großen Depression mit ihren gravierenden Auswirkungen auf Einstellungen, Erwartungen und Handeln der Einzelnen, wie Studien wie die „Children of the Great Depression" (Elder 1999) oder „Die Arbeitslosen von Marienthal" (Jahoda u. a. 1960) es beschrieben.

Auch für die nach dem Ersten Weltkrieg geborene Generation gab es, als sie ins Erwerbsalter kam, so etwas wie eine „Normalbiographie" nicht. Tatsächlich sah es in Deutschland in der Regel so aus: Reichsarbeitsdienst, Militärdienst,

Front- oder „Blitzmädchen"-Einsatz, Kriegsgefangenenlager beziehungsweise Zwangsverpflichtung der „Trümmerfrauen".[1]

Und für die hungernde Jugend der Jahre nach dem Zweiten Weltkrieg waren „Arbeitslosigkeit und Berufsnot" (DGB 1952) die ersten Erfahrungen mit der Welt der Erwerbsarbeit. Die enormen Integrationsprobleme am Arbeitsmarkt der bundesrepublikanischen Nachkriegszeit waren erst mit der Integration der Russlandheimkehrer Mitte der 1950er Jahre abgeschlossen.

Empirisch normal war in Deutschland bis in die Mitte dieses Jahrzehnts hinein alles andere als die Normalbiographie. Genau genommen waren das dann gerade einmal gut zehn Jahre: von etwa 1955 bis zur ersten Rezession 1966/67. Deren die „Normalität", an die man sich zu gewöhnen begonnen hatte, bedrohende Menetekel ansteigender Arbeitslosigkeitsquoten bescherten der Bundesrepublik quasi aus dem Nichts heraus zweistellige NPD-Landtagswahlergebnisse. Spätestens aber mit der Ölkrise 1973 und ihren Folgen war der „kurze Traum immerwährender Prosperität" (Lutz 1989) ausgeträumt. Spätestens zu diesem Zeitpunkt müsste schließlich die Erkenntnis gekommen sein, dass die Normalität der endfünfziger und beginnenden sechziger Jahre historisch eine geradezu exemplarische Anomalie war.[2] Alles in allem handelte es sich also um eine extreme Ausnahmesituation in der Geschichte der Erwerbsarbeit als Lohnarbeit. Am Anfang des 21. Jahrhunderts, wäre zu schließen, sind wir lediglich zur Normalität verbreiteter Arbeitsplatz- und Erwerbsbiographie-Unsicherheit zurückgekehrt. Erodiert ist also nicht die Normalbiographie, wohl aber die idealtypische Referenzgröße der im Diskurs unterstellten „neuen" Biographiegestalten.

Rolf Becker hat noch vor einigen Jahren in seiner auf der Basis der Generationen vergleichenden Lebensverlaufsstudien des Max-Planck-Instituts für Bildungsforschung fußenden Untersuchung des „Wandels der Sozialstruktur von Erwerbsverläufen" die Normalbiographie eine „Mär" genannt. Für ihn handelte es sich dabei lediglich um eine „erkenntnistheoretische Orthodoxie", die die Kontextualisierung, also „die Rahmenbedingungen und ihre Auswirkungen auf

---

1   „Trümmerfrauen" nannte man nach dem 2. Weltkrieg die in der Trizone zu Aufräumarbeiten zwangsverpflichteten, nicht „ua" – „unabkömmlich" – gestellten oder qua Attest aus gesundheitlichen Gründen befreiten Frauen. Sie hatten den Trümmerschutt in die Loren der die Städte durchziehenden Trümmerbahnen zu verfüllen und jeden wiederverwendbaren Ziegelstein vom Mörtel zu befreien – „Männerarbeit" und ein dem US-amerikanischen „Career Girl"-Mythos vergleichbarer Emanzipationsschub, den auch die Restaurationsphase der frühen 1950er Jahre nicht mehr auszulöschen vermochte. Joseph Vilsmaiers Film „Rama dama" („Wir räumen auf") hat den Trümmerfrauen ein angemessenes Denkmal gesetzt.

2   Die Gründe hierfür dürfen als bekannt vorausgesetzt werden. Es handelte sich um eine einmalige Konstellation welt- und ordnungspolitischer Richtungsentscheidungen im Kontext des Ost-West-Konflikts (Marshall-Plan, Soziale Marktwirtschaft), verbunden mit erheblichem Rekonstruktionsbedarf auf der Basis eines soliden Qualifikationsstocks (vgl. Janossy o. J.).

die Lebensläufe unterschiedlicher Generationen übersieht". Es sei „zu vermuten, dass Schnappschussbetrachtungen zu bestimmten historischen Zeitpunkten zur allgemeinen zeitdiagnostischen Fehlwahrnehmung eines dramatischen Wandels von Erwerbsverläufen geführt hat, weil sie nicht nur die Zeitdimensionen [...] vermischen, sondern auch Prozesse des sozialen Wandels überschätzen" (Becker 2004, S. 62). Soweit zu den sozialhistorischen und empirischen Relativierungen der These von der Erosion der Normalbiographie.

Und wie sieht es mit der These der Erosion des Berufs aus? Verschärft seit den 1990er Jahren hatten die Stimmen zugenommen, die die Erosion, den langsamen, aber sicheren Zerfall der Berufsförmigkeit von Arbeit beschworen. Der Beruf, der zumal in Deutschland über Jahrhunderte sowohl für die Anbieter von Arbeitskraft als auch für deren Nutzer, die Arbeitgeber, eine zentrale Orientierungsfunktion darstellte, verliert, so der Mainstream-Diskurs, im Zuge des Wandels der Arbeitstätigkeiten zunehmend an Bedeutung. Den vorherrschenden Szenarien zufolge hat deshalb „Beruflichkeit" auch als Form der Vermarktung und Verausgabung von Arbeitskraft an Relevanz verloren (zur Geschichte der Debatte Rosendahl und Wahle 2012).

Für die Vertreter der Entberuflichungsthese ist die Erosion des Prinzips eine zwangsläufige und nicht mehr revidierbare Konsequenz aus einem veränderten Produktionsregime: Prozessorientierung, Profit-Center-Organisation, damit einhergehend eine immer stärker enthierarchisierte Arbeitsordnung mit „querfunktionalen" Aufgabendefinitionen – alles dies seien Entwicklungsmomente, die den Beruf als fest umschriebenes Qualifikationsangebot auf dem Arbeitsmarkt ebenso wie als Chance des Aufbaus einer mit dem Erwerbsleben verbundenen Sinnperspektive der arbeitenden Menschen immer dysfunktionaler erscheinen lasse (typisch für diesen Argumentationsduktus Baethge und Baethge-Kinsky 1998). Technologische Entwicklungen, die auf die Arbeitsstätten durchschlagen, und zunehmende Globalisierung der Arbeitsmärkte, lassen, so heißt es, einer auf langwierigen, teuren Ausbildungen aufbauenden Berufsform von Arbeitskraft in Zukunft kaum noch Raum. Die Tendenz zu dezentralen Unternehmensstrukturen mit kleinen und flexiblen operativen Einheiten, die auf die Möglichkeit relativ kurzfristiger Rekrutierung von Fachkräften angewiesen sein, die keiner längeren Einarbeitung bedürfen, fördere diesen Prozess. Die Orientierung an Berufsmustern laufe mithin dem betrieblichen Flexibilitäts- und Entwicklungsbedarf ebenso zuwider wie schließlich auch dem Interesse der Einzelnen selbst an einer in ihrem *eigenen* Sinne reagiblen Erwerbsbiographie – und erweise sich damit zunehmend als kontraproduktiv.

Alles dies wiederum werde zwingend zu elementaren Veränderungen im Inputsystem von Arbeit führen und die Organisation des Bildungs- und Berufsbildungssystems in Deutschland fundamental in Frage stellen (so etwa Geißler 1994; vgl. Kutscha 1992). Die seit der Ausbildungskrise Mitte der 1980er Jahre beschleunigte Expansion bildungs- und wirtschaftspolitisch motivierter Maßnahmen zur Integration jener Jugendlichen, die aus dem tradierten, als „normal" wahrgenommenen Transfersystem zwischen Schule, Ausbildung und Arbeitswelt herausgefallen waren, schien diese Thesen nur zu bestätigen und ließ mit der Beobachtung dieser Prozesse befasste, in der Regel berufsbildungspolitiknahe Wissenschaftler von der Entwicklung eines „Übergangssystems" reden. Diese Sprachregelung ist mittlerweile – manifest im deutschen „Bildungsbericht" (Konsortium Bildungsberichterstattung 2006) – ebenso institutionalisiert wie der den Berufsbegriff ablösende „Job" – manifest etwa in den „Job-Centern" der „Arbeitsagenturen" –, der im Sprachgebrauch noch der jungen Bundesrepublik mit Zufälligkeit und Kurzfristigkeit assoziiert wurde („Gelegenheitsjob").

Und wie ist es um die Evidenz dieser Entwicklungsthesen aus empirischer Beobachtung bestellt? Sehr vorsichtig bewerteten noch vor wenigen Jahren Wissenschaftler/innen des Bundesinstituts für Berufsbildung die Tendenzen (Behringer 2004; Hall u. a. 2004). So habe es zwischen 1985 und 1999 zwar einen Rückgang von 72 auf ganze 69 Prozent derjenigen Erwerbstätigen gegeben, die *noch nie* einen Berufswechsel zu verzeichnen hatten. Fast zwanzig Jahre zuvor, 1979, aber waren das nur 62 Prozent – was auf den Periodeneffekt zurückzuführen sein dürfte, dass es zu dieser Zeit eben noch viel mehr Erwerbstätige gab, die die Kriegswirren mit ihren Folgeerscheinungen erlebt hatten. Der komplementäre Anteil der Berufswechsler blieb in den dann folgenden Jahren stabil bei ca. einem Drittel. Dabei war der Anteil der Rückwechsler aus dem Segment der Wechsler mit rund vierzig Prozent von bemerkenswerter Größe, sodass unterm Strich davon ausgegangen werden kann, dass nur etwa jeder Sechste oder Siebte wirklich, effektiv gewechselt hat. Auch die Zahl derjenigen, die bis dato nur *einen einzigen* Arbeitgeber hatten, die berufsbiographisch, bezogen auf den Beschäftigungsbetrieb, also völlig immobil waren, blieb im Zeitverlauf konstant bei ebenfalls einem knappen Drittel aller Erwerbstätigen; der Anteil der unbefristeten unter allen Beschäftigungsverhältnissen mit über neunzig Prozent ebenfalls. Dies alles ist alles Andere als Indikation der Erosion der „normalen" Berufsbiographie.

Diese Beispiele für die empirische Kritik an dem Szenario mögen hier hinreichen. Man darf wohl resümieren, dass die Daten der Entwicklungsbeobachtung im Feld bis in die 2000er Jahre hinein auch die Erosionsthese nicht bestätigten. Karl Ulrich Mayer fasste noch vor nicht einmal einem Jahrzehnt als

Resümee seiner einschlägigen Lebensverlaufsstudien zusammen, dass es „also wenig Raum für eine begründete Aufrechterhaltung der These vom Ende des lebenslangen Berufs [gibt. ...]. Unsere subjektiven Gewissheiten eines tiefgreifenden Wandels bilden einen merkwürdigen Kontrast zu den dürftigen empirischen Belegen" (Mayer 2000, S. 389).

Im Tenor wird den Kritikern des Berufsprinzips entgegengehalten, dass sie zwar öffentlichkeitswirksame, aber bestenfalls verkürzte und so nicht haltbare Wahrheiten verbreiteten. Horizontale und vertikale Umschichtungen seien schon immer an der Tagesordnung, Mobilitätsprozesse über die Zeit mit stabiler Regelmäßigkeit zu beobachten gewesen, sodass allenfalls von einer Verschärfung dieser Tendenzen in Teilbereichen gesprochen werden könne. Typische „Export"-Berufe (wie Schlosser und Mechaniker; Textil-, Bekleidungs- und Ernährungsberufe) und „Import"-Berufe (wie Büro- und kaufmännische, Verkehrs- und technische Berufe) habe es immer schon gegeben, wobei die „Exporteure", die sehr oft schon bald nach ihrer Ausbildung andere Tätigkeiten ausübten, diese Wechsel vor allem auch deshalb relativ friktionslos meisterten, weil in ihren Berufsqualifizierungen große Transferpotentiale angelegt waren.

Bis zur Jahrtausendwende, wird man festhalten können, ist jedenfalls außer kontinuierlichem, sozusagen „normalem" Sozialstrukturwandel nichts Aufregendes passiert. Vor diesem Hintergrund liegt die Annahme nahe, dass die offenbar empirisch verfrühten Diskurse nicht zuletzt dem akademisch-universitären Betrieb geschuldet sind. Der fördert weniger die elaborierte und valide Anwendung, weniger die sukzessive, unspektakuläre Weiterentwicklung von Methode und Erkenntnis als aufregend Neues – das in der Beobachtung langwelliger sozialer Entwicklungen in halbwegs normalen Zeiten nun einmal dünn gesät ist. So geraten denn Ausschläge, selbst wenn sie sich in der längerfristigen Beobachtung wieder ausgleichen, schnell einmal zu neuen Thesen und Theorien.

1.2 Zur Handlungswirksamkeit „erfolgreicher" Diskurse

Was jetzt hinzukommt, ist die Rezeption solcher Thesen im gesellschaftlich-politischen Feld. Blickt man auf die letzten dreißig Jahre zurück, wird man unschwer erkennen können, dass die Thesen, die im wissenschaftlichen Feld so viel Beachtung fanden, in der öffentlichen Diskussion ihr Eigenleben entwickelten.

Mayer stellte seine Antwort auf die Erosionsdebatte unter den Vorbehalt, dass alle die von ihm so genannten „vermuteten" Entwicklungen später tatsächlich stattgefunden haben könnten (2000, S. 389). Wenn der tatsächliche Wandel also erst – zum Teil Jahrzehnte – nach seiner Konstatierung im akademischen Diskurs abgelaufen sein sollte, hieße das nichts anderes, als dass der Diskurs den

realen Entwicklungen vorausgeeilt wäre. Bemerkenswert ist jedenfalls, dass das
Thema der „Erosion" von Normallebenslauf und Beruf einer ganzen Generation
von Berufsbildungsinteressierten, Arbeitgeber- und Arbeitnehmerorganisationen,
Regierungen, Politikern und Lobbyisten, im Politikfeld engagierten Wissenschaft-
lern und so weiter, Diskussionsstoff lieferte und reale Handlungsmacht wurde.

Es deutet tatsächlich Einiges darauf hin, dass die ganze Diskussion ihre Ent-
sprechung in einem politischen Prozess gefunden hat, der genau dies, die Erosion nämlich der sozialpolitisch bis dato zentralen Prinzipien, Normen eben, von
Normallebenslauf und Beruf zum Ziel hat. Wenn wir hier das Thomas-Theorem,
demzufolge real wird, was Menschen für real halten (Thomas und Thomas 1928,
S. 572), oder auch Robert K. Mertons Darstellung der „self-fulfilling prophecy"
(1965) als Erklärungshilfen heranziehen, dann scheint die These plausibel, dass
die empirisch mangelhaft belegten Erosionsthesen, im neoliberalen polit-ökono-
mischen Prozess rezipiert, aufgesogen und befördert, Legitimationsfolien herga-
ben für die Flexibilisierung und Deregulierung der Arbeits- und Lebensverhält-
nisse und – nicht zuletzt – des Bildungssystems. Waren nämlich die behaupteten
„Megatrends" bis in die beginnenden 2000er Jahre hinein allenfalls Randerschei-
nungen, so hat sich das mittlerweile tatsächlich geändert, seit der Jahrtausendwende in immer schnellerem Tempo: Die Beschäftigungsverhältnisse erodieren
tatsächlich immer mehr, Lebensarbeitszeiten werden „flexibilisiert", prekäre Formen der Erwerbsarbeit werden völlig normal. „Ich-AG", Arbeitskraftunterneh-
mertum und die Orientierung auf Beschäftigbarkeit („employability") lösen zunehmend den Lebensberuf ab. Und das „Übergangssystem", das den Übergang
in beruflich verfasste Arbeit ganz und gar nicht zu garantieren vermag, sondern
eher dazu angetan zu sein scheint, diejenigen jungen Menschen, die es durchlaufen, dauerhaft zu stigmatisieren und auszuschließen, ist zu einem festen, auch
quantitativ relevanten Bestandteil des Bildungssystems geworden.

Es geht hier nicht um Verschwörungstheorien oder dergleichen. Offenbar
vermag aber die Interpretation von Entwicklungen und der sich in ihnen bieten-
den Chancen oder Verweigerungen – und zwar auch, wenn sie „objektiv" falsch
ist – neue Wirklichkeit zu setzen; zumindest könnte sie an der Herstellung neuer Gegebenheiten beteiligt sein. Möglicherweise hat sich in den letzten beiden
Jahrzehnten dergleichen in Deutschland abgespielt: Indem die Interpretation rea-
ler Entwicklungen zunächst durch Teile der einschlägigen Scientific Community
und dann, in ihren oft radikalen Verkürzungen durch deren Rezipienten, unterstützt durch ein im Generationenwechsel sich veränderndes kollektives Bewusstsein, dem die Erfahrungen („normaler" Erwerbslebensläufe) und Messlatten (des
Idealtyps als Referenzgröße) zunehmend abhanden zu kommen scheinen, selbst

einen neuen, geradezu normativen Erwartungsrahmen eröffnete, der in der „realen" Welt der Kapitalverwertung gerne aufgenommen wurde – und damit eben seinen Anteil an der Setzung neuer Realität hatte. Festzuhalten bliebe, dass sich solche Veränderungen im kollektiven Bewusstsein auch im Wissenschaftssystem niederschlagen, im „Vergessen" alternativer ökonomischer oder soziologischer Theorien beispielsweise.

Man kann mittlerweile festhalten, dass es dem „Übergangssystem" ähnlich ergangen ist. Aus theoretischer Sicht war es mehr als fragwürdig, den Maßnahmendschungel und die ihn betreibenden, nebeneinanderher arbeitenden, auf unterschiedlichsten Ebenen agierenden Interessen und Institutionen als System zu bezeichnen; dazu fehlte ihm die Struktur. Als die damit befassten Wissenschaften immer öfter und schließlich institutionalisiert vom Übergangssystem sprachen – und dies im gesellschaftlich-politischen Feld seiner Signalwirkung wegen aufgegriffen wurde – war tatsächlich eine neue Institution geschaffen, die man mittlerweile als soziale Tatsache zu akzeptieren gelernt hat. Sie wird (a) so schnell nicht wieder von der Bildfläche verschwinden und ist (b) zu einem sozialen Selektionsinstrument geworden, das in seiner – negativen – Effektivität beachtlich, vielleicht ehestens noch mit der des Gymnasiums vergleichbar ist.

2. Individuelle Bildungsstrategien im Kontext fluider Strukturen und handlungsmächtiger Diskurse

Handlungsmacht ist den Diskursen aber vor allem auch deshalb zuzurechnen, weil die Subjekte der Qualifizierungs- und Arbeitsmarktanpassungsprozesse offenbar zunehmend mit einer Vorwegnahme erwarteter Diskontinuitäten in ihren erwerbsbiographischen Gestaltungsentwürfen (vgl. Witzel und Kühn 1999) reagieren. Sie passen sich den neuen Gegebenheiten an; seien sie denn – zunächst – nur „gefühlt" oder – schließlich – auch tatsächlich gegeben. In diesem Prozess spielen *individuelle* Rezeption und Interpretation des Geschehens auf den Märkten und die individuellen Strategien der zukünftigen Arbeitskräfte, in einem ihnen gelegenen Tätigkeitsfeld ihre arbeitsinhaltlichen Interessen zu realisieren, eine hervorragende Rolle; zumal die Phase der Integration in den Beruf deutlich komplizierter geworden ist und sich – in der Lebenszyklusperspektive – entschieden verlängert hat (Hillmert und Mayer 2004). An einschlägigen Forschungsergebnissen lässt sich dieser Prozess der Anpassung an die Realität der Ausbildungs- und Arbeitsmärkte immer wieder verdeutlichen (vgl. Lazarsfeld schon 1931; Bolder 1987).

Als aktuelles Beispiel, das zugleich eine methodologische Option plausibel machen soll, sei hier eine Studie herangezogen, die vor einigen Jahren Klaus Birkelbach durchgeführt hat. Es handelt sich um eine quantitative Längsschnittuntersuchung des Prozesses der Realitätsanpassung während des 10. Schuljahres an Haupt-, Real- und Gesamtschulen. Die Jugendlichen mussten während dieser Phase eine Entscheidung treffen, „deren Rahmen [...] durch die jeweiligen – objektiven – Bedingungen auf dem betrieblichen Ausbildungsmarkt, das Angebot an schulischen Berufsausbildungen, die Bedingungen weiterführender Schulen und [...] die Verfügbarkeit staatlich finanzierter berufsqualifizierender Maßnahmen vorgegeben ist." (Birkelbach 2007, S. 252)

Die – subjektiven – Berufswünsche spielten selbstverständlich eine wichtige Rolle; die Entscheidung werde aber, so Birkelbach, durch die individuelle Verfügbarkeit der jeweiligen Optionen geprägt, die wiederum nicht nur von externen Bedingungen und Gelegenheitsstrukturen, sondern auch von der je spezifischen Kombination individueller Merkmale wie Interessen, Schulabschlüssen, Kompetenzen und räumlicher Flexibilität abhänge. Es handele sich also um eine im Prozessverlauf andauernde Interaktion zwischen Umwelt und Individuum, bei der die Wünsche und Ziele der Einzelnen zunehmend an die Gegebenheiten angepasst würden: Der zu Beginn noch große Anteil derer, die eine Berufsausbildung anstrebten, schrumpft dieser Untersuchung zufolge im Verlauf, während der Anteil derer, die angeben, weiter zur Schule gehen zu wollen, sukzessive ansteigt. Dabei handelt es sich, argumentiert Birkelbach, ganz offensichtlich um eine „zweite Wahl", eine kompensatorische Option also, da mit der Zahl der erfolglosen Bewerbungen die Unsicherheit über die Erfolgsaussichten dieses Weges ansteigt und die ursprüngliche Option offenbar aufgrund der mangelnden Chancen auf dem Ausbildungsmarkt revidiert werden muss (vgl. auch Bolder und Peusquens 1985). Aus subjektiver Perspektive handele es sich dabei, so Birkelbach, eher um eine Notlösung, um auf Entmutigung zurückzuführende frühzeitige Umorientierungsprozesse bei jenen Jugendlichen, die zunächst einmal aussortiert wurden.

Die Subjekte haben sich also mit den Folgen der konstatierten Entwicklungen auseinanderzusetzen und tun dies auch – was sich im Übergangssystem in besonderer Weise bemerkbar macht. Hier müssen die auf den „Königsweg" der dualen Ausbildung eingestellten jungen Erwerbspersonen ihren persönlichen Weg als Second-best-Option finden, um der drohenden endgültigen Exklusion, dem Ausschluss aus dem Berufssystem – das ihnen in Deutschland ja nach wie vor die besten Chancen im Erwerbsleben eröffnet – zu entgehen. Solche Prozesse nachzuzeichnen und zu verstehen, bedarf es, wie Daniela Ahrens und Georg Spöttl jüngst (2012) betonten, neben den unverzichtbaren quantitativen Feldbeobachtungen einer Intensivierung biographisch angelegter Forschung, die den *Prozess* des Anschlussfähigmachens individueller Sinnsetzungen und Lernmuster an die Gegebenheiten zu erklären vermag – die ihrerseits aber rückgebunden sein muss an die Kenntnis der strukturellen Vor- und Mitgegebenheiten.

3. Perspektiven der Forschung zur Berufsbildung

Eine zentrale Aufgabe zukünftiger Berufsbildung wird es sein, die den Erwerbslebenslauf der Träger von Qualifikationen steuernde berufsbiographische Gestaltungskompetenz zu fördern. Sie zu erreichen, bedarf es einer Berufsbildungsforschung, die den *Prozess*-Charakter von Berufsfindung und -integration und vor allem die damit einhergehende subjektive Perspektive nicht aus den Augen verliert – und methodisch angemessen nachzuzeichnen in der Lage ist.

Man fragt sich schon, wie einer These wie der von der Erosion des Berufs angesichts der oben zitierten Datenlage vor 2002, also bevor die Gesetzgebung um die „modernen Dienstleistungen am Arbeitsmarkt" (Kommission 2002) die bundesdeutsche Arbeits- und Berufswelt umzuwälzen begann, ein solches Gewicht im berufsbildungswissenschaftlichen und -politischen Diskurs zukommen konnte. Die empirische Basis können eigentlich nur Einzelbeobachtungen oder Vergleiche auf der Ebene des Berufskennziffern-Vierstellers der Berufs- und Ausbildungsstatistik geliefert haben. Beruflichkeit macht sich aber, als soziales und kulturelles Phänomen, nicht nur, nicht einmal primär an der Konstanz von Kennziffernverteilungen in der Zeit fest. Sie ist – und das blieb im Diskurs lange Zeit unterbelichtet – nicht zuletzt, vielleicht gar zu allererst ein subjektives Phänomen (Bolder u. a. 2012; vgl. Voß 2012; Schelepa 2010), gebunden an erlebtes Arbeitsleben und Erfahrung (vgl. Corsten 2012).

Dies – wissenschaftlich – zu entdecken und wahrzunehmen, braucht es allerdings auf Subjektivität fokussierte Forschung. Die in den letzten ein, zwei Jahrzehnten zum methodologischen Königsweg deklarierte „evidenzbasierte", auf die Epidemiologie zurückreichende beweisorientierte („evidence based"), auf große Zahlen verpflichtete quantitative Forschung vermag solche Entdeckungen aus verschiedenen Gründen kaum zu leisten; unter anderem weil sie weitgehend standardisiert erfolgen muss und deshalb, ganz einfach, nur das „rauskommen" kann, was vorher „reingesteckt" wurde, oder, andererseits, schnell an ihre Kostengrenzen stößt. Dass zudem das Validitätsproblem bei der Operationalisierung, der Übersetzung zu erfassender Phänomene und theoretischer Konstrukte in messbare Einheiten, oft unterschätzt wird, Operationalisierungen – und dann die darauf fußenden Ergebnisse und ihre Interpretation im Diskurs – keineswegs, jetzt im deutschen Verständnis, selbst-evident sind, könnte an vielen Beispielen aus der Bildungsforschung,[3] etwa ideologisch hoch kontaminierten Kompetenz-messverfahren, belegt werden. An ein Phänomen sei hier nur erinnert: die Diskrepanz zwischen den immer wieder redundant berichteten extrem hohen Zustimmungsquoten bei Fragen nach der Bedeutung beruflicher Weiterbildung – die man gerne für deren Akzeptanz in der Bevölkerung nimmt – und dem faktischen Teilnahmeverhalten (s. hierzu z. B. Bolder und Hendrich 2000, S. 22 ff.). Dieser Unfug – weil bedeutungsloser – meist skalierter Bedeutungsabfragen wird bis in die jüngste Zeit weitergetrieben.[4]

Um nicht missverstanden zu werden: Selbstverständlich ist auf große Zahlen („Repräsentativität") gerichtete Forschung vonnöten. Gäbe es sie nicht, wären wir uns möglicherweise der Übergangs-Problematik nicht einmal angemessen bewusst geworden, kaum jedenfalls des alarmierenden Faktums, dass das „Übergangssystem", der nur schwer durchschaubare Dschungel gut gemeinter „Maßnahmen" zur Integration als leistungsschwächer wahrgenommener junger Menschen in das Erwerbssystem, eine mittlerweile gleich gewichtige Rolle im Übergangsgeschehen spielt. Sie ist allerdings unverzichtbar. Aber ihr Erkenntnisspektrum ist weit begrenzter, als dies im Diskurs erkannt resp. anerkannt wird. Man wird wohl sagen dürfen, dass die Validität ihrer Ergebnisse umso geringer zu werden tendiert, je mehr sich die Fragen auf die Begründungen, die biographiebezogenen Überlegungen, die Relevanzsetzungen und schließlich Handlungsstrategien der im System handelnden Subjekte richten – und umso eher sind sozio-biographische Forschungsstrategien angezeigt. Wobei sich angesichts der Themenfokussierung meines Erachtens am ehesten problemzentrierte Verfahren anbieten, die es den Interviewten erleichtern, im Prozess des Interviews „Selbstklärungen" zu betreiben (Witzel 1980; Witzel und Reiter 2012). Gerade in problematischen Settings, wie sie dort zu erwarten sind, wo, wie im Übergangssystem, biographische Brüche und eher nicht selbst gewählte Umwege thematisiert werden, versprechen erfahrungsgemäß solche Selbstklärungen erhebliche Erkenntnisgewinne. Dass biographische Forschung entschieden mehr an Evidenz[5] auch für die praktische

---

3   Aus der Arbeits- und Berufsforschung kennen wir ähnliche Klassiker: bei der Arbeitszufriedenheitsmessung etwa oder der Diskrepanz zwischen der Wahrnehmung allgemeiner und eigener Arbeitslosigkeitsgefährdung. Die Messung – und anschließende Interpretation (!) – derartiger Phänomene über Statement-Batterien führt mit an Sicherheit grenzender Wahrscheinlichkeit – erstaunlicherweise immer wieder und immer noch – auf falsche Fährten.

4   Es sei erlaubt, an dieser Stelle auf Belege zu verzichten.

5   Dem deutschen Mainstream-Diskurs, gerade auch im hier thematisierten transitorischen Bereich zwischen Wissenschaft und Politik, gilt die beweisorientierte Forschung durchaus auch als Evidenz schaffende. Dass es sich bei der deutschen Übersetzung des anglo-amerikanischen

Berufsbildungspolitik hervorzubringen imstande ist, hat jüngst eine Arbeit von Alan Brown und Jenny Bimrose (2012) wieder demonstriert. Die international vergleichend angelegte, gut kontextualisierte Untersuchung bleibt bei den Skalen nicht stehen, sondern vertieft die Einsicht in den Sachverhalt mithilfe biographischer Interviews. Erst sie versetzen die Autoren in die Lage, zum Schluss ihrer Ausführungen zu nicht weniger als zu dem wohlbegründet erscheinenden Plädoyer zu kommen, die offizielle europäische berufsbezogene Bildungspolitik auf neue, andere Füße zu stellen.

Letzten Endes geht es der Bildungsforschung immer um Prozesse oder Zustandsbeschreibungen individueller Bildungsgeschichten beziehungsweise ihrer Initiation. Ob in statischer Perspektive als Momentaufnahme eines Ist-Zustandes oder als dynamisch orientierte Prozessbeobachtung, ob das jeweilige Forschungsprojekt nun Individuen beobachtet, Strukturen und Interaktionen von Schulen, Netzwerken, Bildungsverwaltungen untersucht oder die Bedeutung gesellschaftlicher Individualisierungstendenzen für Lernchancen – immer geht es letztlich um Prozesse und Zustände, deren Inzidenz beim Einzelnen zu verorten ist. Umgekehrt summieren sich die Bildungsgeschichten Einzelner über vielfältige gruppen- und institutionen-, regionalspezifische Vermittlungen zu gesellschaftlichen Qualifikationsniveaus und PISA-Ergebnissen, „verselbständigen" sich schließlich zu qualitativ neuen, eben immer im Wandel befindlichen „fluiden" Strukturen. Ganz gleich auf welcher Ebene dieser Interaktionen sie ansetzt, ob auf der Ebene von PISA-Vergleichen, in Organisationen regionaler Bildungsverwaltung, der Beschreibung von Bildungsmilieus oder bei den Bildungs-Lebensgeschichten einzelner Individuen: Immer steht die empirische Bildungsforschung vor dem methodologischen Problem der Korrespondenz von Analyseeinheit und Aussageebene – beziehungsweise untersuchungsebenenabhängiger Fehlschlüsse. Das betrifft natürlich nicht nur den quantitativ-repräsentativ orientierten Forschungsalltag,[6] sondern auch den der biographischen Forschungspraxis in ihren vielfältigen Spielarten. Was z. B. ohne weiteres nicht zulässig ist, ist der Schluss von oft nicht einmal überzeugend-nachvollziehbar ausgewählten Einzelfällen auf gesellschaftliche Entwicklungen. An einer deutlichen Tendenz im Forschungsalltag sei das belegt.

Biographieforschung ist sowohl in der Erhebungs- als auch in der Interpretationsphase ein äußerst zeitaufwendiges Unternehmen; jedenfalls im Vergleich

---

„evidence" um einen, wie bei „wiki" behauptet, „falschen Freund" handele, ist allenfalls die halbe Wahrheit. Denn „evident" heißt durchaus *auch* „easy to see or perceive; clear; obvious; plain, apparent" (Webster's New World College Dictionary, 3rd ed., New York 1997).

6   Wenn hier, einschränkend, von Alltag und Praxis die Rede ist, dann deshalb, weil die jeweiligen Protagonisten dies zu Recht als Binsenweisheiten abtun dürften. In der alltäglichen Praxis geschieht es aber immer wieder.

zu den meisten quantifizierenden, verteilungsorientierten Verfahren. Sie ist zudem infolge ihrer im Vergleich zur Umfrageforschung geringeren gesellschaftlichen Nachfrage vor allem universitäre oder hochschulnahe Forschung, geschieht
also vorwiegend in Zentralstädten. Zeitintensität impliziert angesichts im allgemeinen geringerer Ressourcen in den einschlägigen Etats die hohe Wahrscheinlichkeit ortsnaher Erhebungen – in oder in der Nachbarschaft von Frankfurt am
Main beispielsweise, Bremen, Berlin, Magdeburg, Halle oder München, vielleicht auch Essen; sehr viel seltener aber in der Oberpfalz, im Bayerischen oder
im Reichswald, in Heide oder Wismar, Finsterwalde, Plauen oder Kempten. Tendenziell bleiben so große Bereiche unserer Gesellschaft faktisch Leerstellen biographischer Forschung; die gewonnenen Erkenntnisse weisen fast notwendig eine
strukturelle Schiefe auf. So kann es dann leicht zu den von Becker so genannten
„Schnappschussbetrachtungen" kommen, zu Spekulationen über Wandeltenden-
zen, z.B. der Normalbiographie, die, als gesamtgesellschaftliche Tendenz jedenfalls, durchaus mit Fragezeichen versehen werden können, weil vielleicht „die
[je spezifischen] Rahmenbedingungen und ihre Auswirkungen auf die Lebensläufe" (Becker 2004, S. 62f) übersehen werden. Bezogen auf das Arbeitsfeld der
Weiterbildungs-, Berufslebenslauf- und Biographieforschung ergeben sich sub-
kutan theoretische Argumentationsmuster, deren kontextuelle Relativierung erst
einmal anstünde. Warum?

Immer dann, wenn bildungswissenschaftliche Forschung gesellschaftlich,
politisch relevante Ergebnisse produzieren will, steht das Erfordernis ihrer zumindest relativen Verallgemeinerbarkeit auf der Tagesordnung, damit – mit dem
Ziel die Einzelfälle transzendierender Anwendbarkeit – Übertragbarkeit hergestellt werden kann. In der Medizin konnte man dem mit epidemiologischer Forschung abhelfen; in der Bildungsforschung hat sich die mit hoher „Visibilität"
ausgestattete evidenzbasierte Forschung (PISA, AES usw.) etabliert. Überall dort
aber und je mehr es um die subjektiven Relevanzstrukturen als Handlungsbegrün-
dungen (und nicht lediglich um hypostasierte, der psychometrischen Forschung
als abfragbar geltende „Motive") geht, dürfte dieser Weg in die Irre führen und
sich deshalb eigentlich verbieten. Dann geht es darum, die relative Reichweite der
etwa aus sozio-biographischer Forschung gewonnenen Hinweise, Aussagen über
Einzelne, Vergleichbare, Typen usw. – zu belegen, nachvollziehbar zu machen.[7]

---

7   Im umgekehrten Fall, der für quantitative Designs eine größere Gefahr darstellt, handelt es sich
     um einen holistischen oder, im Verweis auf die Sozialökologie, auch so genannten ökologischen
     Fehlschluss. Aussagen, deren Basis Aggregat- oder Globaldaten sind, werden in diesem Fall
     auf niedrigere, z.B. die Individualebene bezogen. Wenn z.B. aufgrund der Beobachtung,
     dass Landkreise mit überwiegend katholischer Bevölkerung eine geringere Bildungsdichte
     aufweisen, ohne weiteres behauptet würde, Bildungsabstinenz sei ein katholisches Problem.

Als Lösung des Problems bietet sich die von Becker reklamierte Kontextualisierung der jeweiligen Situation an.[8]

Forschung, auch im (berufsbildungs-)politischen Interesse, wird Politik nicht ersetzen können – und auch nicht sollen. PISA z. B. hat sich hier schon weiter vorgewagt, als man es in einem demokratischen System eigentlich erwarten wollte: als sei Bildungspolitik unmittelbar, mehr oder weniger selbst-evident, aus Forschungsergebnissen ableitbar, als ergebe sie sich quasi (sach-)zwangsläufig aus Datenverteilungen! Ob die aus den Ergebnissen gezogenen Schlüsse, die praktizierten Reformansätze von der KiTa bis zu G12, vom DQR bis zum Bachelor Professional wirklich Wesentliches, die Erwerbsbiographien Stabilisierendes bringen werden, bleibt zum einen abzuwarten und ist zum anderen selbst abhängig vom gesellschaftlich herrschenden Diskursklima als dem Boden, auf dem etwas wachsen oder vertrocknen kann. In den 1960er und 1970er Jahren waren das – neben Sputnik-Schock und Bildungskatastrophe – Chancengleichheit und „Mehr Demokratie wagen" (zur Geschichte der Reformansätze Lisop 2014). Das Diskursklima, das die Erosionsdiskurse jenseits von empirischer Evidenz ermöglichte und beflügelte, schließlich selbst zum Verstärker und zur Legitimationsfolie geraten ließ, war seit den 1980er Jahren das der Deregulierung. Skepsis gegenüber Diskursen und selbstkritische Einstellung gegenüber der eigenen Forschung sind jedenfalls nicht die schlechtesten Tugenden zwischen Euphorie und Ernüchterung.

Wohlgemerkt: Das *kann* sein, *muss* aber nicht zutreffen: Es könnte ja sein, dass sich dort alle *Nicht*-Katholiken bildungsabstinent verhalten, die Katholiken aber „normal". Der ökologische Fehlschluss (Eirmbter 1977) hat nicht erst seit 1967 vielzitiertem katholischen bayerischen Mädchen vom Lande der sozialwissenschaftlichen Forschung zu schaffen gemacht. Er begleitet sie mindestens seit Emile Durkheims Suizid-Studien (Hummell 1972).

8   Unter Kontextualisierung verstehen wir dabei eine Variante der sogenannten äußeren Kontextualisierung in einem Mehrebenenmodell – die den einzelnen Fall rückbezieht auf die gesellschaftlichen Strukturen, die Vor- und Mitgegebenheiten im Sinne von Alfred Schütz (Schütz 1974; zu den Mehrebenenmodellen in Erziehungswissenschaften und Berufsbildungsforschung s. z. B. Bronfenbrenner 1976; Kell 1997). Es bedarf also der Einbeziehung der themenrelevanten Zustände und Prozesse auf Makro-, Meso- und Mikroebene; dabei hat jede Ebene ihre spezifischen methodischen Zugänge. Wir haben dies in mehreren Projekten umzusetzen versucht (z. B. Bolder und Hendrich 2000; zuerst: Bolder 1978; vgl. a. Bolder 1980, S. 266. Werkstattberichte des Weiterbildungsabstinenz-Projekts mit forschungsmethodischen Kommentierungen sind online unter http://www.uni-due.de/imperia/md/content/biwi/einrichtungen/bawb/wba1.pdf ff. herunterladbar). Forschungspragmatisch wird die je zu wählende Form aber auch immer eine ökonomische Frage sein. Zu erfolgen hat sie dennoch – und sei es auch nur in Form verweisender Kontextualisierung der eigenen Arbeit.

Literatur

Ahrens, D. & Spöttl, G. (2012). Beruflichkeit als biographischer Prozess. Neue Herausforderungen für die Berufspädagogik am Beispiel des Übergangssystems. In A. Bolder, R. Dobischat, G. Kutscha & G. Reutter (Hrsg.), *Beruflichkeit zwischen institutionellem Wandel und biographischem Projekt* (S. 87-103). Wiesbaden: Springer VS.

Baethge, M. & Baethge-Kinsky V. (1998). Jenseits von Beruf und Beruflichkeit? – Neue Formen von Arbeitsorganisation und Beschäftigung und ihre Bedeutung für eine zentrale Kategorie gesellschaftlicher Integration. *Mitteilungen aus der Arbeitsmarkt- und Berufsforschung* 31 (3), 461-472.

Beck, U. (1983). Jenseits von Klasse und Stand? Soziale Ungleichheit, gesellschaftliche Individualisierungsprozesse und die Entstehung neuer sozialer Formationen und Identitäten. In R. Kreckel (Hrsg.), *Soziale Ungleichheiten. Soziale Welt, Sonderband 2* (S. 35-74). Göttingen: Schwartz.

Becker, R. (2004). Wandel der Sozialstruktur von Erwerbsverläufen oder: Warum diskontinuierliche Erwerbsbiographien eher Konstrukt als Realität sind. In F. Behringer, A. Bolder, R. Klein, G. Reutter & A. Seiverth (Hrsg.), *Diskontinuierliche Erwerbsbiographien. Zur gesellschaftlichen Konstruktion und Bearbeitung eines normalen Phänomens* (S. 59-70). Baltmannsweiler: Schneider Hohengehren.

Behringer, F. (2004). Berufswechsel als eine Form diskontinuierlicher Erwerbsbiographien: Ursachen, Häufigkeit und Folgen. In F. Behringer, A. Bolder, R. Klein, G. Reutter & A. Seiverth (Hrsg.), *Diskontinuierliche Erwerbsbiographien. Zur gesellschaftlichen Konstruktion und Bearbeitung eines normalen* Phänomens (S. 71-93). Hohengehren: Schneider.

Birkelbach, K. (2007). Schule als Notlösung. Die Entwicklung der Entscheidung zwischen einer Berufsausbildung und einem weiteren Schulbesuch im Verlauf des letzten Schuljahres der Sekundarstufe I bei Haupt-, Real-und Gesamtschülern. *Zeitschrift für Berufs- und Wirtschaftspädagogik* 103 (2), 248-263.

Bolder, A. (1978). *Bildungsentscheidungen im Arbeitermilieu.* Frankfurt a. M./New York: Campus.

Bolder, A. (1980). Zur Prognose von Bildungs- und Berufswahlentscheidungen im Chancenzuweisungsprozeß. Ergebnisse einer Längsschnittuntersuchung. *Kölner Zeitschrift für Soziologie und Sozialpsychologie* 32 (2), 262-280.

Bolder, A. (1987). Realitätsverarbeitung. Zur Verzahnung von Chancenstrukturen und Prozessen der Sozialisation für Arbeit und Beruf. In A. Bolder & K. Rodax (Hrsg.), *Das Prinzip der aufge(sc)hobenen Belohnung* (S. 263-284). Bonn: Neue Gesellschaft.

Bolder, A. & Peusquens, D. (1985). Berufswunschumlenkung: Prozesse der Anpassung an den Arbeitsmarkt. *Zeitschrift für Berufs- und Wirtschaftspädagogik* 81 (4), 406-420.

Bolder, A., Dobischat, R., Kutscha, G., & Reutter, G. (2012). Beruflichkeit – Ein Kampf der Einzelnen gegen die Institutionen? In A. Bolder, R. Dobischat, G. Kutscha & G. Reutter (Hrsg.), *Beruflichkeit zwischen institutionellem Wandel und biographischem Projekt* (S. 7-23) Wiesbaden: Springer VS.

Bolder, A. & Hendrich, W. (2000). *Fremde Bildungswelten. Alternative Strategien lebenslangen Lernens* Opladen: Leske + Budrich.

Bronfenbrenner, U. (1976). Ökologische Sozialisationsforschung - Ein Bezugsrahmen (Neufassung). In K. Lüscher (Hrsg.), *Ökologische Sozialisationsforschung* (S. 199-220). Stuttgart: Klett.

Brown, A. & Bimrose J. (2012). Role of Vocational Training and Learning at Work in Individual Career Development Across the Life-Course: Examples from Across Europe. In A. Bolder, R. Dobischat, G. Kutscha & G. Reutter (Hrsg.), *Beruflichkeit zwischen institutionellem Wandel und biographischem Projekt* (S. 167-187). Wiesbaden: Springer VS.

Corsten, M. (2012). Die subjektive Entschiedenheit beruflicher Praxis – Annotationen zur Theorie des beruflichen Habitus. In A. Bolder, R. Dobischat, G. Kutscha & G. Reutter (Hrsg.), *Beruflichkeit zwischen institutionellem Wandel und biographischem Projekt* (S. 319-335). Wiesbaden: Springer VS.

DGB (= Deutscher Gewerkschaftsbund, Bundesvorstand) (Hrsg.). (1952). *Arbeitslosigkeit und Berufsnot der Jugend.* 2 Bände. Köln: Bund.

Eirmbter, W. H. (1977). *Ökologische und strukturelle Aspekte der Bildungsbeteiligung.* Weinheim und Basel: Beltz

Elder, G. H., Jr. (1999). *Children of the Great Depression: Social Change in Life Experience* (25th Anniversary Edition), Boulder, CO: Westview Press.

Geißler, K. A. (1994). Vom Lebensberuf zur Erwerbskarriere. Erosionen im Bereich der beruflichen Bildung. *Zeitschrift für Berufs- und Wirtschaftspädagogik* 90 (6), 647-654.

Hall, A., Jansen, R. & Ulrich, J. G. (2004). Berufliche Diskontinuitäten bei Erwerbstätigen. Ergebnisse der BIBB-/IAB-Erhebungen, In F. Behringer, A. Bolder, R. Klein, G. Reutter & A. Seiverth (Hrsg.), *Diskontinuierliche Erwerbsbiographien. Zur gesellschaftlichen Konstruktion und Bearbeitung eines normalen Phänomens* (S. 94-105). Baltmannsweiler: Schneider Hohengehren.

Hillmert, S. & Mayer, K. U. (Hrsg.). (2004). *Geboren 1964 und 1971. Neuere Untersuchungen zu Ausbildungs- und Berufschancen in Westdeutschland.* Wiesbaden: VS.

Hummell, H. J. (1972). *Probleme der Mehrebenenanalyse.* Stuttgart: Teubner.

Jahoda, M., Lazarsfeld, P. F. & Zeisel, H. (1960). *Die Arbeitslosen von Marienthal. Ein soziographischer Versuch mit einem Anhang zur Geschichte der Soziographie.* Allensbach und Bonn: Verlag für Demoskopie.

Jánossy, F. (o.J.). *Das Ende der Wirtschaftswunder.* Erscheinung und Wesen der wirtschaftlichen Entwicklung. Probleme sozialistischer Politik, 12. Frankfurt a. M.: Neue Kritik.

Kell, A. (1997). Jahrbuch Bildung und Arbeit '96: Die Wiederentdeckung der Ungleichheit. Strukturierungsvorschläge und Entwicklungsthesen. In A. Meyer, U. Rabe-Kleberg & K. Rodax (Hrsg.), *Transformation und Tradition in Ost und West.* Jahrbuch Bildung und Arbeit 1997 (S. 340-351). Opladen: Leske + Budrich.

Kohli, M. (1986). Gesellschaftszeit und Lebenszeit. Der Lebenslauf im Strukturwandel der Moderne. In J. Berger (Hrsg.), *Die Moderne – Kontinuitäten und Zäsuren.* Soziale Welt Sonderband 4 (S. 183-208). Göttingen: Schwartz.

Kommission Moderne Dienstleistungen am Arbeitsmarkt (2002). *Moderne Dienstleistungen am Arbeitsmarkt.* Bonn und Berlin: Bundesministerium für Arbeit und Soziales. http://web.archive. org/web/20070927143452/http://134.102.55.200/Dokumente/Hartz_Bericht_gesamt_2002-08-16. pdf. Zugriff: 12.02.2013.

Konsortium Bildungsberichterstattung (Hrsg.). (2006). *Bildung in Deutschland.* Ein indikatorengestützter Bericht mit einer Analyse zu Bildung und Migration. Bielefeld: W. Bertelsmann.

Kutscha, G. (1992). „Entberuflichung" und „Neue Beruflichkeit" – Thesen und Aspekte zur Modernisierung der Berufsbildung und ihrer Theorie. *Zeitschrift für Berufs- und Wirtschaftspädagogik* 88 (7), 535-548.

Lazarsfeld, P. F. (1931). *Jugend und Beruf.* Kritik und Material. Quellen und Studien zur Jugendkunde 8. Jena: Gustav Fischer.

Lessenich, S. (1995). Wohlfahrtsstaatliche Regulierung und die Strukturierung von Lebensläufen. Zur Selektivität sozialpolitischer Interventionen. *Soziale Welt* 46 (1), 51-69.

Lisop, I. (2014). Bildungspolitische Reformkonzepte im Paradoxien-Netz. In U. Bauer, H. Bremer, R. Dobischat & G. Kutscha (Hrsg.), *Bildungsexpansion und Bildungsnotstand: Widersprüche im Prozess der Re-Strukturierung der Klassengesellschaft* (Arbeitstitel). Wiesbaden: Springer VS (in Vorbereitung).

Lutz, B. (1989). *Der kurze Traum immerwährender Prosperität.* Eine Neuinterpretation der industriell-kapitalistischen Entwicklung im Europa des 20. Jahrhunderts. Frankfurt a. M. und New York: Campus.

Mayer, K. U. (2000). Arbeit und Wissen: Die Zukunft von Bildung und Beruf. In J. Kocka (Hrsg.), *Geschichte und Zukunft der Arbeit* (S. 383-409). Frankfurt a. M.: Campus.

Merton, R. K. (1965). Die Eigendynamik gesellschaftlicher Voraussagen. In E. Topitsch (Hrsg.), *Logik der Sozialwissenschaften.* Neue Wissenschaftliche Bibliothek 6 (S. 144-161). Köln und Berlin: Kiepenheuer & Witsch.

Peisert, H. (1967). *Soziale Lage und Bildungschancen in Deutschland.* Studien zur Soziologie 7. München: Piper.

Rosendahl, A. & Wahle, M. (2012). Erosion des Berufes: Ein Rückblick auf die Krisenszenarien der letzten vierzig Jahre. In A. Bolder, R. Dobischat, G. Kutscha & G. Reutter (Hrsg.), *Beruflichkeit zwischen institutionellem Wandel und biographischem Projekt* (S. 25-47). Wiesbaden: Springer VS.

Schelepa, S. (2010). Zur biographischen Deutung von Berufswechseln im Spannungsfeld von Autonomie und Heteronomie. In A. Bolder, R. Epping, R. Klein, G. Reutter & A. Seiverth (Hrsg.), *Neue Lebenslaufregimes – neue Konzepte der Bildung Erwachsener?* (S. 123-138). Wiesbaden: Springer VS.

Schütz, A. (1974). *Der sinnhafte Aufbau der sozialen Welt. Eine Einleitung in die verstehende Soziologie.* Frankfurt a. M.: Suhrkamp.

Thomas, W. I. & Thomas, D. S. (1928). *The Child in America: Behavior Problems and Programs.* New York, NY: Knopf.

Voß, G. G. (2012). Individualberuf und subjektivierte Professionalität. Zur beruflichen Orientierung des Arbeitskraftunternehmers. In A. Bolder, R. Dobischat, G. Kutscha & G. Reutter (Hrsg.), *Beruflichkeit zwischen institutionellem Wandel und biographischem Projekt* (S. 283-317). Wiesbaden: Springer VS.

Witzel, A. (1980). *Das problemzentrierte Interview.* Eine methodologisch-methodische Begründung eines qualitativen Erhebungs- und Auswertungsverfahrens der empirischen Sozialforschung. Diss. Bremen.

Witzel, A. & Kühn T. (1999). *Berufsbiographische Gestaltungsmodi. Eine Typologie der Orientierungen und Handlungen beim Übergang in das Erwerbsleben.* sfb 186, Arbeitspapiere 61. Bremen: Universität.

Witzel, A. & Reiter, H. (2012). *The Problem-centred Interview.* London usw.: Sage Publications.

Gut ankommen in der Arbeitswelt – hilft „Kommunale Koordinierung"?

Wilfried Kruse

Abstract

Die Beziehung zwischen Bildungssystem und einer dynamischen und oftmals turbulenten Arbeitswelt unterliegt ständigen Veränderungen, die für alle Jugendlichen und jungen Erwachsenen den Bedarf nach Orientierung, Erkundung, Beratung und Unterstützung nach sich ziehen. Alle sind davon betroffen, wenngleich in unterschiedlichem Grade und mit unterschiedlichen Risiken. Die Gestaltung des Übergangsgeschehens als arbeitsmarktnaher Bereich des lokalen Bildungssystems findet deshalb dauerhaft die besondere Aufmerksamkeit der Städte und Landkreise. Die Unterstützung derjenigen, die von besonderen Risiken betroffen sind, hat hierbei Priorität. Diese beiden Perspektiven – Arbeitsmarkt und Bildung – schließen einander nicht aus; ihre Vermittlung im Zuge der Gestaltung der Übergänge Schule-Arbeitswelt stellt eine erhebliche Herausforderung dar – und eine wichtige Koordinierungsaufgabe vor Ort.

1. Einleitung

Die in der Überschrift aufgeworfene Frage kann nur mit einem „ja, aber…" beantwortet werden: Ja, aber es kommt darauf an, *wie* und unter *welchen Rahmenbedingungen* die Kommunale Koordinierung im Übergang Schule – Arbeitswelt arbeitet. Im Folgenden kurzen Beitrag sollen hierzu einige Überlegungen angestellt und Erfahrungen und Einsichten mitgeteilt werden. Diese entstammen aus dem Kontext der *Arbeitsgemeinschaft Weinheimer Initiative*, einem Zusammenschluss von Städten und Landkreisen – unterstützt von ExpertInnen und Stiftungen –, der sich für die Kommunale Koordinierung einsetzt. Die *Arbeitsgemeinschaft* ist 2007 aus einem Arbeitszusammenhang hervorgegangen, der schon 1998 durch ein von der Freudenberg Stiftung (Weinheim) initiiertes Memorandum „Wege aus der Ausbildungskrise" angestoßen wurde. Es waren dann vor allem dort mitarbeitende Vertreter aus Städten und Gemeinden, denen es auf die Klärung der *kommunalen Rolle* bei der Gestaltung der Übergänge von der Schule in die Arbeitswelt ankam und die die Form einer von ihnen selbst getragenen Arbeitsgemeinschaft für angemessen hielten. Diese sollte vor allem zwei Aufgaben haben, nämlich die Qualität der Koordinierung „vor Ort" ständig weiter entwickeln zu helfen und sich zugleich öffentlich für eine Verbesserung der Rahmenbedingungen für Kommunale Koordinierung einzusetzen[1].

Zunächst soll skizziert werden, was mit Kommunaler Koordinierung gemeint ist und auf welches Verständnis von „Übergang Schule – Arbeitswelt" sich die *Arbeitsgemeinschaft* mittlerweile bezieht. In einem zweiten Schritt soll ein Blick auf die Realitäten Kommunaler Koordinierung und die dortigen Entwicklungstrends und Probleme geworfen werden. Abschließend werden einige Fragen formuliert, die die zukünftige Entwicklung in diesem Feld betreffen[2].

2. Das Konzept „Kommunale Koordinierung" und seine Entwicklung

Kommunale Koordinierung war und ist die Formel, für die die *Arbeitsgemeinschaft Weinheimer Initiative* steht. Sie drückt aus, dass die Städte und Kreise aufgrund ihrer Verpflichtung gegenüber dem Gemeinwohl sowohl dazu veranlasst sind als auch die Autorität haben, um als federführende Koordination im Rahmen einer lokalen Verantwortungsgemeinschaft aller einschlägigen Akteure tätig zu werden. Kein anderer Akteur vor Ort verfügt über diese unbezweifelbare breite Legitimation – auch und vor allem gegenüber den Bürgerinnen und Bürgern. „Kommunale Koordinierung ist die kommunal verantwortete Bündelung und Abstimmung von Aktivitäten, die Herstellung von Transparenz und die Entwicklung und Anwendung gemeinsam vereinbarter Qualitätsstandards für den Bereich des Übergangs von der Schule in Beruf und Arbeitswelt" (aus der Weinheimer Erklärung 2007)[3].

Es besteht die – begründbare – Erwartung, dass „vor Ort" im Rahmen von *lokalen Verantwortungsgemeinschaften* mobilisierbare Handlungsressourcen liegen, die für eine positive Gestaltung der Übergänge von der Schule in die Arbeitswelt produktiv in Anschlag gebracht werden können. Erst vor diesem Hintergrund gewinnt „Kommunale Koordinierung" im Sinne einer federführenden kommunalen Verantwortungsübernahme ihre spezifische Bedeutung.

---

1   Heute gehören u. a. folgende Städte und Landkreise zum Kern der Arbeitsgemeinschaft: Dortmund, Freiburg, Herten, Hoyerswerda, Kassel, Kiel, Lünen, Mannheim, Nürnberg, Rodgau, Stuttgart, Weinheim (Bergstr), Kreis Offenbach, Kreis Bautzen

2   Zu dem gesamten Spektrum vergleiche Arbeitsgemeinschaft Weinheimer Initiative (2013).

3   Vgl. www.weinheimer-initiative.de

Ankommen in der Arbeitswelt und der Übergang „als Lehrstück"

Zu Beginn waren die koordinierenden und fördernden Aktivitäten beim Übergang Schule – Arbeitswelt in erster Linie auf Jugendliche konzentriert, deren Benachteiligung beim Übergang vor allem als durch individuelle und soziale Defizite verursacht oder mindestens mit herbeigeführt betrachtet wurden. Das primäre Förderziel war also, diese Jugendlichen über die schwierige Schwelle von der Schule in Ausbildung und Arbeit zu bringen. Der Erfolg maß sich daran, ob dieser Übertritt erfolgte, weniger daran, ob die jungen Leute *tatsächlich* den erfolgten Übergang im Sinne des Aufbaus einer lebbaren Berufsperspektive verwerten konnten oder nicht. Auch dann, als der Blick auf die individuellen Defizite um jene auf institutionelle Mängel erweitert wurde, etwa im Sinne einer ungenügenden Berufsorientierung und der Entwicklung einer präventiven Arbeitsmarktpolitik, blieb als Horizont die Bewältigung der „1.Schwelle" im Sinne des Einstiegs in eine berufliche Ausbildung.

Biografisch betrachtet, wurde also vor allem im Sinne von Vorbereitung auf den Übergang in die Arbeitswelt hingearbeitet; die Sorge endete gewissermaßen an der 1. Schwelle und wurde hauptsächlich auf die tatsächlichen oder vermeintlichen Defizite der Jugendlichen orientiert. Die *Qualität* des Übergangsgeschehens selbst blieb so weitgehend unbeachtet.

Diese Begrenztheit löst sich allmählich auf[4]. Es wird jetzt vielmehr davon ausgegangen, dass man von einem gelungenen Übergang von der Schule in das Arbeitsleben erst dann reden kann, wenn die jungen Erwachsenen in dem Sinne „gut" in der Arbeitswelt angekommen sind, dass ihre Einstiegsbeschäftigung eine ausbaubare Basis für eine eigenständige Lebensführung und berufliche Weiterentwicklung abgibt. Lokale Übergangsgestaltung müsse sich also auf diesen gesamten Übergangsprozess beziehen, der sich aufgrund tiefgreifender gesellschaftlicher Veränderungen zeitlich weiter ausdehne. Der „ *lange Übergang*" – so verstanden – erhält also ein ganz anderes biografisches Gewicht als in jenen Zeiten, in denen es noch die viel beschworenen „Königswege" gab – und er erfordert auch erweiterte institutionelle Arrangements, nämlich insbesondere eine systematische Einbeziehung von Betrieben.

Aber zunächst ist dieser *„lange Übergang"* auch von seiner subjektiven Seite her angesprochen. Das „Lehrstück Übergang" verweist auf die Erfahrungen, die junge Leute im Übergang machen und die „Lehren", die sie daraus ziehen, nicht nur für ihre eigene Zukunftserwartung, sondern auch in Hinblick auf zen-

---

4   Hierzu hat die Arbeitsgemeinschaft mit der Hoyerswerdaer Erklärung 2011 und der Kieler Erklärung 2012 einen Beitrag geleistet. Vgl. www.weinheimer-initiative.de

trale Werte unserer Gesellschaft, wie Gerechtigkeit, Chancen, Teilhabe, usw. Es wurde also begonnen, danach zu fragen, welche Wirkungen in der Zukunft von der jeweiligen Qualität des Übergangsgeschehens ausgehen. Diese Erweiterung in Verständnis und Perspektive hat sich durch die Einbeziehung des in jüngster Zeit in der öffentlichen Diskussion des aktuellen Themas *Fachkräftesicherung* fortgesetzt: Zukunftschancen für den Einzelnen und die Zukunftsfähigkeit der lokalen bzw. regionalen Wirtschaft hängen im hohen Maße davon ab, welche Qualität die Berufsausbildung hat und ob man nach ihrem Abschluss gut im Arbeitsleben ankommt. Ausbildungsbetriebe und Berufsschulen rücken nun als wichtige Institutionen und Akteure im Übergang stärker in den Blick.

Erst der ergänzende Blick vom *Erwachsenenleben* aus zurück auf den Übergang Schule – Arbeitswelt macht – bei allen Unsicherheiten, die mit Zukunftserwartungen verbunden sind - deutlich, welchen großen Stellenwert der sich zeitlich erstreckende Übergang von der Schule in die Arbeitswelt als *bildungsbiografische Weichenstellung* hat. Dies wertet die vielfältigen Bemühungen um Verbesserungen bei der frühkindlichen Bildung und in der Schulzeit und in Hinblick auf frühe Übergänge ebenso wenig ab wie die erneut wachsende Aufmerksamkeit, die der Bildung im Erwachsenenalter gewidmet wird. Aber: Das biografische Gewicht und sein individueller und gesellschaftlicher Charakter als „Weichenstellung" machen die Übergangsgestaltung zu einer dauerhaften eigenständigen Aufgabe von hoher Priorität.

3. Übergang und „Übergangssystem"

Mit diesem Verständnis setzt sich ein wichtiger Teil jener aktiven und immer breiter werdenden „Szene", die sich mit der Gestaltung der Übergänge in die Arbeitswelt befasst, auch von der Definition des „Übergangssystems" ab, wie sie der Nationale Bildungsbericht vor über sechs Jahren im Jahr 2006 einführte, nämlich als eine Art „dritter Säule" von Maßnahmen, die für jene Jugendlichen vorgehalten werden, die nicht in eine reguläre Berufsausbildung einmünden konnten. In dieser Definition erscheint das „Übergangssystem" als ein problematischer Notbehelf, den es zu zurückzufahren und am besten zu beseitigen gilt. Als „Lokales Übergangssystem" soll nun die Gesamtheit aller Bildungs- , Ausbildungs- und Qualifizierungsgänge und Angebote, Berufsorientierungen, Beratungen und Unterstützungen verstanden werden, die Jugendlichen bzw. jungen Erwachsenen „vor Ort", von der Sekundarstufe I ausgehend, für die Integration in das Berufs- und Arbeitsleben zur Verfügung stehen. Dieses Verständnis von „Übergangssystem" schließt also ausdrücklich – und im Unterschied zu anderen vorgeschlagenen Definitionen – die schulischen Bildungsgänge der Sekundarstufe II ebenso ein wie die duale und vollzeitschulische Berufsausbildung. Ein solches integrales Verständnis von Übergang und seiner Gestaltung läuft dabei keineswegs auf eine Legitimierung von Maßnahmen hinaus, die Sackgassen sind und nicht oder nicht ausreichend den Aufbau eigener beruflicher Perspektiven tragen. Vielmehr geht es darum, das „Übergangssystem" neu zu denken und zu gestalten und seine Qualität durchgreifend so zu verbessern, dass für alle die Eröffnung tragfähiger beruflicher Entwicklungsoptionen möglich wird.

3.1 Realitäten und Herausforderungen „vor Ort"[5]

Differenziertes Panorama

Insgesamt – so zeigt der empirische Blick auf die Städte und Kreise, die im Rahmen der „Arbeitsgemeinschaft Weinheimer Initiative" aktiv sind – steht einer generellen konzeptionellen Übereinstimmung bei vielen koordinierungsaktiven Kommunen, was ihre Rolle *im Grundsatz* betrifft, ein differenziertes Panorama bei deren praktischer Umsetzung gegenüber. In diesem Sinne kann man auch jene Städte und Kreise, die in der „Arbeitsgemeinschaft" mitarbeiten, nicht „über einen Kamm scheren". Dafür sind sie hinsichtlich ihrer Charakteristika zu unterschiedlich: nicht nur die Größe der Kommunen von der Kleinstadt bis zur Großstadt und zwei Landkreisen markieren dies, sondern insbesondere auch die Betroffenheit von Jugend- und allgemeiner Arbeitslosigkeit, vom demografischen Wandel, hinsichtlich des Anteils der Jugendlichen mit Migrationshintergrund, der Ausstattung mit öffentlichen Bildungsinstitutionen. Sie finden sich in verschiedenen Bundesländern, die unterschiedliche Schulsysteme haben und in unterschiedlicher Weise die Modernisierung oder Reform ihrer Bildungssysteme betreiben.

Auch wenn ein grundsätzlich gemeinsames Verständnis der Bedeutung kommunaler Koordinierung entwickelt wurde, zeichnen sich zwei unterschiedliche Hauptrichtungen ab: es gibt die eher sozialpolitische Orientierung (Jugendhilfe-Ansatz) und die eher integrative Perspektive der Verbindung von Sozialpolitik, Beschäftigungsförderung und bildungspolitischer Orientierung. Die einen orientieren sich in ihrem Handeln primär an einem sozialpolitischen Motiv: sie bieten im Rahmen der kommunal vorhandenen Verwaltungsinstrumente vor allem individuelle Unterstützungsleistungen an, die es Jugendlichen ermöglichen, den Übergang besser zu bewältigen. Hier spielt häufig die Perspektive der Schulsozialarbeit im Kontext der Berufsorientierung eine zentrale Rolle.

---

5   Vergleiche hierzu auch: Kruse und Paul-Kohlhoff (2012).

Die andere Sicht ist stärker auf Prozesse der kommunalen Zukunft im Sinne von Standortpolitik gerichtet, die die Integration der nachwachsenden Generation in die Arbeitswelt auch als eine ökonomische und soziale Ressource der kommunalen Entwicklung begreift. Die Übernahme lokaler Verantwortung für den Übergang von der Schule in die Arbeitswelt ordnet sich damit ein in eine Gesamtperspektive der Stadtentwicklung.

Diese beiden Orientierungen schließen sich nicht aus, weil beide unverzichtbar sind, aber nur wenige Kommunen haben sie bis jetzt in einem strategisch begründeten Gesamtkonzept zusammengebracht. Als Tendenz, die auch von der „Arbeitsgemeinschaft" mit getragen wird, ist allerdings ein ganzheitlicherer Ansatz sichtbar, der die Verengung auf das sozialpolitische Motiv überwindet, ohne dieses jedoch aufzugeben.

Die Qualität der Übergangsgestaltung wird sich nicht zuletzt daran zeigen, ob sie ausreichend *benachteiligungssensibel* angelegt ist. In der Vermeidung bzw. Korrektur von Benachteiligungen beim Übergang in Ausbildung und Arbeitswelt hatte dieser Ansatz vor Jahren seinen wirksamen Ausgangspunkt, den er auch bei veränderten Vorzeichen auf dem Ausbildungsmarkt nicht verlieren sollte. Mit dem *Fokus Benachteiligung* kommt hierfür eine konzeptionelle und organisatorische Idee ins Spiel, die in Zukunft weiter erprobt werden könnte. Auf diese Weise würde das sozialpolitische Motiv nicht mehr verselbständigt, sondern wäre integriert.

3.2 Verstetigung notwendig

Von ihrer Entstehungsgeschichte her waren die Ansätze zum „Übergangsmanagement" vor allem großstädtisch geprägt. Die Mehrheit der Bevölkerung aber lebt außerhalb der großen Städte. Zunehmend kommen deshalb die *Landkreise* als Träger koordinierender Aktivitäten in den Blick, vor allen Dingen, um gleichwertige Chancen „in der „Fläche" zu sichern. Da aber Lebensweltnähe eine Erfolgsbedingung für Übergangsgestaltung ist, sind die *kreisangehörigen Mittelstädte* mit ihrer Ausstrahlung ins Umland für eine Kommunale Koordinierung unverzichtbar. Und tatsächlich gibt es hierfür mittlerweile herausragende Beispiele, wie etwa Hoyerswerda in Sachsen, Herten und Lünen in Nordrhein-Westfalen oder Rodgau in Hessen. So gehört z. B. Hoyerswerda zu den Städten mit einer dauerhaft etablierten Koordinierungsstelle und einem breit verankerten Handlungskonzept („Fit fürs Leben"), das biografisch die gesamte Periode des Aufwachsens umfasst. Ähnliches gilt für Rodgau: dort wurde im Zuge der Erarbeitung des kommunalen Handlungskonzepts „Rodgau bildet Zukunft" Bildung in der städtischen Verwaltung neu positioniert. Dann aber ergibt sich das Erfordernis, in *Landkreisen* ein korrespondierendes Verhältnis zwischen kreislicher und lokaler Koordinierung herzustellen.

Es sind also nicht nur unterschiedliche *Kommunaltypen* mit ihren jeweiligen Besonderheiten zu beachten, vielmehr läuft entfaltete Kommunale Koordinierung im Übergang Schule – Arbeitswelt auf einen *Mehr-Ebenen- Ansatz* hinaus, der sich – im Sinne einer Vertiefung – auch noch kleineren sozialräumlichen Aktivitätsfeldern, z. B. auf Stadtteilebene, oder um Schulen und Kitas herum, zuwenden müsste. Dabei geht es u. a. um gemeinsame Qualitätskriterien und um Transfers guter Praxis.

Am anderen Pol eines solchen „Mehr-Ebenen-Ansatzes" kommen vor allem die *Länder* als Rahmensetzer für kommunales Handeln im Feld der Übergänge von der Schule in die Arbeitswelt in den Blick. Dies ist von erheblicher Aktualität, weil verschiedene Bundesländer, wie z. B. Hamburg, Nordrhein-Westfalen und Schleswig-Holstein, auf dem Weg sind, die bisherigen „Systeme" des Übergangs von der Schule in die Arbeitswelt neu zu ordnen.

Kommunale Koordinierung ist auf finanzielle und personelle Ressourcen angewiesen. Viele Städte und Landkreise haben in den vergangenen Jahren von Projektförderungen profitiert, die aus einschlägigen Programmen des Bundes und der Länder stammten, und in der Regel durch den Europäischen Sozialfonds kofinanziert waren. Mit dem Auslaufen dieser Programmgeneration geht es vielfach um die Frage, *ob und wie* die Kommunale Koordinierung fortgeführt werden kann, und vor allem, ob deren Überführung in den Bereich der *Regelaufgaben* gelingt. Man trifft erhebliche Unterschiede an, wie Kommunen mit dieser Frage umgehen. Einige gehen davon aus, dass mit einer Reduzierung der Drittmittelstellen die Koordinierung prinzipiell aufrecht zu erhalten ist. Andere sehen ihre Chancen in einer weiteren Akquisition von Drittmitteln, um ihr Angebot der Koordinierung abzusichern. Wieder andere machen Alternativplanungen auf und spielen verschiedene Modelle der Sicherung von Nachhaltigkeit durch. Aber fast alle gehen von einer Reduzierung des bisher für Koordinierung zur Verfügung stehenden Personalpools aus.

Verbindlichkeit der Zusammenarbeit zwischen allen Akteuren im Übergang Schule – Arbeitswelt wird zu einer Überlebensfrage guter Übergangsgestaltung, und dies gerade an der jetzt sichtbar werdenden Schwelle zu *Alltag und Routine*. In einer Reihe von Kommunen gibt es mittlerweile die Praxis, schriftliche Zielvereinbarungen mit einzelnen Akteuren vor Ort abzuschließen; die Grenze der Verbindlichkeit wird dabei meist durch die jeweils eigenen rechtlichen und institutionellen Bindungen gesetzt.

Andere Formen, die Verbindlichkeit zu erhöhen, sind die Verabschiedung von Handlungsplänen, die regelmäßige Evaluation ihrer Umsetzung und – nicht zu unterschätzen – regelmäßige Sitzungen mit allen Beteiligten zur Prioritäten-Setzung. Regelmäßige Bildungskonferenzen vor Ort geben Inputs für alle Beteiligten und sind nicht zuletzt – und dies ist nicht unwichtig – auch ein Mittel der Anerkennung für die Akteure vor Ort.

Bildungskonferenzen und andere öffentliche Aktivitäten sind auch dazu geeignet, die Kommunale Koordinierung, ihre Aufgaben und ihre Erfolge für die Stadtgesellschaft sichtbar zu machen, denn als kommunale Aktivität lebt sie auch von der Akzeptanz und dem Interesse, die ihr entgegen gebracht werden.

4. Wie weiter?

Eine *Zwischenbilanz* kommt also zu einem zwiespältigen Schluss: Kommunale Koordinierung als *kooperative Qualitätsstrategie* für eine chancenreiche Gestaltung der Übergänge von der Schule in die Arbeitswelt *vor Ort* etabliert sich faktisch und ist im entsprechenden fachöffentlichen Diskurs stark verankert. Auf der anderen Seite befinden sich viele Koordinierungen konkret und empirisch in einer schwierigen Etappe ihrer Entwicklung, weil ein doppelter „Übergang" von einer sozialpolitischen Notmaßnahme zu einer integrativen Daueraufgabe *und* von Modellförderung zu regelhafter Finanzierung ansteht. In diesem Zusammenhang steht auch die Frage nach der künftigen rechtlichen und institutionellen Fassung dieser Aufgabe an, die bislang als eine „freiwillige Leistung" verstanden wurde.

Viele konkrete Herausforderungen sind noch ungelöst – dies gilt auch für die in Koordinierungsfragen aktiven Städte und Landkreise in der Arbeitsgemeinschaft. Das zeigt: auch dort ist „Kommunale Koordinierung" noch nicht abschließend sicher und konzeptionell geklärt und verankert. Schließlich ist mit der oben erwähnten „Mehr-Ebenen-Frage" eine politische Gestaltungsfrage aufgeworfen, die durchaus Brisanz hat. Zugleich aber demonstriert die *Lebendigkeit,* mit der sich kooperative Übergangsgestaltung mit Hilfe Kommunaler Koordinierung vor Ort weiter entwickelt, dass sie ein guter Schritt in die Bürgergesellschaft ist, weil sie Beteiligung mobilisiert und wirksam werden lässt.

Der Deutsche Städtetag hat auf seinem Bildungskongress am 8./9.November 2012 in München die „Münchner Erklärung" verabschiedet mit dem Titel *Bildung gemeinsam verbessern!* Damit wurde die Bedeutung der kommunalen Bildungslandschaften und eines dauerhaften kommunalen Bildungsmanagements unterstrichen. Die „Münchner Erklärung" des Städtetags hebt hervor: „Hauptmerkmale der kommunalen Bildungslandschaft sind zum einen ein ganzheitliches Bildungs-

verständnis, das die gesamte Bildungsbiografie einschließlich sozialer, kultureller und sportlicher Bildung einbezieht. Zum anderen sind Kooperation und Vernetzung im Sinne eines Gesamtsystems von Erziehung, Bildung und Betreuung
grundlegende Prinzipien". Mit der Weiterentwicklung der lokalen Bildungslandschaften und der geforderten höheren Kompetenzzuweisung für die Kommunen
im Feld der Schule erledigt sich die erhöhe Aufmerksamkeit für die Übergänge
Schule – Arbeitswelt aber keineswegs. Im Rahmen einer übergreifenden, an gelingenden Bildungsbiografien orientierten kommunalen Bildungsverantwortung,
wie sie der Städtetag in der „Münchner Erklärung" formuliert, bleibt *Kommunale Koordinierung im Übergang Schule – Arbeitswelt* ein unverzichtbarer, eigen-
ständiger, aber in die Gesamtgestaltung eingebetteter Baustein. Zu betonen ist,
dass es zwischen der Qualität des Übergangsgeschehens und den individuellen
Zukunftsoptionen der jungen Menschen sowie der Zukunftsfähigkeit der Gesellschaft einen engen Zusammenhang gibt. Dies ist auch deswegen von erheblicher
Aktualität, weil gegenwärtig große einschlägige Förderprogramme zu Ende und
in Transferphasen einmünden bzw. in einer Reihe von Bundesländern „neue Übergangssysteme"- wie etwa in Hamburg oder in Nordrhein-Westfalen - entstehen.

Die *Rahmenbedingungen* für eine dauerhafte Übernahme kommunaler Ko-
ordinierungsverantwortung stimmen nach wie vor nicht. Hier kommt den Ländern „als Partner Kommunaler Koordinierung" eine besonders wichtige Rolle zu,
sind sie doch für die Kommunen in vieler Hinsicht Rahmensetzer. Nachdem nun
mehr als fünf Jahre eines systematischen Aufbaus von Strukturen und Prozessen lokaler Übergangsgestaltung hinter uns liegen, reichen Transfers von Erfahrungen und Erkenntnissen und zeitlich begrenzte Förderprogramme nicht mehr
aus. Die *Arbeitsgemeinschaft*[6] schlägt deshalb vor, ernstlich in eine Prüfung ein-
zutreten, ob und wie landesgesetzliche Regelungen die Kommunale Koordinierung im Übergang Schule – Arbeitswelt dauerhaft fest etablieren und mit ihrem
Gestaltungsauftrag absichern könnten. Dabei ist zu beachten, dass eine solche
Etablierung gut *eingebettet* in einem übergreifenden Gestaltungsansatz erfolgt,
der lebenslang gelingende Bildungsbiografien zum Ziel hat.

„Euphorie oder Ernüchterung"? Vor Jahren war die „Entdeckung" der lokalen Handlungsebene, vor allem im Rahmen diverser Bundesprogramme, mit viel
„Euphorie" verbunden, weil man einen Ausweg aus dem „Problemstau" gefunden zu haben glaubte. Die erfahrenen Kommunalvertreter hatten schon damals
sehr nüchterne Einschätzungen, weil sie mit den begrenzten und über die Haus-
haltskrisen noch begrenzter werdenden lokalen Handlungsspielräumen vertraut

---

6   Dies ist Gegenstand der „Freiburger Erklärung" der Arbeitsgemeinschaft Weinheimer Initiative,
     wie sie auf dem Jahresforum am 28.2./1.3.2013 in Freiburg (Breisgau) erörtert wurde.

waren. Von daher stand immer schon *auch* die Forderung nach einer Verbesserung der Rahmenbedingungen für kommunales Handeln im Feld des Übergangs auf der Tagesordnung. Für viele der kommunal Aktiven aber galt und gilt, dass sie diese Erschwernisse nicht als Entlastung für sich reklamierten, sondern konsequent an der Etablierung wirksamer Koordinierungsansätze arbeiteten und arbeiten – und hierfür auch die Unterstützung anderer brauchten, wie sie sie etwa die *Arbeitsgemeinschaft* bereit stellt (aber auch die Erfahrungsaustausch – Plattformen diverser Programme). Die Erfolgserwartungen waren also eher gedämpft – umso erstaunlicher ist es, wie breit sich in relativ kurzer Zeit in der Welt der Städte und Landkreise dieser Ansatz kommunaler federführender Verantwortungsübernahme im Feld des Übergangs Schule – Arbeitswelt durchsetzen konnte. Was vor fünf Jahren noch eine Minderheitenposition war, ist heute nahezu „mainstream". Man kann auch sagen, dass die „Aufbauphase" weitgehend abgeschlossen ist. Nun geht es um Konsolidierung.

Literatur

Arbeitsgemeinschaft Weinheimer Initiative (Hrsg). (2013). *Lokale Bildungsverantwortung. Kommunale Koordinierung beim Übergang von der Schule in die Arbeitswelt.* Stuttgart.
Flitner, A., Petry, C. & Richter, I. (Hrsg). (1999). *Wege aus der Ausbildungskrise.* Memorandum des Forums ‚Jugend, Bildung, Arbeit', Opladen: Leske + Budrich.
Kruse, W. & Paul-Kohlhoff, A. (2012). Kommunale Koordinierung des Übergangs von der Schule in den Beruf. Eine Zwischensichtung. *Recht der Jugend und des Bildungswesens* (RdJB) 3/2012, 340-360.

Angaben zu den Autorinnen und Autoren

Ahrens, Daniela, Dr. phil.: Universität Bremen, Institut Technik & Bildung, stellvertretende Abteilungsleiterin der Abteilung „Arbeitsprozesse und berufliche Bildung". Arbeitsschwerpunkte: empirische (Berufs-)Bildungsforschung, Theorie sozialer Ungleichheiten, Lebensverlaufs- und Biographieforschung, Wandel von Arbeitsprozessen und beruflichen Lebensläufen. Email: dahrens@uni-bremen.de

Bojanowski, Arnulf, Prof. Dr.: Professor für „Sozialpädagogik für die berufliche Bildung" am Institut für Berufspädagogik und Erwachsenenbildung der Leibniz Universität Hannover, Abteilung Sozialpädagogik. Arbeitsschwerpunkte: Didaktik der Berufsbildung Benachteiligter, Professionsentwicklung in der Benachteiligtenförderung, Regionale Berufsbildungsentwicklung, Produktionsschulforschung. Email: arnulf.bojanowski@ifbe.uni-hannover.de

Bolder, Axel, Dr. rer. pol.: 1969-2004 am ISO Institut zur Erforschung sozialer Chancen (Berufsforschungsinstitut) in Köln; dazwischen 1983-1985 Universität Bremen. Seit 2005 am Institut für Berufs- und Weiterbildung, FG Wirtschaftspädagogik, Schwerpunkt Berufliche Aus- und Weiterbildung, der Fakultät für Bildungswissenschaften der Universität Duisburg-Essen Arbeitsschwerpunkte: Lebensverlaufs- und Biographieforschung, Bildungs-, insbesondere Berufsbildungspolitik, Reihe „Bildung und Arbeit". Email: axel.bolder@uni-due.de

Dionisius, Regina, Dr. phil.: Bundesinstitut für Berufsbildung. Arbeitsbereich „Berufsbildungsangebot und -nachfrage, Bildungsbeteiligung". Arbeitsschwerpunkte: Berufsbildungssystem, integrierte Ausbildungsberichterstattung. Email: Dionisius@bibb.de

Ecarius, Jutta, Prof. Dr.: Professorin für Erziehungswissenschaften am Institut für Bildungsphilosophie, Anthropologie und Pädagogik der Lebensspanne der Universität zu Köln, Fachgruppe Erziehungs- und Sozialwissenschaften. Arbeitsschwerpunkte: Familien-, Jugend- und Generationenforschung, biographische Lernforschung und qualitative Bildungsforschung. Email: jecarius@uni-koeln.de

Gessler, Michael, Prof. Dr.: Professor für „Berufliche Bildung und Berufliche Weiterbildung" im Fachbereich Erziehungs- und Bildungswissenschaften sowie am Institut Technik und Bildung, Abteilung Lernen, Lehren und Organisation, der Universität Bremen. Arbeitsschwerpunkte: Didaktik der beruflichen Bildung und Weiterbildung, Lehr-Lern-Forschung, Innovations- und Transferforschung, Internationale Berufsbildungsforschung. Email: mgessler@uni-bremen.de

Krekel, Elisabeth, Prof. Dr.: Bundesinstitut für Berufsbildung. Arbeitsbereich „Berufsbildungsangebot und -nachfrage, Bildungsbeteiligung", Arbeitsschwerpunkte: Ausbildungsstellenmarkt, Übergange in Ausbildung, Berufsbildungsforschung. Email: Krekel@bibb.de

Kruse, Wilfried, Dr. phil.: von 1972 bis Oktober 2012 wissenschaftlicher Mitarbeiter an der Sozialforschungsstelle Dortmund (TU Dortmund). Arbeitsschwerpunkte: Forschung und Beratung zu Arbeit und Bildung, Industriearbeit, Berufsbildung in Europa, lokale Entwicklung und Bildung, Koordinator der Arbeitsgemeinschaft Weinheimer Initiative. Email: Kruse@sfs-dortmund.de

Kühn, Kristina, Dipl.-Päd.: Wissenschaftliche Mitarbeiterin im Fachbereich Erziehungs- und Bildungswissenschaften sowie am Institut Technik und Bildung, Abteilung Lernen, Lehren und Organisation, der Universität Bremen. Promotionsthema: „Biografisches Lernen und Kompetenzentwicklung in der Werkschule". Email: kristina.kuehn@uni-bremen.de

Münk, Dieter, Prof. Dr.: Universität Duisburg-Essen, Professor für Berufspädagogik und Berufsbildungsforschung. Arbeitsschwerpunkte: Struktur und Organisation der beruflichen Bildung, internationale/europäische Berufsbildungspolitik, Professionalisierung des Bildungspersonals. Email: dieter.muenk@uni-due.de

Reißig, Birgit, Dr. phil.: Deutsches Jugendinstitut, Außenstelle Halle, Arbeitsschwerpunkte: Bildungs- und Ausbildungsverläufe junger Menschen mit schlechten Startchancen, Prozesse sozialer Exklusion, Copingstrategien. Email: reissig@dji.de

Stomporowski, Stephan, Prof. i.V. Dr. phil.: Universität Hamburg, Institut für Berufs- und Wirtschaftspädagogik. Arbeitsschwerpunkte: Berufsfelddidaktik, Berufliche Bildung Benachteiligter, Bildung nachhaltiger Entwicklung, Berufsbildungspolitik. Email: stephan.stomporowski@uni-hamburg.de